바다를 둘러싼
법적 쟁점과 과제 Ⅶ

고형석
김인유
김현귀
이용희
정 대
정영석
지상규

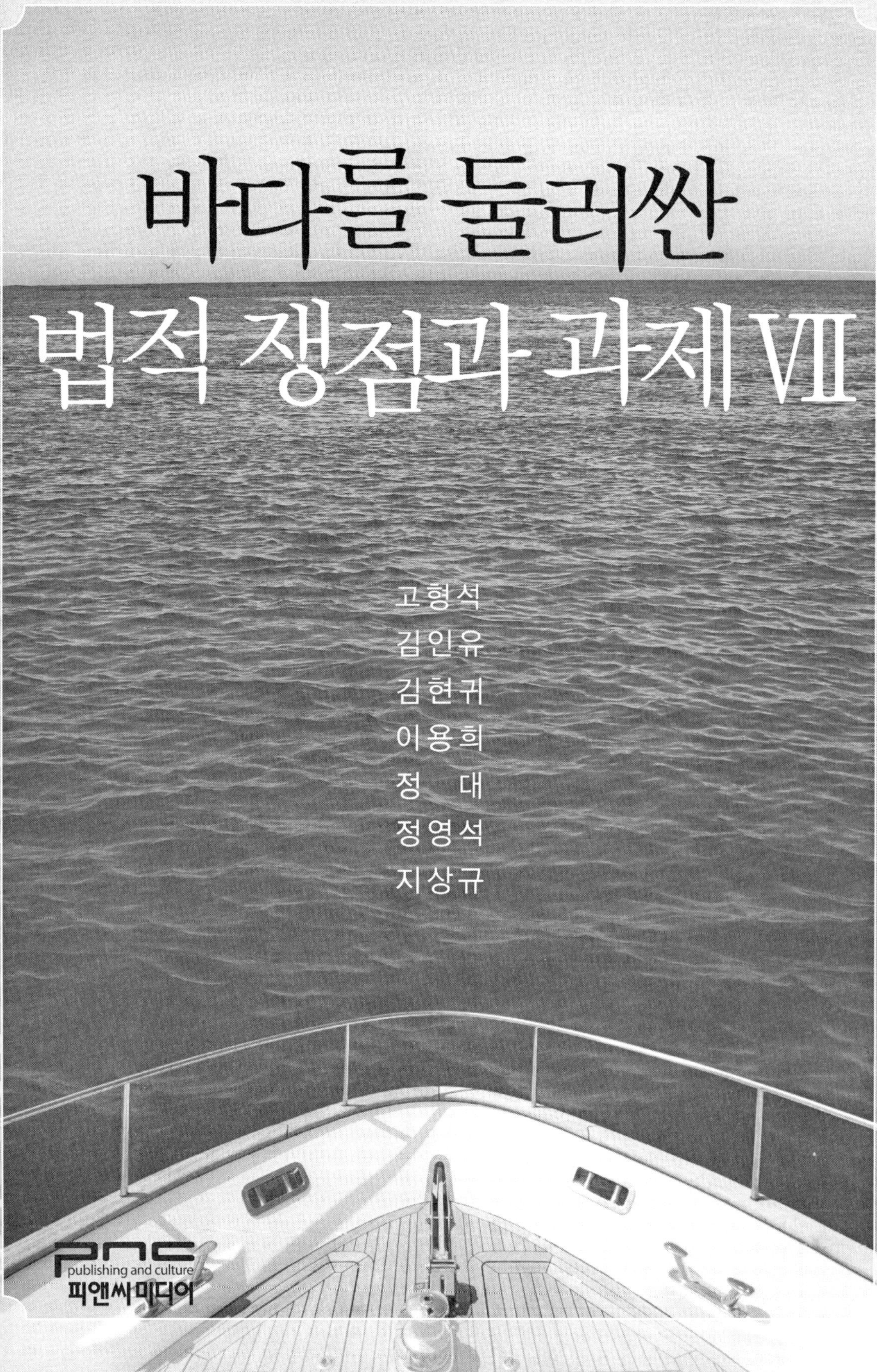

publishing and culture
피앤씨미디어

제7권 머리말

1980년 국립 한국해양대학교에 해사법학과(현 해사법학부)가 설치된 지 어느 덧 40여년이 지났다. 해사법학부는 지금까지 우리나라의 해양 분야 법률 전문가를 지속적으로 교육하여 배출하고 있다. 해사법학부의 교수진은 해양의 다양한 법적 문제를 해결할 수 있는 능력을 갖춘 인재를 양성하기 위하여 혼신의 힘을 기울이고 있다. 이와 함께, 해양 관련 법제 분야에서 국내 어느 대학과도 비교할 수 없을 정도로 활발한 학문적 활동을 하고 있으며, 우수한 학문적 성과를 거두어 오고 있다. 특히, 해상법과 해양법 분야의 연구는 해사법학부가 독보적이라고 할 수 있다.

해사법학부의 교수진은 해양특성화를 기반으로 한 저서의 출판을 오래전부터 기획하고 있었는데, 해사법학부가 국립대학 혁신지원사업(PoINT)에 참여하게 되면서 출판 지원을 받을 수 있게 되었다. 2017년 12월말, 해사법학부의 교수진은 「바다를 둘러싼 법적 쟁점과 과제」라는 제목의 저서를 출간하였는데, 기존에 연구하여 발표했던 논문들을 수정 및 보완하거나 본서의 특징에 맞도록 새로 집필하였다.

이어서 2018년 12월말, 국립대학 육성사업으로부터 출판 지원을 받아 「바다를 둘러싼 법적 쟁점과 과제 II」를 출간하였고, 이어서 2019년 「바다를 둘러싼 법적 쟁점과 과제 III」, 2020년 「바다를 둘러싼 법적 쟁점과 과제 IV」, 2021년 「바다를 둘러싼 법적 쟁점과 과제 V」, 2022년 「바다를 둘러싼 법적 쟁점과 과제 VI」을 출간하였다.

올해에도 해사법학부는 국립대학 육성사업으로부터 출판 지원을 받아 「바다를 둘러싼 법적 쟁점과 과제 VII」이라는 제목으로 본서를 준비하였다. 본서의 제1편은 「공법적 쟁점과 과제」라는 제목으로 해사법학부의 공법전공 교수들이 집필하였다. 첫째, 이용희 교수는 "해수면 상승이 유엔해양법협약 적용에 미치는 영향 분석"이라는 논문을 집필하였다. 둘째, 김현귀 교수는 "해양에너지 발전의 공법적 과제"라는 논문을 집필하였다.

본서의 제2편은「사법적 쟁점과 과제」라는 제목으로 해사법학부의 사법전공 교수들이 집필하였다. 해상법 분야, 해양수산정책 분야 및 해양금융 분야의 논문을 중심으로 집필하였다. 첫째, 해상법 분야에서는 고형석 교수가 "선박물권변동에 관한 연구"라는 논문을 집필하였고, 정영석 교수가 "자율운항선박의 해상법상의 쟁점"이라는 논문을 집필하였다.

둘째, 해양수산정책 분야에서는 김인유 교수가 "자연재해로 인한 어업피해 전보방안에 관한 연구"라는 논문을 집필하였고, 지상규 교수가 "항만공사의 운영·관리상의 문제점에 관한 연구"라는 논문을 집필하였다.

셋째, 해양금융 분야에서는 정대 교수가 "선박금융상의 선수금환급보증과 수출보증보험제도에 관한 연구"라는 논문을 집필하였다.

우리 해사법학부는 문재인 대통령께서 1984년 민사소송법 강의를 하셨던 유서 깊은 학부라고 할 수 있다. 이와 함께 해양강국을 견인하는 다양한 법률 전문가를 지속적으로 교육하고 배출하고 있다고 자부할 수 있다. 향후 우리 해사법학부의 교수진은 미래 4차 산업혁명 시대의 해양강국을 선도할 수 있는 법률 전문가를 지속적으로 양성하도록 최선의 교육을 하고자 한다.

해사법학부 교수진의 학문적 성과를 정리한 본서가 바다와 관련한 법제 분야의 연구자와 실무자에게 유익한 학술적 자료가 되고, 나아가 바다에 관한 법제 분야의 연구 활성화에 작은 기여를 할 수 있기를 기대한다.

2023년 12월 1일

공저자 일동 식

바다 헌장

바다 헌장

바다는 뭇 생명의 근원이자 생존의 토대이며 현재와 미래를 위해 소중하게 아끼고 가꾸어야 할 인류의 마지막 희망이다.

바다는 한민족 번영의 기틀이며, 세계의 바다는 우리 겨레의 원대한 꿈과 이상이 펼쳐질 터전이다.

우리는 바다의 중요성을 깊이 새겨 슬기롭게 가꾸며 풍요로운 바다를 미래 세대에게 물려주어 바다를 통한 인류 공영에 이바지한다.

이에 우리 모두는 생명의 바다, 풍요의 바다, 공생의 바다를 이루기 위하여 다음을 실천한다.

하나, 바다는 우리의 생명이다. 우리는 바다 생태계를 건강하게 지키고 깨끗하게 가꾸어 나간다.

하나, 바다는 우리의 희망이다. 우리는 바다자원을 친환경적으로 개발하여 지속적으로 이용할 수 있게 한다.

하나, 바다는 풍요의 원천이다. 우리는 첨단 해양과학기술을 개발하고 고부가가치 해양산업을 육성한다.

하나, 바다는 우리의 미래다. 우리는 바다인재를 기르고 원대한 바다경영을 통하여 세계일류의 해양력을 키운다.

하나, 바다는 세계로 나아가는 길목이다. 우리는 해양주권과 안전을 확고히 하고 드넓은 대양에서 우리의 웅지를 펼친다.

하나, 바다는 민족의 기상이다. 우리는 진취적인 해양사상을 북돋우고 새로운 해양문화를 일궈낸다.

하나, 바다는 평화의 마당이다. 우리는 바다를 평화적으로 이용하고 보전하여 국제사회에 이바지한다.

바다 헌장(영문본)

THE OCEAN CHARTER

We, AS A MARITIME NATION, AGREE:

The ocean is the very foundation of human life and existence, and it remains the last resort for humankind to protect and develop for its present and future;

The ocean is the cornerstone to build the prosperity of our nation and to realize our dreams and ideals on; and,

Convinced of the importance of the ocean, we are determined to develop it with prudence and to bequeath its abundant resources to posterity, thereby to contribute to the welfare of humankind.

Hence, we commit ourselves herewith toward developing the ocean of life, abundance and universal co-prosperity with the following Action Plan:

Ⅰ. The ocean is our life. We shall protect and preserve its sound and clean ecosystem.

Ⅱ. The ocean is our hope. We shall develop its resources in an environment-friendly and sustainable manner.

Ⅲ. The ocean is the source of our prosperity. We shall develop creative marine science and technology, and foster high value-added marine industries.

Ⅳ. The ocean is our future. We shall cultivate marine expertise and capabilities through long-term ocean management.

Ⅴ. The ocean is our gateway to the world. We shall protect our maritime sovereignty and security, and pursue our maritime aspirations.

Ⅵ. The ocean is a spirit of our nation. We shall promote progressive maritime spirit, and create a new ocean culture.

Ⅶ. The ocean is a sphere of peace. We shall contribute to the international community through its peaceful use.

바다 헌장 해설

<기본방향>

◈ 바다의 보편적 가치, 바다가 우리민족에게 주는 의미와 기회, 우리의 시대적 소명 등을 **'생명'·'풍요'·'공생'**의 바다라는 이념으로 표현

◈ 헌장의 이념을 구체화하기 위한 **해양생태·자원·과학기술 및 해양주권·안전, 국제사회 기여원칙과 책무를 천명**

□ 헌장은 우선 **생명의 근원**이자 인류의 터전인 바다의 보편적 가치와 중요성을 규정하고

□ 더불어 민족번영의 기틀로서의 바다의 역사적 의미와 바다가 **세계로 뻗어나갈 우리 민족의 꿈과 이상의 터전**임을 강조함

□ 다음으로 바다를 소중하게 가꾸어 미래세대에게 물려줄 우리의 의무와 바다를 통해 세계와 손잡고 인류전체의 공존·공영에 기여할 책무를 천명함

□ 끝으로 헌장의 기본이념인 '생명', '풍요', '공생'의 바다를 위한 구체적인 실천 의지를 강조함

□ **헌장이념의 실천을 위하여** 해양생태·자원개발·산업육성·교육 및 해양력 배양·주권 및 안전·문화 및 국제협력 등 7대 실천강령을 규정

○ 첫째, **바다의 중요성 및 해양생태보전의무**를 규정함

○ 둘째, 바다자원의 친환경적 개발과 미래세대를 위한 **지속가능한 이용**(Sustainable Use) 및 **생물다양성**(Bio-diversity) **보장**을 위한 現세대의 책임을 담음

○ 셋째, **해양과학기술**(MT: Marine Tech)**에 대한 투자 증대 및 해양과학기술의 산업화**를 통한 해양산업의 발전과 다각화 의지를 표명

○ 넷째, 해양인재 양성과 바다를 잘 활용하여 **세계일류의 해양력**(Sea Power) **확보의지**를 천명

○ 다섯째, 대외의존도가 높고 삼면이 바다로 둘러싸인 우리나라 환경여건상 **해양주권과 안전** 확보의 중요성을 강조하고

– 선진통상국가로, 세계 중심국가로 발전하기 위한 적극적 해양개척의 의지 천명

○ 여섯째 **장보고 대사**의 진취적 기상을 이어받아 **'新해양문화'를 창달**함으로써 21세기 국가발전의 저변으로 삼음
○ 끝으로 우리와 세계를 이어주는 바다를 통한 **국가간 협력으로 국제사회에의 기여의지**를 천명

바다헌장은 해양수산부에 의해 제정되어 2005년 울산시 장생포해양공원에서 개최된 제10회 바다의 날 기념식에서 공표되었다.

바다헌장은 바다의 중요성에 대한 공감대를 형성하고 진취적인 해양개척정신을 고취시켜 해양강국의 비전을 제시하기 위해 '생명·풍요·공생의 바다'라는 이념을 강조하고 있다. 또 헌장이념의 실천을 위해 해양생태, 자원개발, 산업육성, 교육 및 해양력 배양, 주권 및 안전, 문화 및 국제협력 등 7대 실천강령을 제정했다.

바다헌장은 10명의 기초위원이 기초하고 40여명의 바다헌장 제정위원회의 검토를 거쳐 확정되었다.

한국해양대학교 해사법학부 이용희 교수가 기초위원으로 참여하여 바다헌장의 기틀을 제시하였다.

차 례

제1편 공법적 쟁점과 과제

제1장 해양법의 법적 쟁점

▸ 해수면 상승이 유엔해양법협약 적용에 미치는 영향 분석 [이용희] … 5

제2장 행정법의 법적 쟁점

▸ 해양에너지 발전의 공법적 과제 [김현귀] ……………………………… 37

제2편 사법적 쟁점과 과제

제1장 해상법의 법적 쟁점

▸ 선박물권변동에 관한 연구 [고형석] ……………………………………… 79

▸ 자율운항선박의 해상법상의 쟁점 [정영석] ………………………… 113

제2장 해양수산정책의 법적 쟁점

▸ 자연재해로 인한 어업피해 전보방안에 관한 연구 [김인유] ……… 136

▸ 항만공사의 운영·관리상의 문제점에 관한 연구 [지상규] …………… 161

제 3 장 해양금융의 법적 쟁점

▶ 선박금융상의 선수금환급보증과 수출보증보험제도에 관한 연구 [정 대] 181

찾아보기 213

제 1 편 공법적 쟁점과 과제

제 1 장

해양법의 법적 쟁점

≫ 해수면 상승이 유엔해양법협약 적용에 미치는 영향 분석

_ 이용희

해수면 상승이 유엔해양법협약 적용에 미치는 영향 분석*

이 용 희

Ⅰ. 서 론

전지구적인 지구 온난화로 인한 해수면 상승의 문제는 오늘날 국제사회의 중대한 현안으로 등장하고 있다. 2100년까지 43 cm 내지 84 cm가 상승할 것이라고 예측되고 있다. 이로 인하여 현대 국제사회 구성국의 $\frac{1}{3}$에 해당하는 70 여개국 이상이 해수면 상승으로 영향을 받고 있거나 직접적인 영향을 받을 것으로 보고되고 있다(U.N., 2018). 이에 대하여 다양한 해법이 제시되고 논의되고 있으나 기후변화의 양상이 개선되고 있다는 뚜렷한 징후는 알려지고 있지 않다. 지난 2022년 11월에 개최된 제27차 유엔기후변화협약당사국총회에서도 극한 가뭄 등 지구 온난화로 인한 개발도상국의 심각한 피해에 대하여 '손실과 피해의 대응'이 주요한 이슈로 제시되었으며, 치열한 협상 끝에 기후변화로 가장 취약한 국가를 위한 기금을 설립하기로 합의하였다(Ministry of Foreign Affairs, 2022). 이는 기후변화에 대응하기 위한 국제사회 노력의 중요한 진전이라고 평가할 수 있다.

그러나 지구 온난화로 인한 해수면 상승의 문제는 앞서 언급한 70 여개 국가의 안전을 심각하게 위협하는 현안일 뿐만 아니라 가까운 미래에 다양한 국제해양법적 문제를 야기할 것으로 예상된다. 해수면 상승으로 인하여 오늘날 확고한 국제해양질서로 기능하고 있는 유엔해양법협약(United Nations Convention on the

* 이 논문은 '해수면 상승이 유엔해양법협약 적용에 미치는 영향 분석'(해양환경안전학회지, 제29권 제2호, 2023)의 내용을 바탕으로 추가 수정·보완하여 작성한 것임.

Law of the Sea)에 따라 적법하게 연안국이 설정한 관할해역의 유효성 여부의 문제가 발생할 것이기 때문이다. 즉, 해수면 상승으로 연안국의 관할해역 설정의 기초가 되는 기선(baseline)이 후퇴하는 경우 해당 연안국이 기존에 설정한 기선의 유효성 여부가 문제가 되며, 동시에 유효하지 않은 경우 그 기선을 기반으로 설정된 연안국의 영해, 접속수역, 배타적 경제수역, 대륙붕의 외측한계가 새로이 설정되어야 하는 문제가 발생한다. 또한, 유엔해양법협약 제121조 제1항과 제2항에 따라 섬(islands)의 지위를 인정받던 해양지형물이 해수면 상승으로 더 이상 섬의 지위를 유지하지 못하여 암석(Rock) 또는 간조노출지(low-tide elevation), 더 나아가 수중지형물로 변화되는 경우 해당 섬을 기준으로 설정된 기존의 관할해역의 법적 지위가 유지될 수 있는 가에 대한 문제가 발생한다. 실제로 저지대의 환초나 산호초로 국토 대부분이 구성되어 있는 마샬공화국, 토케라우, 투발루, 키리바시가 그러한 위험에 직면해 있다(Freestone and Schofield, 2019).

이에 더하여 섬 또는 암석의 지위가 해수면 상승으로 변화되는 것을 방지하기 위하여 인공적 조치를 한 것의 법적 효과는 무엇이며, 해수면 상승으로 수몰되는 육지를 대체하기 위하여 건설한 인공섬의 경우 섬으로서의 지위를 인정할 수 있는가 하는 문제가 제기된다. 해수면 상승에 대응하기 위하여 인공섬을 건설하거나 섬 주변에 장벽을 축성하는 방안 또한 고려되고 실제로 추진되고 있다. 대표적인 사례로서, 인도양에 위치한 소도서개발도상국 몰디브는 수도 Male'에서 8 km 떨어진 곳에 대규모 인공섬 Hulhumale를 건설한 바 있다. 인공섬 Hulhumale 은 총면적 4㎢로서 거주인구 24만명을 목표로 몰디브 국영기업에 의해 1997년부터 건설되어 2021년부터 10만명 정도의 인구가 거주하기 시작하였다. 피지의 경우도 자연적인 것과 인공적인 것을 혼합한 해안장벽을 Ovalau섬 Viro마을에 건설하였다(U.N., 2022).

이상의 문제가 연안국의 일방적 사안에 해당한다면, 조약을 통하여 확정된 대향국 또는 인접국간 해양경계획정의 결과도 조약 협상시 경계획정의 기준이 되었던 기선의 변화 내지는 섬의 지위 변경이 발생한 경우 기존 해양경계획정 결과의 유효성 여부도 또한 문제된다.

해수면 상승으로 기존의 연안국 관할해역이 변동된다면 이는 단순히 연안국 관할해역의 범위가 축소된다는 차원에서도 연안국에게 매우 중요한 결과를 초래하지만 연안국의 법집행세력에게는 어느 범위까지 법집행을 실시할 것인가에 대한 명료한 기준 제시가 어려워진다. 또한, 연안국 관할해역 내지는 관할해역 외측에서 항행, 어업, 해양과학조사를 수행하는 제3국 해양이용자의 입장에서도 자신이 활동하는 위치의 법적 지위가 불명확해지는 경우 활동의 방식과 허용범위에 대하여 매우 불안한 위치에 놓이게 된다. 즉, 해양이용의 안전을 해치는 결과를 야기할 수 있다. 그러나 반대급부적으로는 영해의 외측한계가 후퇴하면 모든 국가가 항해의 자유와 상공비행의 자유 및 해저전선 및 관선 부설의 자유를 향유하는 해역이 확대되는 것이고, 국제항행용 해협에서는 해협 가운데에 공해대 또는 배타적 경제수역이 존재하여 해협통항제도가 근본적으로 변화되는 결과를 가져온다. 더 극단적으로는 육지로부터 멀리 떨어진 섬의 경우 그 섬을 기점으로 40만㎢가 넘는 광활한 관할해역을 보유할 수 있지만 섬이 그 지위를 상실하는 경우 동 해역이 모든 국가가 자유롭게 이용할 수 있는 공해로, 인류공동유산인 심해저로 전환되는 결과를 가져온다.

이러한 문제점을 인식하고 많은 국제법 학자들과 기관들이 해석론적 또는 입법론적 연구를 진행하여 오고 있다. 이 문제에 대한 국제법학자들의 연구결과는 1980년대 후반부터 1990년 초반 사이에 제기되기 시작하였다(Vidas, 2014). 최근에는 세계국제법학회(International Law Association)가 2018년 이 문제를 다룬 보고서를 제출하여 토론을 진행한 바 있다. 또한, 유엔 총회 산하의 국제법위원회(International Law Commission)도 2019년부터 이 문제를 의제로 채택하고 2020년 쟁점보고서를 작성한 후 2021년 회의에서 토론하였으며 동 주제에 대해 유엔 총회 제6 위원회도 토론을 진행한 바 있다(Kim and Park, 2021). 또한 2023년에는 2020년 쟁점보고서에 대한 추가보고서(UNGA/CN.4/761)를 연구그룹의 공동위원장이 작성하여 제출하였다. 그러나, 위에서 제기된 다양한 국제해양법적 쟁점에 대한 국제사회의 합의점은 도출되지 않았으며 지속적으로 해석론적 입장과 입법론적 입장에서 해법을 찾기 위해 노력하고 있다. 특히 선행연구에서는 해수면 상승으로 인한 국제해양법적 문제를 유엔해양법협약의 해석론적 접근에서 결론을 도출하기 보다는 유엔해양법협약의 흠결로 결론짓고 협약의 개정 내지는 별도의 국제적 합의 필요성을 강조하고 있다.

그러나, 유엔해양법협약이 국제해양질서의 헌법전으로서, 모든 해양문제의 법적 쟁점에 대한 해결책을 동 협약에서 찾아야 한다는 국제적 공감대가 있음을 고려할 때 현 시점에서는 해수면 상승으로 인한 국제해양법적 쟁점의 해결도 유엔해양법협약의 해석이라는 틀 속에서 찾는 것이 적절할 것으로 생각한다.

이하에서는 해수면 상승으로 인한 국제해양법적 쟁점을 다룬 국제사회의 노력을 최신 동향자료를 바탕으로 살펴보고, 현존 국제해양질서로서 확고히 자리매김하고 있는 유엔해양법협약의 관련 규정의 해석론적 관점에서 해수면 상승으로 인하여 발생할 수 있는 문제에 대한 법리적 검토를 실시하고 새로운 논리를 제시하여 향후 발생할 수 있는 국가간 분쟁에 이론적 기초를 제시해보고자 한다.

II. 해수면 상승에 따른 국제해양법 쟁점에 대한 국제 논의 동향

1. 소도서 개발도상국그룹의 노력

소도서 개발도상국(Small Island Developing States: SIDS)는 1992년 브라질 리우에서 개최된 유엔환경개발회의를 계기로 정립된 개념이다. 소도서 개발도상국은 38개 유엔 회원국과 20개 유엔 비회원국 등 총 58개 국가로 구성된 국가그룹으로서 카리브해, 태평양, 대서양, 인도양 및 남중국해에 분포되어 있다. 전체적으로 작은 도서군으로 국가 영토가 형성되어 있으며, 대부분 자원 등의 부족으로 주로 수산업과 관광 등으로부터 국가경제의 주수입원을 의존하고 있는 국가들이다. 이들 전체 인구는 6,500만명 정도로 전세계 인구의 1% 미만이지만 이들이 주장하여 보유하고 있는 해양관할권 면적은 전체 국토면적의 28배를 넘는 광대한 해양관할권을 보유하고 있다(Martyr-Koller et al., 2021). 특히, 키리바시는 인구 11,544명에 육지면적 26㎢으로 세계에서 4번째로 작은 나라이지만, 세계에서 13번째로 넓은 배타적 경제수역을 보유하고 있다. 하지만 키리바시는 국토의 평균고도가 2m로서 해수면 상승으로 인하여 2100년

이전에 전국토가 수몰될 것으로 예상되고 있다. 2021년에 발간된 기후변화에 관한 정부간협의체(Intergovernment Panel on Climate Change: IPCC)의 제6차 평가 보고서에 의하면, 2017년 기준으로 카리브해 거주 인구중 2,200만명이 해발 6 m 이하에서 거주하고 있으며, 태평양 거주인구의 절반 정도가 해안으로부터 10 km 이내에 거주하고 있으며 그들의 사회인프라 50% 이상이 해안으로부터 500 m 이내에 존재한다고 기술하고 있다. 이는 소도서 개발도상국이 기후변화로 인한 해수면 상승에 매우 취약한 위치에 놓여 있으며 실제적으로 위협받고 있음을 의미한다(IPCC, 2021).

해수면 상승으로부터의 위협을 인지한 소도서 개발도상국들은 일찍이 1989년 11월에 몰디브에서 개최된 '해수면 상승에 관한 소규모 국가회의(Small States Conference on Sea Level Rise)'에서 '지구 온난화와 해수면 상승에 관한 말레선언(the Male Declaration on Global Warming and Sea Level Rise)을 채택하고 해수면 상승 문제에 대한 공동대처를 결정한 바 있다. 1989년 이후 소도서 개발도상국들은 전지구적 또는 지역적 국제회의를 통하여 지속적으로 해수면 상승으로 인한 국가의 위기를 해결하기 위한 국제사회의 지원을 요구하고 지구 온난화를 대처하기 위한 국제사회의 노력을 촉구하고 있다. 이러한 노력의 일환으로 해수면 상승으로 인한 국제해양법의 문제에 대해서도 주목하고, 자국의 해양관할권이 축소되는 것을 방지하기 위한 주장을 지속적으로 제기하고 있다. 이러한 주장을 집약한 내용으로는 2021년 '태평양도서국포럼(Pacific Island Forum: PIF)'이 채택한 '기후변화와 연계된 해수면 상승에 직면한 해양구역 보전에 관한 선언(Declaration on Preserving Maritime Zones in the face of Climate Change-Related Sea-Level Rise)'이 주목된다(Kim and Park, 2021). 태평양도서국포럼은 1971년 창설되었으며 호주, 피지 등 남태평양도서국 18개국이 가입하고 있는 정부간 국제기구이다.

태평양도서국포럼은 이 선언에서 유엔해양법협약이 해양의 모든 활동을 규율하는 법적 체제임을 확인하고 "법적 안정성, 안보, 확실성 및 예측 가능성의 원칙(the principles of legal stability, security, certainty and predictability)"이 협약의 근간이며 이 원칙에 따라 협약의 해석과 적용이 이루어져야 함을 전제하였다. 또한, "형평, 공정 및 정의의 원칙(principles of equity, fairness and justice)"도 협약을 구성하는 핵심 법원칙임을 강조하였다. 이 밖에도 협약 제300조의 신의칙 의무와 권리남용방지의무를 언급하였다. 이와 같은 전제하에 i) 기선과 관할해역 외측한계의 재검토 의무와 유엔 사무총장에게 기탁한 해도 또는 지리적 좌표의 갱신의무가 협약상 부존재하므로 재검토하거나 갱신할 의도가 없다는 점, ii) 해수면 상승과는 관계없이 협약에 따라 설정된 관할해역을 유지하는 것이 협약과 협약의 원칙에 의해 지지되고 있으므로 이를 유지할 것이라는 점, iii) 협약에 따라 설정하여 유엔 사무총장에게 통보한 관할해역의 권리와 권원을 해수면 상승으로 인한 어떠한 물리적 변화에도 불구하고 축소하지 않고 행사할 것이라는 점을 확인하고 선언하였다(PIF, 2021).

국토 전체가 저지대로 형성된 39개 소도서개발도상국들이 1990년에 결성한 '소도서국연합(Alliancd of Small Island States: AOSIS)'도 2021년 9월 22일 제76차 유엔 총회에 즈음하여 '2021 소도서국연합 지도자 선언(Alliance of Small Island States Leaders' Declaration)'을 채택하였다. 동 선언문은 제41항에서 "유엔해양법협약상 기선과 관할해역 외측한계를 재검토할 의무와 유엔 사무총장에게 기탁한 해도 또는 지리적 좌표를 갱신할 의무가 없으며 기후변화에 따른 해수면 상승으로 인한 어떠한 물리적 변화에도 불구하고 기존의 관할해역과 그 관할해역으로부터 생성된 권리와 권원을 축소하지 않고 적용할 것"이라는 것을 확인하였다(AOSIS, 2021).

2. 세계국제법학회(International Law Association)의 검토

세계국제법학회에서 먼저 해수면 상승에 따른 국제해양법적 문제를 다룬 것은 동 학회의 '국제해양법 기선위원회(Committee on Baselines under the International Law of the Sea)'이며, 동 위원회의 최종보고서(Final report of the Committee on Baselines under the International Law of the Sea in International Law Association)가 2012년 소피아에서 개최된 제75차 회의에서 검토되었다. 동 최종보고서에서 기선위원회는 현존 통상기선에 관한 법이 영토의 획득과 일실로 인해 발생하는 중대한 해안선의 변화에도 적용된다고 보았다. 또한 연안국이 물리적 조치로 영토를 보호하고 보전할 수 있지만, 실제 저조선을 대표하는 것이 아닌 해도상의 해안선을 법적으로 의제할 수는 없다고 적시하여 해안선의 지리적 변화에 따라 기선이 변경되어야 한다는 점을 암시적으로 표현하였다(U.N., 2020).

세계국제법학회 집행이사회는 제75차 회의의 권고에 따라 2012년 '국제법과 해수면 상승 위원회(Committee on International Law and Sea Level Rise)를 설치하였다(Freestone and Schofield, 2019). 동 위원회의 임무는 첫째, 소도서국이자 저지대국가에 대한 해수면 상승으로 발생 가능한 효과와 국가 영토의 부분적 및 전체적 침수와 인구감소가 가져오는 국제법적 함의를 연구하는 것이다. 둘째, 국가성, 국적 및 인권에 대한 영향을 포함하여 해수면 상승과 관련된 국가 영토와 해양관할권의 전부 또는 일부의 손실 가능성에 관련된 국제법의 점진적 발전을 위한 제안의 작성이었다(ILA, 2012). 동 위원회는 위에서 제시된 사안을 검토하여 중간보고서를 2016년 요하네스버그에서 개최된 제77차 총회에 제출하였으며, 최종보고서를 2018년 시드니에서 개최된 제78차 총회에 제출하였다. 이러한 토의를 거쳐 세계국제법학회는 법적 확실성과 안정성을 위하여 연안국 또는 군도국가가 유엔해양법협약에 따라 적절하게 설정한 기선과 관할해역의 외측한계는 비록 해수면 상승으로 해안선의 지리적 현실에 영향을 준다고 하더라도 재산정이 요구되어서는 안된다는 결의(ILA Resolution 5/2018)를 채택하였다.

3. 유엔 국제법위원회(International Law Commission)의 검토

국제법위원회는 2018년 제70차 회기에서 '해수면 상승과 국제법(Sea-Leval rise in relation to international law)'문제를 장기작업주제로 채택하였다(U.N., 2018). 그리고 2019년 제71차 회기에서 동 주제를 작업주제로 선정하고 5명의 위원을 공동의장으로 하는 개방형 스터디그룹을 설치하였으며, 제3480차 회의에서 동 그룹의 공동의장 공동구두보고서를 채택하였다(U.N., 2019). 동 주제에 대한 스터디그룹의 검토는 2018년에 작성된 계획서(syllabus) 논의방식에 관하여 스터디그룹의 공동의장들은 이 주제를 1) 해수면 상승과 해양법, 2) 해수면 상승과 국가의 주권과 관할권 변화, 3) 해수면 상승과 인권 특히 환경난민문제로 나누어 다룰 것을 제안하였고 국제법위원회가 이를 수락하여 세부 주제별 접근방식이 진행되었다(Park, 2022). 2021년에 개최된 제72차 회기에서 국제법위원회는 2020년 2월 28일 작성된 해수면 상승을 해양법측면에서 검토한 제1차 쟁점보고서 '해수면 상승과 국제법' 을 바탕으로 검토를 진행하였다(U.N., 2020).

해수면 상승과 국제법 문제에 대한 ILC의 작업 방향은 세부 쟁점들에 관한 현행법(lex lata)을 확인하고, 현행법에 의해 적절하게 대처하기 어려운 문제들을 밝혀서 국제법의 점진적 발달의 관점에서 일정한 입법론(lex ferenda)을 제시하는 것으로 설정하였다(Kim and Park, 2021).

제1차 쟁점보고서에서는 해수면 상승과 국제해양법 문제를 다룸에 있어 다음과 같은 6개 세부 쟁점을 2개 분야로 구분하여 작성하였다. 첫 번째 분야는 해수면 상승이 기선과 기선으로부터 측정된 해양공간 외측한계에 미칠 수 있는 법적 효과, 해양경계획정에 미칠 수 있는 효과 및 경계 또는 기선이 이미 확정된 해양공간에서 연안국과 그 국민이 주권적 권리와 관할권을 행사와 제3국 및 그 국민의 권리에 미칠 수 있는 법적 효과에 주목하고 다음과 같이 4개 세부 주제로 구분하여 검토하였다.

1) 해수면 상승이 기선과 기선으로부터 측정되는 관할해역의 외측 한계에 미칠 수 있는 법적 효과
2) 해수면 상승이 해양경계획정에 미칠 수 있는 법적 효과
3) 해수면 상승이 기선 설정과 경계획정상 관여된 섬에 미칠 수 있는 법적 효과
4) 해수면 상승이 경계 또는 기선이 이미 확정된 해양공간에 대한 연안국과 그 국민의 주권적 권리와 관할권의 행사 및 제3국과 그 국민의 권리에 미칠 수 있는 법적 효과

두 번째 분야는 해수면 상승이 암석을 포함한 섬의 지위에 미칠 수 있는 법적 효과, 해안에 인접하여 흩어져 존재하는 섬으로부터 발생한 연안국 해양권원에 미칠 수 있는 법적 효과 및 해수면 상승에 대응/적응 조치로서 건설된 인공섬과 간척 또는 섬 주변 축성활동의 법적 지위에 주목하고 다음과 같이 2개 세부 주제로 구분하여 검토하였다.

1) 해수면 상승이 암석을 포함한 섬의 법적 지위 및 해안에 인접하여 흩어져 존재하는 섬으로부터 발생한 연안국의 해양권원에 미칠 수 있는 법적 효과
2) 해수면 상승에 대한 대응/적응 조치로서 건설된 인공섬, 간척 또는 섬 주변 축성활동의 법적 지위

스터디그룹은 지구 온난화로 말미암은 해수면 상승은 현재 진행형 현상이며, 해양법 관련해서는 복잡한 법적 및 기술적 문제점을 야기하고 있다고 보았다. 제1차 보고서에 대한 토론과정에서 첫째, 법적 안정성(legal stability), 안보(security), 확실성(certainty)과 예측가능성(predictability)의 요청과, 둘째, 연안국과 여타 국가 사이의 권리와 의무의 균형을 유지할 필요성에 대해서는 적절하다는 입장과 자칫 정책에 기반한 접근법(policy-oriented approach)이라는 비판 등 위원들 간에 엇갈린 평가가 나왔다. 또한 이러한 개념은 아직 국제관습법의 성립요건 중 하나인 법적 확신(opinio juris)의 존재로 이어질 수 없다는 신중론도 제기되었다(Park, 2022).

2022년 제73차 회기에서는 해수면 상승이 국가성(statehood)에 미치는 효과와 주민 보호(protection of persons affected by sea level rise)의 문제에 대한 스터디그룹공동의장이 작성한 제2차 쟁점보고서(UN A/CN.4/752, 19 April 2022)에 대한 토의를 진행하였으며 2022년 6월에 최종보고서를 제출한 바 있다.

2023년 제74차 회기에서도 스터디그룹이 재구성되었으며, 스터디그룹의 공동위원장이 작성한 2020년 제1차 쟁점보고서에 대한 추가보고서를 공동위원장이 제시한 쟁점별 예비관찰을 중심으로 검토하였다. 추가보고서는 제1차 쟁점보고서에 관하여 제시된 스터디그룹구성원의 제안과 제6위원회 회원국의 제안들을 고려하여 제1차 쟁점보고서를 보완하여 발전시킨 것이다. 특히, 2023년 추가보고서는 ① 기선의 고정성과 비고정성문제를 포함한 법적 안정성의 의미, ② 대향국간 양자협정으로 관할권 중복지역에 대한 경계획정을 하였으나 해수면 상승의 결과 기선의 육지측 이동으로 더 이상 중복이 발생하지 않게 된 잠재적 상황, ③ 해수면 상승으로 합의된 육상경계의 끝점이 해상에 위치하게 된 상황의 결과, ④ 유엔해양법협약이외의 관련 국제조약과 법적 문서, ⑤ 이 문제와 관련된 다양한 원칙의 관련성, ⑥ 이 문제와 관련된 해도의

문제, ⑦ 고정된 기선의 발생 가능한 제3국의 이해득실문제를 중점적으로 다루웠다. 추가보고서에 대한 토론과정에서 기선의 고정성 여부와 관련하여 유엔해양법협약이 기선의 고정성을 금지하지 않고 있다는 점에 대해서는 많은 이견이 존재하지 않았다. 다만, 이것이 국제관습법의 지위를 확보하였는 가라는 질문에 대해서는 법적 확신이 존재한다는 명백한 증거가 없다는 의견이 제시되었다. 법적 안정성 확보를 위하여 유엔해양법협약을 개정하자는 제안도 있었으나, 동 사안은 스터디그룹의 임무에 속하지 않으므로 그 제안을 고려하지 않기로 하였다. 또한 기확정된 해양경계선의 고정성 여부에 대해서도 현상유지의 원칙이 법 원칙이며 국제관습법이라는 점을 강조하여야 한다는 의견이 제시되었으나 이는 육지 경계에 해당하며 해양경계에도 적용된다는 판례가 형성되지 않았다는 반론도 제기되었다. 이외에도 위에서 언급된 주제별 공동위원장의 의견에 대한 토론이 진행되었으나 기존에 제시되었던 이견을 해소하지는 못하였다.(U.N. 2023)

국제법위원회는 2024년에 해수면 상승이 국가성에 미치는 효과와 주민 보호의 문제를 다시 다루고, 2025년에는 해수면 상승에 따른 국제법의 3가지 핵심문제에 대해 종합보고서를 마무리할 예정으로 있다.(ILC, 2023)

Ⅲ. 기선 및 관할해역 외측한계 변화 가능성 검토

1. 유엔해양법협약상 기선제도의 개관

국제해양법상 연안국의 관할해역은 일반적으로 해안선으로 거리를 기준으로 결정된다. 따라서, 연안국 관할해역을 설정함에 있어 기선을 설정하는 것이 가장 선행적으로 이루어져야 하는 것이며 가장 중요한 과제라고 할 수 있다. 유엔해양법협약 제3조는 모든 국가가 "이 협약에 따라 결정된 기선(baselines determined in accordance with this Convention)"에 따라 12해리를 넘지 아니하는 범위에서 영해의 폭을 설정할 수 있다고 규정하고 있다. 그러나 협약에 따라 결정된 기선은 연안국이 단지 영해뿐만 아니라 접속수역(제33조 제2항), 배타적 경제수역(제57조), 대륙붕(제76조)의 외측한계를 설정함에 있어 기준이 되는 기능을 한다. 또한, 기선은 인접 또는 대향국간 관할해역 경계획정을 함에 있어서도 일반적으로 중간선 또는 등거리선의 획선 기준으로 활용된다.

유엔해양법협약에 따라 결정되는 기선의 종류는 통상기선(제5조), 직선기선(제7조)와 군도기선(제47조)이 있다. 통상기선은 유엔해양법협약에서 달리 규정하지 않는 한 연안국이 공인한 대축척해도에 표시된 해안을 따라 형성된 저조선(low water line)을 말한다. 여기서 의미하는 '대축척해도'는 항해목적의 해도를 지칭하는 것이며, 대축척의 의미는 항해의 목적과 해도 작성을 위해 수행된 조사의 수준에 따라 다양할 수 있지만 그 범위는 1:50,000에서 1:200,000으로 권고되었다(Nandan et al., 1993). 또한 '저조선'이란 국제수로기구(International Hydrographic Organization: IHO)에 따르면 "썰물이 해안과 교차하는 것"이라고 한다. 저조선은 천문학적 요소와 기상학적 요소에 의해 항상 변하므로 이것을 해도에 표기하는 방법에 대해서는 국제적으로 합의된 방식은 없으나, IHO는 '최저천문조위(lowest astronomical tide)'를 해도상 저조선 표기방법으로 권고하고 있다(Churchill et al., 2022).

통상기선 이외에 유엔해양법협약에서 다르게 정하고 있는 인위적인 기선 설정의 예로서는 앞서 제시한 직선기선과 군도기선 이외에 암초(제6조), 하구(제9조), 만(제10조)이 있으며, 간조노출지(제13조)도 기선 설정과 관련하여 살펴보아야 할 요소이다.

직선기선은 해안선이 깊게 굴곡지거나 잘려 들어간 지역이거나 해안을 따라 아주 가까이 섬이 흩어져 있는 지역에 적용 가능한 기선으로서, 적절한 지점을 연결하는 직선기선을 설정한 후 관할해역 설정의 기준으로 사용할 수 있다(제7조 제1항). 직선기선을 획선함에 있어 주목할 것은 간조노출지의 경우에는 직선기선의 기점이 될 수 없으나 그 간조노출지 위에 영구적으로 해면 위에 있는 등대나 이와 유사한 시설이 설치된 경우 또는 기점 설정이 국제적으로 승인받은 경우에는 기점으로 활용할 수 있도록 하고 있다는 점이다(제7조 제4항). 다만, 삼각주가 있거나 그 밖의 자연조건으로 해안선이 매우 불안정한 곳에 직선기선을 설정하는 경우에는 바다쪽 가장 바깥 저조선의 적절한 지점을 선택할 수 있으며, 그 후 저조선이 후퇴하더라도 후퇴되기 전의 기점을 기준으로 설정된 직선기선은 연안국이 이 협약에 따라 수정할 때까지는 유효하도록 규정하고 있다(제7조 제2항). 이 규정만이 협약상 유일하게 기선의 변화 가능성을 명시적으로 규정한 규정이며, 다른 조항은 1958년 영해 및 접속수역 협약상 규정과 거의 동일하게 규정된 반면에 유엔해양법협약에 처음으로 포함된 것이다(Nandan et al., 1993).

군도기선은 군도국가가 군도의 가장 바깥쪽 섬의 가장 바깥점과 드러난 암초의 가장 바깥점을 직선으로 연결한 것으로, 다른 기선과 마찬가지로 이 기선으로부터 군도국가가 관할해역을 설정해 나아갈 수 있다(제47조 제1항). 군도기선을 설정함에 있어 간조노출지는 군도기선의 기점이 될 수 없으나 그 간조노출지 위에 영구적으로 해면 위에 있는 등대나 이와 유사한 시설이 설치된 경우 또는 간조노출지의 전부 또는 일부가 가장 가까운 섬으로부터 영해 폭을 넘지 않는 거리에 있는 경우에는 군도기선의 기점이 될 수 있다(제47조 제4항).

암초의 기선 설정은 환초 위에 섬이 위치하거나 섬 가까이에 암초가 흩어져 있는 경우 연안국이 공인한 해도상에 적절한 기호로 표시된 암초의 바다쪽 저조선에 설정할 수 있다(제6조).

하구의 경우에는 강이 직접 바다로 유입하는 경우 양쪽 강둑의 저조선상의 지점을 연결한 직선으로 기선을 설정할 수 있다(제9조).

마지막으로, 만구 폐쇄선은 만의 자연적 입구의 저조지점을 연결하여 획선하며, 만약 만의 입구에 섬이 있는 경우에는 만의 자연적 입구와 섬의 저조선을 연결하여 만구 폐쇄선을 획선한다(제10조 제3항).

이상과 같이 설정된 직선기선, 하구 폐쇄선, 만구 폐쇄선, 군도기선은 연안국이 그 기선 또는 기선으로부터 획선한 관할해역의 외측한계(군도기선의 경우 외측한계로의 대체 불가) 위치를 확인하기에 적합한 축척의 해도에 표시되거나 측지계(geodetic datum)를 명기한 각 지점의 지리적 좌표목록을 작성하여 적절히 공표하고 그 사본을 유엔 사무총장에게 기탁하여야 한다(제16조, 제47조 제8항과 제9항). 통상기선과 암초의 경우에는 연안국이 공인한 대축척해도에 표기되는 것으로 충족되며, 이를 유엔 사무총장에게 기탁하여야 할 의무를 명시적으로 규정하고 있지 않다. 간조노출지의 경우 직선기선이나 군도기선의 기점으로 사용되는 경우에는 위의 공표의무에 해당하지만, 간조노출지가 단독으로 영해기점으로 사용되는 경우에는 별도의 공표의무 규정이 없다.

2. 해수면 상승으로 기선이 변화된 경우 기선과 관할해역 외측한계의 변화 가능성

해수면 상승으로 통상기선의 기준이 된 저조선이 육지측으로 이동하거나, 직선기선 또는 군도기선 등의 기점이 육지쪽으로 이동하거나 기점으로 활용된 섬이나 간조노출지가 수몰된 경우 실제 저조선 또는 기점과 해도 또는 지리적 좌표형식으로 표시된 기존의 기선이 유효한가라는 문제가 발생한다. 이와 연동하여 실제 존재하지 않는 기점을 포함한 기선을 기반으로 연안국이 설정한 관할해역의 외측한계는 언제까지 유효한가라는 문제 또한 발생한다. 이에 더하여 기선이 해수면 상승으로 변동된 경우 연안국은 새로운 기선을 설정하고 이를 협약 규정에 따라 표시하거나 기탁하여야 할 의무가 존재하는가 하는 문제 또한 존재한다.

해도상에 표시된 저조선과 실제 저조선이 다른 경우 이는 동 수역을 항행하는 선박운항자에게는 매우 심각한 위험요소로 작용할 수 있으며, 해도 또는 지리적 좌표로 공표된 기선과 실제 기선이 다른 경우 연안국의 관할해역에서 활동하는 제3국의 항해자 또는 어민, 해양과학조사자 등은 자신들이 준수하여야 할 연안국 법령의 적용 범위의 불확실성으로 인하여 해양이용 안전측면에서 곤란한 처지에 놓이게 될 것이다. 이를 해결하기 위해서는 위에서 제기된 문제에 대한 명확한 법적 해석이 존재하여야 한다.

그러나, 유엔해양법협약에서 명시적으로 연안국에게 기선의 변동시 이를 새로이 설정하여야 한다는 규정을 두고 있지는 않다. 이는 유엔해양법협약이 논의되고 채택되는 과정에서 해수면 상승에 의한 기선의 후퇴 등의 문제는 크게 인식되지 못한 사정에 기인한다고 본다(Churchill et al., 2022). 유엔해양법협약에 명시적 규정이 없는 까닭에 기존의 기선과 그 기선을 기준으로 설정된 관할해역의 외측이 갱신되어야 하는 점에 대해 기선의 비고정성(ambulatory) 여부를 두고 국가의 입장, 학자의 주장과 판례의 태도가 대립된 양상을 보이고 있다. 특히, 국가들의 입장은 국제법위원회의 보고서에 대한 토론과정에서 비고정성을 주장하는 국가, 고정성을 주장하는 국가, 입장 유보적 국가가 다양하게 존재하고 있음을 확인할 수 있었다(Kim and Park, 2021).

고정성을 주장하는 논거로서는, 첫째, 협약 규정에 따라 정당하게 확정되어 적용되고 있는 기선과 관할해역이 변동되는 경우 협약의 원칙으로 자리매김하고 있는 법적 안정성과 예측 가능성을 해칠 수 있다는 것이다. 둘째, 협약 규정상 기선이 실제적으로 변경되는 경우 연안국이 이를 갱신할 의무가 명시적으로 규정되어 있지 않다는 것이다. 셋째, 협약 제76조 제9항에서 대륙붕 외측한계가 항구적(permanently)이라는 규정을 두고 있으므로, 협약에 따라 정당하게 확정된 관할해역은 항구적으로 유지되며, 확정후 해수면 상승으로 그 기선이 실제로 변화되었더라도 아무런 영향을 주지 않는다는 것이다(Busch, 2018). 넷째로 국제판례의 입장을 근거로 제시하고 있다. 방글라데시와 인도간 벵갈만 해양경계획정사건에 대한 2014년 유엔해양법협약 제7 부속서 중재재판소 판정에서 재판소는 해수면 상승으로 인한 가까운 미래의 기점 변화를 경계획정에 고려하지 않는다는 입장을 견지하였다(Arbitral Tribunal, 2014). 기점 선정과 관련하여 방글라데시가 벵갈만의 기후변화로 인한 해수면 상승의 잠재적 영향으로 해안선이 불안정하므로 잠정중간선기법을 적용하는 것이 적절하지 않으며, 인도가 기점으로 선택한 간조노출지가 조만간 변화하거나 사라질 것이며, 방글라데시가 선택한 기점의 해안선도 수몰될 가능성이 있다는 주장을 하였다(para. 213). 이에 대하여 재판소는 경계획정의 기점을 선택함에 있어 미래 기후변화로 인해 당사국 해안선이 영향을 받을 수 있다는 것은 고려대상이 아니며, 현재 상태의 해안선 조건에서 기점을 적절히 선정하는 것이 중요하다는 점을 강조하였다(para. 214).

비고정성을 주장하는 논거로서는, 첫째, 협약 제7조 제2항에서 삼각주가 있거나 그 밖의 자연조건으로 인하여 해안선이 매우 불안정한 곳에서 일단 기점을 설정한 후 저조선이 후퇴하는 경우라도 후퇴 전 직선기선은 협약에 따라 연안국이 수정할 때까지는 유효하다는 규정을 근거로 하여, 직선기선이 확정되었다고 하여도 변경된다는 가능성을 규정하고 있다는 것이다. 또한, 앞서 고정성의 논거로 활용되었던 협약 제76조 제9항의 조항도 협약상 유일하게 대륙붕 외측한계의 항구성을 언급하였을 뿐 다른 기선의 항구성을 협약에서 규정하고 있지 않으므로 비고정성이라는 것이다(Churchill et al., 2022). 둘째는 협약상 저조선을 기선으로 활용하도록 하고 있으므로 저조선이 변경되면 당연히 기선도 변경되어야 한다는 입장이다. 또한, 섬 등이 직선기선 또는 군도기선의 기점으로 사용되었으나 그 섬 등이 수몰되면 직선기선 또는 군도기선의 기점이 더 이상 될 수 없다는 당위에 근거를 둔 입장이다. 셋째는 해양경계획정과 관련된 일련의 국제판례에서 경계획정의 기점 설정시 당사국의 주관적 주장보다는 경계획정 대상해역의 실제적 지리적 형상에 근거하여 재판소가 결정하여야 한다는 점이다. 국제사법재판소(ICJ)는 2002년 카메룬과 나이지리아간 육지 및 해양 경계획선사건 판결에서 "재판소에 경계획정을 부탁한 해역의 지리적 형상은 주워진 것이지 재판소가 변경할 수 있는 요소가 아니다"라는 점을 명시하였다(ICJ, 2002). 이러한 태도는 2006년 바베이도스와 트리니다드토바고간 중재사건에 대한 협약 제7 부속서 중재재판소 판정 제228항에서도 수용되었으며(Arbitral Tribunal, 2006), 2007년 니카라과와 온두라스간 영토 및 해양분쟁사건에 대한 국제사법재판소의 판결 제280항(ICJ, 2007), 2018년 코스타리카와 니카라과간 카리브해와 태평양의 해양경계획정사건에 대한 국제사법재판소 판결 제104항(ICJ, 2018)에서 반복적으로 확인되었다. 이러한 재판소의 판례가 기점의 비고정성을 지지하는 논거로 제기되고 있다.

이상의 주장들을 살펴볼 때, 유엔해양법협약의 해석과 적용상 비고정성의 논거가 보다 설득력이 있는 것으로 보인다. 고정성 주장을 뒷받침하는 논거로 제시된 법적 안정성과 예측 가능성을 보장하기 위해 협약에 따라 정해진 기선과 그 기선으로부터 설정된 관할해역의 외측한계는 항구적이라는 논거는 기선과 관할해역의 설정 근원이 되는 법원칙인 '육지가 바다를 지배한다(The land dominate the sea).'를 기준으로 할 때 수용하기 어려운 측면이 있다(Vidas, 2014). 1969년 북해 대륙붕사건에 대한 국제사법재판소 판결 제96항에서 확인된 이 원칙은 연안국의 바다에 대한 권원은 연안국 육지로부터 기원한다는 의미를 담고 있다. 즉, 육지의 지리적 형상에 따라 육지의 법적 지위가 결정되고, 그 법적 지위와 지리적 형상으로부터 연안국의 관할해역이 설정된다는 의

미이다(ICJ, 1969). 따라서, 해수면 상승으로 육지의 지리적 형상이나 변경되면 그 법적 지위 또한 변경되는 것이며 그에 따라 관할해역 설정도 갱신되어야 한다고 생각한다.

더욱이 해수면 상승으로 기존의 기선이나 기점이 실제 기선이나 기점과 다름에도 불구하고 이를 연안국이 갱신하지 않고 일방적으로 유지하겠다는 것은 국제법상 수용하기 어려운 측면이 또한 있다. 1951년 영국과 노르웨이간 어업사건에 대한 국제사법재판소의 판결에서 국제사법재판소는"해양의 경계는 언제나 국제적인 측면이 있으며, 따라서 연안국의 의지에 단순히 의존하지 않는다"고 판시한 바 있다(ICJ, 1951). 즉, 연안국의 관할해역 주장은 국제법에 일치하지 않는 한 제3국에 대하여 그 유효성을 주장할 수 없다는 취지이며 연안국의 관할해역 주장은 국제법에 따라 설정되어야 한다는 점을 강조한 것이다. 이 원칙은 후속 판례와 학자들의 주장에 의하여 국제법상 확립된 원칙으로 이해되고 있다.

뿐만 아니라 협약 관련 규정의 해석 및 적용상 기선 또는 기점의 비고정성을 뒷받침하는 근거를 찾아볼 수 있다. 먼저, 앞서 살펴본 제7조 제2항의 경우를 제외하더라도, 제8조 제2항에서 "직선기선을 설정함으로써 종전에 내수가 아니었던 수역이 내수에 포함된 경우"를 규정하고 있는 바, 이는 통상기선을 사용하던 연안국이 직선기선제도를 새로이 수용함으로서 기존의 통상기선이 직선기선으로 대체될 수 있음을 암시하고 있다. 또한, 제11조에서 영구적인 항만시설을 영해의 기선으로 인정하고 있는 바, 수 킬로미터에 달하는 새로운 방파제 등 항만시설을 건설하는 경우가 예외적인 경우로 볼 수 없으므로 이 또한 기선의 변경 가능성을 보여주고 있다. 이 밖에도 연안국이 대규모 간척매립사업을 하는 경우 연안국의 기선이 해양 쪽으로 확장되면 이에 따라 기선이 연동하여 변경되며 그에 따른 관할해역의 외측한계도 변경되는 것이다.

이상의 분석에 기초할 때, 협약의 해석과 적용상 해수면 상승으로 기선 또는 기점의 지리적 형상이 변경된다면 그 기선과 기점 및 그에 따른 관할해역의 외측한계도 변경되어야 하는 것으로 판단된다. 다만, 기존의 기선 또는 기점과 해수면 상승으로 변경된 실제 기선 또는 기점이 다르게 나타난 경우 그 효과가 즉시적으로 나타나는 것으로 볼 것인가는 의문이다. 생각건대, 그 효과가 즉시적으로 나타나는 것으로 보고 기존의 기선을 기준으로 한 관할해역 외측한계가 자동적으로 변경된 것으로 본다면 이는 실제 적용상 많은 혼란을 야기할 것으로 보인다. 즉, 해양이용자가 실제 기선의 변경 사실을 확인하는 능력에 따라 관할해역 외측한계가 서로 다르게 적용된다면 이는 법적 안정성과 예측 가능성을 심각히 훼손하는 결과를 가져올 것으로 보인다. 또한 기선과 기점의 대부분은 연안국이 공인한 대축척해도에 표시되거나 유엔 사무총장에게 기탁되는 절차를 거치도록 되어 있으므로 제7조 제2항의 예에서 보는 바와 같이 연안국이 해수면 상승에 따른 변화를 고려하여 새로운 기선과 기점 또는 외측한계을 설정하기까지는 기존의 기선 또는 기점이 여전히 유효하다고 보는 것이 적절하다. 다만, 연안국이 어떠한 구체적 기준으로 어떠한 기간 내에 갱신의무를 행하여야 하는 것은 일률적으로 정하기보다는 개별 사안의 사정에 따라 각각 판단되어야 한다고 생각한다. 그 판단의 기준은 협약 제300조에서 규정하고 있는 신의성실과 권리남용금지의무의 적용을 통하여 설정 가능하다고 본다.

Ⅳ. 해양지형물의 법적 지위 변화 가능성 검토

유엔해양법협약상 연안국이 관할해역을 설정할 수 있는 권원을 갖는 육지의 종류로서 본토(continental land mass) 이외에 섬(islands), 암석(rock), 간조노출지(low-tide elevation), 암초(reef), 드러난 암초(drying reef), 환초(atoll) 등 다양한 해양지형물(maritime features)을 규정하고 있다(Lee, 2020).

섬은 "바닷물로 둘러싸여 있으며, 밀물일 때에도 수면 위에 있는, 자연적으로 형성된 육지 지역을 말한다"고 정의하고 있다(제121조 제1항). 암석은 "인간이 거주할 수 없거나 독자적인 경제활동을 유지할 수 없는 암석은 배타적 경제수역과 대륙붕을 가지지 아니한다"는 규정을 두어 암석을 정의하고 있다(제121조 제3항). 이 두 가지 정의를 살펴볼 때, 섬은 바닷물로 둘러싸여 있으며, 밀물일 때에도 수면 위에 있는, 자연적으로 형성된 육지지역으로서 인간이 거주할 수 있거나 독자적인 경제생활을 유지할 수 있는 지리적 조건을 충족하여야 하는 것이며, 섬 중에서 인간이 거주할 수 없고 독자적인 경제생활을 유지할 수 없는 지리적 조건을 가진 것은 암석으로 분류되는 것으로 해석된다. 간조노출지는 "썰물일 때에는 물로 둘러싸여 물 위에 노출되나 밀물일 때에는 물에 잠기는 자연적으로 형성된 육지지역을 말한다"고 규정하고 있다(제13조 제1항). 그러나, 협약은 암초나 환초라는 용어는 사용하고 있으나 이에 대한 용어 정의를 두고 있지는 않다. 또한, 협약은 단순히 암초라는 용어를 사용하기 보다는 '섬을 둘러싸고 있는 암초(fringing reefs)'와 '군도의 군도상 드러난 암초(drying reefs)', '환초상에 위치한 섬' 등 지형학적으로 특별한 종류의 암초로서 섬과 연계된 것만을 특정하여 규정하고 있다(제6조, 제47조 제1항). 관련 규정과의 연계된 해석상 협약에서 규정되고 있는 암초나 환초 등은 간조노출지의 하나로 볼 수 있다(Tanaka, 2019).

해양지형물과 관할해역의 관계에서 해양지형물이 위에서 살펴본 기선의 일부로 활용되는 경우를 제외하고 그 자체로부터 설정할 수 있는 관할해역의 범위를 살펴보면 다음과 같다. 먼저, 섬의 지위를 인정받는 해양지형물은 연안국이 그 섬으로부터 모든 종류의 관할해역 즉, 영해, 접속수역, 배타적 경제수역, 대륙붕을 설정할 수 있다(제121조 제2항). 그러나 암석으로 분류되는 해양지형물은 그 암석으로부터 영해와 접속수역만을 설정할 수 있다. 간조노출지의 경우에는 그 지리적 위치에 따라 관할해역을 주장할 수 있는 경우가 구분된다. 간조노출지가 본토 또는 섬이나 암석으로 측정된 영해의 외측한계 내에 간조노출지의 전부 또는 일부라도 위치한 경우와 그렇지 않은 경우가 그것이다. 전자의 경우에는 그 저조선을 영해측정기선으로 사용할 수 있기 때문에 그 간조노출지로부터 외측으로 영해를 설정할 수 있다(제13조 제1항). 후자의 경우에는 간조노출지로부터 어떠한 관할해역도 설정할 수 없다(제13조 제2항). 다만, 이 경우 문제되는 것은 암석의 경우 그 위치에 상관없이 그로부터 영해 및 접속수역만을 설정할 수 있는데 그 보다 하위의 해양지형물인 간조노출지가 본토 등의 영해 외측한계 내에 있는 경우에는 그 간조노출지의 저조선이 영해측정기선으로 사용된다는 점이다. 즉, 협약상 영해측정기선은 단순히 영해만을 측정하기 위한 기선이 아니라 접속수역, 배타적 경제수역, 대륙붕의 외측한계를 기산하는 역할을 수행한다는 점에서 이 간조노출지의 저조선으로부터 영해 이외에 접속수역, 배타적 경제수역, 대륙붕을 설정할 수 있다는 해석이 가능하다. 이에 대해서는 상위의 지형물이 주장할 수 없는 것은 하위의 지형물도 당연히 주장할 수 없다는 연구결과가 있으나(Churchill, 2014), 이에 대해서는 향후 국가실행 또는 국제판례의 축적을 통하여 검토되어야 할 것으로 생각한다(Lee, 2020).

이와 같은 해양지형물중 위에서 살펴본 기선의 일부로 다루어진 것 이외에 해양지형물 자체로 관할해역 설정과 연계된 경우에도 해수면 상승과 관련하여 다양한 해양법적 쟁점이 제기되고 있다. 먼저, 섬의 지위를 가진 해양지형물이 해수면 상승으로 물리적 변형되어 암석으로 변경되거나 간조노출지 또는 완전히 수몰되는 경우 해당 섬으로부터 설정된 관할해역의 지위가 변경되는가 하는 점이다. 둘째는 섬 등의 해양지형물이 해수면 상승으로 물리적으로 변형되는 것을 막기 위하여 인공적 시설을 추가하는 경우 그 지위을 어떻게 평가할 것인가 하는 점이다. 세 번째는 섬의 수몰을 막지 못한 상태에서 이를 대체하기 위하여 인공섬을 축조한 경우 인공섬의 법적 지위를 어떻게 볼 것인가 하는 점이다.

섬의 경우 해수면 상승으로 섬의 기선이 육지쪽으로 후퇴하여 발생하는 문제는 이미 기선의 문제에서 다룬 바와 같다. 또한 협약의 해석상 독자적인 해양지형물로서의 섬이 해수면 상승으로 인간이 거주할 수 없고 독자적인 경제생활을 유지할 수 없는 암석이 되는 경우 암석으로 법적 지위가 변경되는 것이고, 해수면 상승이 더욱 진행되어 암석이 간조노출지가 되거나 수중지형물로 변형되는 경우 어떠한 관할해역도 가질 수 없으며 기존의 관할해역이 종국적으로 공해 또는 심해저로 변경되게 되는 것으로 보는 것이 타당하다. 그러나, 섬과 암석을 구분하는 기준인 인간의 거주 가능성과 독자적인 경제생활의 유지 조건과 관련하여서는 보다 복잡한 문제가 발생할 수 있다. 즉, 해수면 상승으로 해수가 범람하여 섬의 식수로 활용할 수 있는 담수가 사라지는 경우 섬의 지리적 형상이 크게 변형되지 않았다고 하여도 섬의 요건을 상실하며, 연안국은 섬을 기준으로 설정한 광대한 면적의 배타적 경제수역과 대륙붕을 상실하게 된다. 실제적으로 작은 섬이 431,014㎢의 광대한 관할해역을 창출하는 반면에 암석은 1,550㎢의 관할해역만을 창출하므로 관할해역의 상실이 대단히 크며, 어업에 국가 경제를 의존하고 있는 소도서개발도상국의 경우에는 치명적 결과를 가져온다고도 볼 수 있다(ILC, 2020). 협약의 해석상 이론적으로 이는 명백한 결과로 볼 수 있으나 섬의 요건 상실 여부를 여하히 판단할 것이며, 누가 문제를 제기할 것인가 하는 문제이다. 현재까지의 국가실행상 이 문제는 국가간의 분쟁으로 확대되어 국제재판을 통해서만 해결될 가능성이 매우 크다. 이 과정에서 해당 연안국은 2016년 필리핀과 중국간 남중국해사건에 대한 협약 제7 부속서 중재재판소 판정을 바탕으로 섬의 지위 유지를 주장할 가능성도 배제할 수 없다. 중재재판소는 인간의 거주 가능성에 대하여 일정 집단에 의한 항구적 거주가 아닌 정기적 거주만으로도 거주 여건을 충족시킨 것으로 볼 수 있다고 보았다. 따라서, 작은 섬을 평가함에 있어서 소도서군이 집단적으로 인간의 거주와 경제생활을 유지 시킬 수 있는 잠재력에 대해 적절히 고려하여야 한다고 판시하였다(Arbitral Tribunal, 2016). 즉, 이러한 재판소의 판정을 근거로 해수면 상승으로 더 이상 인간이 거주할 수 없는 섬에 대해 섬으로서의 지위와 그 섬으로부터 창설된 광대한 관할해역을 유지하고자 시도할 수 있다고 볼 수 있다(Schofield and Freestone, 2019).

다음으로 섬 등의 해양지형물이 해수면 상승으로 물리적으로 변형되는 것을 막기 위하여 인공적 시설을 추가하는 경우 그 지위를 어떻게 평가할 것인가 하는 점이다. 앞에서 그 예시한 바와 같이 해수면 상승으로 위협받고 있는 소도서개발도상국들은 대응조치로 해안에 차단벽을 설치하는 등의 조치를 진행하고 있다. 또한, 수몰되는 해양지형물 위에 인공구조물을 설치하여 그 지위를 연장하려는 시도도 가능할 것으로 보인다. 이러한 노력에 대한 법적 평가는 남중국해사건에 대한 중재재판소의 판정에서 그 해석 기준을 찾아 볼 수 있다. 중재재판소는 판정 제508항에서 "간조노출지와 섬 모두 자연적으로 형상된 육지지역이어야 한다. 간조노출지와 수중지형이 인간의 노력에 의하여 법적인 섬으로변형될 수 없듯이 암석을 매립하여 섬으로 변형시킬 수 없다"고 판단하였다(Arbitral Tribunal, 2016). 즉, 해양지형물의 법적 지위는 그 자연상태에 기초하여 반드시 판단되어야 한다는 것이다. 따라서, 해수면 상승으로 물리적 변형을 갖게 되는 해양지형물에 인공적 노력을 가미한다고 하여도 그 법적 지위를 변경되지 않는다는 것이다. 그러나, 이미 섬의 요건을 갖추고 있는 해양지형물이 침식으로 인하여 훼손되는 것을 방지하기 위하여 인공적인 보존조치를 취한 경우나 인공적으로 확장시킨 경우에는 정당한 것으로서 섬의 지위에 별다른 영향을 주지 않는 것으로 해석된다(Proelss, 2017).

또한, 협약 제60조 제8항에서 "인공섬·시설·구조물은 섬의 지위를 가지지 아니한다. 이들은 자체의 영해를 가지지 아니하며 이들의 존재가 영해, 배타적 경제수역 또는 대륙붕의 경계획정에 영향을 미치지 아니한다."고 규정하고 있다. 따라서, 수몰된 해양지형물 위에 수몰지역의 거주민 생존을 위하여 인공섬을 건설하다고 하여도 그 인공섬이 수몰된 해양지형물의 법적 지위를 대체하거나 섬으로서의 지위를 갖는다고 보기 어렵다. 그러나, 해수면 상승에 대응하기 위하여 소도서개발도상국이 인공섬을 건설하는 것은 원인이나 목적 등이 '일반적 인공섬'과 다르기 때문에 협약 제60조 제8항의 규정만으로 규율하는 것은 타당하지 않다고 보는 의견이 있다. 이 주장은 그 논거로서 수몰영토상 인공섬 건설은 협약 채택시 고려하지 못한 사안으로 협약 규정을 그대로 적용하는 것은 한계가 있으며 이는 기후변화의 관점에서 다루어야 한다고 보았다. 따라서, 수몰영토상 인공섬의 건설은 기후변화라는 외부 환경에 대응키 위한 불가피한 선택이며, 수몰된 국가의 권리를 창설하기 위한 의도가 아니라 기존의 지위를 보호하기 위한 방어적 행위이고, 이로 인해 해양법 질서의 혼란을 야기하는 것도 아니므로, 수몰영토상 인공섬의 영토 지위를 주장할 수 있는 법적 정당성은 인정된다고 보았다(Choi, 2020). 이와 같은 주장은 기후 변화에 실질적 기여도가 매우 낮은 소도서개발도상국이 그 악영향으로 국토를 상실하거나 경제적 터전이 되는 관할해역을 상실하는데 대한 대안을 마련하는 차원에서 일응 동의되는 바 있으나, 인공섬의 법적 지위를 예외없이 명확히 규정하고 있는 유엔해양법협약의 해석과 적용상 그러한 예외를 인정할 이론적 근거는 분명하지 않다고 생각한다. 한편, 국제법위원회도 오로지 해수면 상승으로부터 섬을 보존하기 위한 인공적 강화(fortification)는 자연 상태의 섬을 인공적으로 만드는 것은 아니지만, 보존 목적의 인공섬 건설과 인공적 권원 창설 목적의 인공섬 건설을 구별하는 명확한 지침이 필요하다는 의견을 제시한 바 있다(ILC, 2020).

V. 기존 해양경계획정조약의 유효성 검토

인접 또는 대향국간에 체결된 영해, 배타적 경제수역 또는 대륙붕 경계획정 조약에 의하여 획정된 해양경계선이 해수면 상승으로 인하여 경계획정에 영향을 미쳤던 기선 또는 기점이 그 법적 지위를 상실한 경우 해당 조약의 유효성 문제 또한 발생한다. 이 경우 명확히 할 필요가 있는 것은 해수면 상승으로 인한 기선 또는 기점의 물리적 변화가 반드시 이미 확정된 해양경계선을 변화시키지는 않는다는 것이다. 즉, 해양경계획정에 모든 기선과 기점이 영향을 주는 것은 아니다. 따라서, 해양경계선 도출시 영향을 주지 않은 기선 또는 기점의 변화는 이 쟁점과 관련하여 논의할 여지가 없다. 주목해야 될 사안은 경계획선에 크게 영향을 준 기선과 기점의 변화이며, 이는 급격하게 후퇴된 해안선이나 섬의 수몰 등이 그 대상이 될 수 있다. 특히, 섬의 물리적 변화로 인해 암석 또는 간조노출지로 법적 지위가 변경되는 경우 이는 해양경계선에 중대한 영향을 미칠 가능성이 크다.

또한, 해양경계선의 변화 가능성은 해양경계획정 조약을 체결한 양당사국만의 문제가 아니라 제3국 내지는 국제사회 전체의 이익과도 결부될 수 있다. 즉, 해양경계획정 당사국 모두의 기점 또는 기선이 변경되어 그들이 주장할 수 있는 배타적 경제수역 또는 대륙붕의 외측한계가 축소되는 경우 기존의 연안국 관할해역이 공해 또는 심해저로 전환되기 때문이다.

해수면 상승으로 기선 또는 기점이 물리적으로 변화한다고 하여도 이는 해양경계획정조약을 통하여 설정된 해양경계선에는 영향을 주지 않는다는 주장이 있다. 이 주장의 가장 중요한 논거는 조약법에 관한 비엔나협약 제62조 제2항이다. 동 협약 제62조는 조약 체결 당시에 존재한 사정이 근본적으로 변경되었고 그것이 조약 체결 당시에 당사국에 의하여 예견되지 아니한 사정의 근본적 변경인 경우에는 일정 조건에 따라 조약을 종료시키거나 탈퇴할 사유로 원용할 수 있다고 규정하고 있다. 이 규정에 근거하여 해수면 상승으로 해양경계획정에 중요한 영향을 주는 기선 또는 기점의 변화가 조약 체결 당시 예견되지 못한 사유가 되는 경우 사정의 근본적 변경에 해당하여 조약당사국 일방이 조약을 종료시킬 수 있다. 다만, 동조 제2항에서 사정의 근본적 변경사유로도 조약을 종료시킬 수 없는 조약중 하나로서 '경계선을 설정하는 조약(a treaty establishing a boundary)'을 명기하고 있다(Kaye, 2017). 이를 근거로 경계획정조약의 고정성 내지 항구성을 주장하는 것이다. 동 조약을 초안한 국제법위원회는 경계획정조약을 사정의 근본적 변경으로도 종료되지 않아야 할 이유로 경계조약이 종료되는 경우 국가간 '위험한 마찰의 원인(a source of dangerous frictions)'을 야기할 가능성을 제시하였다(ILC, 1966). 그러나, 여기서 의미하는 경계를 확정하는 조약의 범위에 해양경계도 포함되는 것인 가에 대해서는 조약의 해석상 분명하지 않지만, 해양경계가 육지경계와 그 본질이 다르지 않다는 점을 고려할 때 포함되는 것으로 보는 것이 적절하다(Kim, 2017). 방글라데시와 인도간 벵갈만 해양경계획정사건에 대한 2014년 유엔해양법협약 제7 부속서 중재재판소 판정에서도 재판소는 해양경계획정은 육지경계와 마찬가지로 장기간 당사국의 평화적 관계를 보장하기 위하여 안정되고 분명하여야 한다고 보았다. 그에 따라 기후변화 전망이나 그로 인해 발생 가능한 효과도 전 세계에 걸쳐 체결된 많은 해양경계획정을 해할 수 없다고 판단하였다(Arbitral Tribunal, 2014). 세계국제법학회도 2018년 보고서에서 "비록 해수면 상승 또는 다른 이유로 해안선과 기선이 변화하여 경계에 영향을 준다고 하여도 기존 해양경계협정의 유효성에 지금까지 영향을 주고 있지 않으며, 이러한 접근이 유엔해양법협약과 조약법에 관한 비엔나협약의 안정성을 위한 것이다"라고 입장을 표명한 바 있다(ILA, 2018). 국제법위원회도 제1차 쟁점보고서에서 해수면 상승으로 인한 해역 변화가 법적 안정성에 미칠 악영향, 기선과 해양경계 재설정에 드는 비용 문제, 배타적 경제수역에 있어서의 어업협정 관련 문제 등에 관한 우려를 표명하며 해수면 상승으로 인한 해역 변화가 보통 연안국에게 불리하게, 제3국에게 유리하게 작용하므로 분쟁이 발생할 가능성이 있다는 점을 지적하면서 해수면 상승에도 불구하고 기존의 해양 권원이 유지되는 것이 가장 바람직하다고 보았다(U.N., 2020).

위와 같은 검토 결과 해수면 상승으로 해양경계획정조약의 근본적인 사정변경을 발생시킨다고 하여도 조약당사국이 사전에 합의하였거나 사후에 별도로 합의하지 않는 한 조약 당사국 일방이 동 조약을 종료시킬 수 없다고 해석하는 것이 적절해 보인다. 이러한 논리적 귀결은 해수면 상승에 따라 기존의 해양경계가 변하는지, 변하지 않는지에 대한 이론적 대립에 상관없이 해양경계협정의 안정성을 확보해준다는 측면에서 의의가 있다(Kim, 2017). 물론 국토 전체가 수몰된 경우에는 관할해역을 설정할 권원인 육지가 존재하지 않으므로 별도의 조약 체결 필요성을 논의할 여지가 없다(Churchill et al., 2022).

그러나, 이러한 해석이 곧 동 조약에 의한 해양경계선의 항구성을 지지하는 것으로 해석되어서는 곤란하다. 앞서 언급한 바와 같이 조약당사자 일방의 기선 또는 기점의 물리적 변경에도 불구하고 동 해양경계선을 유지한다는 것은 타방의 정당한 이익을 침해하는 결과를 가져온다. 또한, 조약당사국 모두가 해양경계선의 유지를 합의한다고 하여도 해수면 상승으로 해양경계선의 외측 한계가 변화되고 기존 관할해역이 공해 또는 심해저로 귀속되거나 조약 비당사국의 관할해역으로 귀속되는 경우에도 안정성을 이유로 해양경계선의 항구성을 인정한다는 것은 법적 정의에 부합한다고 보기 어렵다(Kim, 2017). 따라서, 현존 국제법의 해석과 적용상 해당 당사국은 유엔해양법협약 전문에서 강조하고 있는 상호이해와 협력의 정신, 정의와 평등권의 원칙 및 제300조 신의성실과 권리남용금지규정에 따라 사정의 근본적 변경이 있는 경우 기존 해양경계선의 변경에 따른 조약 개정협상에 임하여야 할 것으로 해석된다. 이를 시행하지 않는 경우 국제분쟁이 발생하여 지난한 과정을 거쳐 국제재판소의 판결로 그 변경이 강제될 가능성을 배제하기 어렵다.

Ⅵ. 결론 및 제언

지구 온난화로 인한 해수면 상승이 저지대로 국토의 대부분이 구성된 소도서개발도상국들에게 향후 심각한 악영향을 미칠 것이며, 이미 그 악영향이 실제로 나타나고 있다. 극단적으로 국토 전체가 수몰되어 국가 자체가 소멸될 가능성도 논의되고 있으며, 이와 관련된 다양한 국제법적 문제에 대해서도 논의가 진행되고 있다. 국제해양법적 관점에서도 해수면 상승의 문제는 유엔해양법협약의 해석과 적용상 많은 법적 쟁점을 야기하고 있다.

가장 대표적인 쟁점은 해수면 상승으로 연안국의 기선과 기점이 육지쪽으로 후퇴하거나 기점 자체가 소멸되는 경우 기존에 적법하게 설정되고 확정된 관할해역이 변동되어야 하는 가 아니면 계속 유지될 수 있는 가의 문제이다. 현재까지의 국제적 논의 동향을 살펴보면 적법하게 확정된 기선과 기점은 해수면 상승에도 불구하고 변동되지 않고 항구적으로 고정되어야 한다는 주장에 무게가 실리고 있다. 법적 안정성, 예측 가능성의 유지 필요성과 해수면 상승을 야기한 기후변화에 소도서개발도상국들이 기여한 바가 매우 적은 피해국이라는 점등을 고려하고, 유엔해양법협약상 연안국에게 변화된 지리적 환경에 따른 기존 기선의 수정 의무가 부존재하다는 점이 중요한 논거로 제시되고 있다. 또한, 해수면 상승으로 수몰되는 해양지형물 위에 인공섬 등을 건설하여 섬의 지위를 지속할 수 있는 가의 문제에 대해서도 위와 유사한 논거로 지지하는 입장이 존재한다. 뿐만 아니라 국가간 조약을 통하여 해양경계선을 획정한 경우 해수면 상승으로 인한 기선 또는 기점이 물리적으로 변화되어 더 이상 기선 또는 기점으로 활용될 수 없음에도 이러한 사정이 근본적 변경에 해당되지 않는다거나 근본적 사정변경에 해당하여도 조약의 종료사유에 해당하지 않으므로 기존 해양경계선을 변경시킬 의무가 연안국에게 없다는 주장 또한 위의 논거와 그 맥을 같이 한다.

다만, 위와 같은 주장을 현존 국제법, 특히 유엔해양법협약의 해석을 통하여 확보할 수 없다는 한계를 인식하고, 이와 관련한 국제사회의 합의, 유엔해양법협약의 개정 또는 새로운 이행협정 체결, 지역관습법 중심의 국제관습법의 형성, 특수수역제도의 도입 등이 해결방안으로 제안되고 있다(Churchill et al., 2022; Kim, 2017). 이와 같은 태도는 국제법위원회가 앞서 기술한 바와 같이 주제에 대한 작업방향을 세부쟁점들에 관한 현행법(lex lata)을 확인하고, 현행법에 의해 적절하게 대처하기 어려운 문제들을 밝혀서 국제법의 점진적 발달의 관점에서 일정한 입법론(lex ferenda)를 제시한다는 것과 맥을 같이 하는 것이다.

그러나, 현행법의 해석론적 입장에서는 앞서 살펴본 바와 같이 유엔해양법협약의 해석과 적용상 기선과 기점이 해수면 상승으로 물리적으로 변화되어 기존 관할해역 경계선을 유효하게 뒷받침하지 못하는 경우에는 궁극적으로 변경되어야 하며, 인공섬 등이 법적 지위를 상실한 섬의 지위를 대체할 수 없다는 것이다. 또한, 해수면 상승으로 해양경계획정조약 체결시 중요한 요소로 사용된 기점과 기선이 물리적으로 변화되었다면 그 자체로 조약의 효력을 변경시키지는 않지만 새로운 조약 체결을 위해 노력할 의무가 존재한다고 해석된다. 따라서, 유엔해양법협약의 해석을 통하여 현재의 현상을 소도서개발도상국에게 유리하게 해석하는 접근방법은 법적 논거가 견고하지 않은 것으로 보이며, 이는 법이론적 분석이라기 보다는 법정책적 제안에 가깝다고 평가된다(Kim and Park, 2021).

뿐만 아니라, 해수면 상승으로 인한 해양법적 문제가 다소 과장된 면이 있다고 생각된다. 현재까지의 과학적 근거로 해수면이 지역적으로 다르지만 2100년까지 43 cm 내지 84 cm가 상승할 것이라고 예측되고 있는 것이지 실제적으로 현재 그러한 문제가 발생하고 있는 것은 아니다. 통상기선이 표기되는 대축척해도의 축척이 1:50,000에서 1: 200,000 임을 고려한다면 해도상 1 mm의 이동은 실제로 10 m 이하의 해안선 변동을 의미하는데 이는 해도 작성의 오차범위에서 그다지 벗어나지 않다는 점을 고려할 때 가까운 미래에 그러한 문제가 실제 발생할 여지는 없다고 본다. 또한, 해양지형물의 수몰로 인한 기점의 상실 문제도 해양지형물상에 등대와 같은 영구적 시설물 설치로 기점을 유지할 수 있는 법적 근거를 찾아볼 수 있다.

따라서, 향후에는 해수면 상승으로 인한 국제해양법 쟁점을 유엔해양법협약에 대한 무리한 해석을 통하여 해결하는 것은 현행 법체계의 가치를 혼돈시키는 부작용을 야기할 수 있는 우려가 있다. 그러므로, 현행 법체계에 따른 엄격한 해석과 적용을 시도하여 사안에 대응하는 것이 우선적으로 취하여야 할 국제사회의 자세로 보인다. 그 이후에는 보다 시간을 갖고 입법론적으로 해결하는 방향을 진행되는 것이 적절할 것으로 생각한다. 이 과정에서 국제사회는 해수면 상승으로 심각한 악영향을 받을 수 있는 소도서개발도상국의 이익을 고려함을 물론 국제사회 전체의 이익에 대해서도 적절한 고려가 있어야 할 것으로 판단된다.

참고문헌

[1] Alliance of Small Island States(AOSIS)(2021), Alliance of Small Island States Leaders' Declaration, 22 September 2021, 9 p.

[2] Arbitral Tribunal(2006), Matter of an Arbitration between Barbados and the Republic of the Trinidad and Tobago, Award, 139 p.

[3] Arbitral Tribunal(2014), The Bay of Bengal Maritime Boundary Arbitration (Bangladesh vs. India), Award, 181 p.

[4] Arbitral Tribunal(2016), The South China Sea Case(Philippine vs. China), Award, 501 p.

[5] Busch, S. V.(2018), Sea Level Rise and Shifting Maritime Limits: Stable Baselines as a Response to Unstable Coastlines, Arctic Review on Law and Politics, Vol. 9, pp. 174-194.

[6] Choi, S. K.(2020), Legal Status of 'Artificial Islands on Territory Submerged'by Sea Level Rise, Hanyang Law Review, Vol. 37, No. 4, pp. 161-187.

[7] Churchill, R.(2014), Coastal Waters, in David Joseph Attard (ed.), The IMLI Manual on International Maritime Law, Vol. I: The Law of the Sea, Oxford University Press, 800 p.

[8] Freestone and Schofield(2019), Securing Ocean Spaces for the Future? The Initiative of the Pacific SIDS to Develop Regional Practice Concerning Baselines and Maritime Zone Limits, Ocean Yearbook, Vol. 33, pp. 58-89.

[9] ICJ(1951), Fisheries Case (United Kingdom v. Norway), Judgment, 31 p.

[10] ICJ(1969), North Sea Continental Shelf Cases (Federal Republic of Germany/ Denmark; Federal Republic of Germany/ Netherlands), Judgment, 109 p.

[11] ICJ(2002), Land and Maritime Boundary between Cameroon and Nigeria (Cameroon v. Nigeria), Judgment, 159 p.

[12] ICJ(2007), Case concerning Territorial and Maritime Dispute between Nicaragua and Honduras in thee Caribbean Sea (Nicaragua V. Honduras), Judgment, 109 p.

[13] ICJ(2018), Maritime Delimitation in the Caribbean Sea and the Pacific Ocean and Land Boundary in the Northern Part of Isla Portillos (Costa Rica V. Nicaragua), Judgment, 92 p.

[14] ILA(2012), Final report of the Committee on Baselines under the International Law of the Sea in International Law Association, Report of the Seventy−fifth Conference, Held in Sofia, Vol. 75.

[15] ILA(2018), INTERNATIONAL LAW AND SEA LEVEL RISE, Report of the Seventy−fifth Conference, Held in Sydney, 42 p.

[16] ILC(1966), Draft Articles on the Law of Treaties with commentaries, 89 p.

[17] ILC(2020), U.N., A/CN.4/740, First issues paper by Bogdan Aurescu and Nilüfer Oral, Co−Chairs of the Study Group on sea−level rise in relation to international law, 80 p.

[18] ILC(2022), U.N., A/CN.4/752, Second issues paper by Patrícia Galvão Teles and Juan José Ruda Santolaria, Co−Chairs of the Study Group on sea−level rise in relation to international law, 107 p.

[19] ILC(2023), U.N., A/CN.4/761 and Add.1, Additional paper to the First issues paper(2020) by Bogdan Aurescu and Nilüfer Oral, Co−Chairs of the Study Group on sea−level rise in relation to international law, 109 p.

[20] IPCC(2021), WGII Sixth Assessment Report, 107 p.

[21] Kaye, S. B.(2017), The Law of the Sea Convention and Sea Level Rise in the light of the South China Sea Arbitration, International Law Studies, Vol. 93, pp. 423−445.

[22] Kim, M. S.(2017), A Study on the Issues of International Law on Sea Level Rise Caused by Climate Change − Focusing on the Issues of Small Island States and Maritime Delimitation, Korea International Law Review, Vol. 47, pp. 219−240.

[23] Kim, S. G. and P. K. Park(2021), The Issues of the International Law of the Sea Given Rise to by Sea−level Rise: Recent Discussions in the United Nations and Further Challenges, Kyung Hee Law Journal, Vol. 56, No. 4, pp. 621−653.

[24] Lee, Y. H.(2020), Review on the Meanings and Effects of Maritime Features in the aspect of the Law of the Sea, Cultural Interaction Studies of Sea Port Cities, Vol. 23, pp. 327−362.

[25] Ministry of Foreign Affairs(2022), Press Release 22−1018 on the Close of the COP27, 2022.11.20., pp. 1−2.

[26] Nandan, Rosenne(eds.)(1993), United Nations Convention on the Law of the Sea 1982. A Commentary Vol. II, Martinus Nijhoff Publishers, 1040 p.

[27] Pacific Islands Forum(2021), Declaration on Preserving Maritime Zones in the face of Climate Change–Related Sea–Level Rise, 6 August 2021, 3 p.

[28] Park, K. G.(2022), The works done by the UN International Law Commission during the 72nd session (2021) and the discussion done at the 6th Committee of the UN General Assembly (76th session, 2021), Korea International Law Review, Vol. 61, pp. 133–210.

[29] Proelss, A.(2017), United Nations Convention on the Law of the Sea: A Commentary, Velag. C. H. Beck oHG, 2617 p.

[30] Robin Churchill, Vaughan Lowe, Amy Sander(2022), The Law of the Sea, 4th edition, Manchester University Press, 897 p.

[31] Rosanne Martyr–Koller, Adelle Thomas, Schleussner, Nauels and Lissner(2021), Loss and Damage Implications of sea–level rise on Small Island Developing States, Current Opinion in Environmental Sustainability 2021, pp. 245–259.

[32] Schofield and Freestone(2019), Islands Awash Amidst Rising Seas: Sea Level Rise and Insular Status under the Law of the Sea, The International Journal of Marine and Coastal Law, Vol. 34, pp. 391–414.

[33] U.N.(2018), A/73/10, Official Records of the General Assembly, Seventy–third Session, Supplement No. 10.

[34] U.N.(2019), A/74/10, Official Records of the General Assembly, Seventy–fourth Session, Supplement No. 10.

[34] U.N.(2023), A/78/10, Report of the International Law Commission.

[35] Vidas, D.(2014), Sea–Level Rise and International Law, Climate Law, Vol. 4, pp. 70–84.

[36] Yoshifumi Tanaka(2019), The International Law of the Sea, 3rd edition, Cambridge University Press, 584 p.

제 2 장

행정법의 법적 쟁점

≫ 해양에너지 발전의 공법적 과제 _ 김현귀

해양에너지 발전의 공법적 과제

김 현 귀

해양에너지와 해상풍력 발전의 개념에 대해서 먼저 정리를 하고 해상풍력 발전 사업의 국가기간 사업으로서, 해양공간 이용 및 개발 사업으로서, 신재생에너지 사업으로서 공법적 문제들에 대해서 각각 다뤄보도록 하겠다.

Ⅰ. 넓은 의미에서 해양에너지 발전으로서 해상풍력발전

가. 해양에너지의 개념

해양에너지는 재생에너지의 하나이다. 신에너지 및 재생에너지 개발·이용·보급 촉진법(이하 '신재생에너지법') 제2조 제2호에 따르면, "재생에너지"란 햇빛·물·지열(地熱)·강수(降水)·생물유기체 등을 포함하는 재생 가능한 에너지를 변환시켜 이용하는 에너지이다. 재생에너지에는 태양, 풍력, 수력, 해양, 지열, 바이오에너지, 폐기물에너지, 기타 석유 등 화석연료나 원자력이 아닌 에너지로서 대통령령으로 정하는 에너지가 이에 해당한다.

(1) 넓은 의미의 해양에너지

넓게 보면 바다에서 에너지를 얻을 수 있으면 모두 해양에너지라고 할 수도 있다. 그럼 해양에너지는 태양력과 풍력을 포함하여 바다에서 에너지를 얻는 모든 종류의 사업을 말한다. 넓은 의미로 바다에서 에너지를 얻는다면 해상풍력이나 해상태양광발전도 포함되는 것으로 정의할 수 있다. 국내에서는 해양

신·재생에너지도 넓은 의미로 해양에너지라고 쓰기도 한다.[1] 그러나 정확히 말하면, 이는 '해양 신 · 재생에너지(Marine Renewable Energy)'라고 하는 것이 맞을 것이다. 법적으로 '해양에너지'와 태양에너지, 풍력은 구별되기 때문이다. 신재생에너지법상 해상풍력은 풍력발전이고 해상태양광발전은 태양에너지에 속한다.

(2) 좁은 의미의 해양에너지

해상풍력이나 태양광을 제외한 해양에너지(Ocean Energy)는 바다에서 직접 에너지를 얻을 수 있는 조력발전이나 파력발전 같은 것들을 이야기한다. 즉, 바다에서 직접 에너지를 얻는 경우로 한정된다. 여기서 바다는 바닷물로 채워진 공간을 말한다. 즉, 바닷물로부터 직접 에너지를 얻을 수 있는 경우를 말한다. 그래서 법에 규정된 협의의 해양에너지와 우리가 일반적으로 이야기하는 넓은 의미의 해양에너지를 구별하여야 한다.

협의의 해양에너지는 (1) 해수온도차발전(Ocean thermal energy conversion: OTEC), (2) 조류발전(Tidal current), (3) 파력발전(Wave energy), (4) 조력발전(Tidal range) (5) 염도차발전(Salinity gradient) 등이 있다.[2] 2000년대 후반 기준으로 보면, 전세계 해양에너지 중에서 해수온도차발전과 파력발전, 염도차발전 순서로 그 비중이 크다고 한다.[3] 이런 것들이 신재생에너지법상 해양에너지에 해당하는 발전형태이다.

---

1) 예를 들어, 김태윤, 맹준호, 박정일, 이영빈, 「해양에너지개발을 위한 전략환경평가방안 연구 : 해상풍력사업의 입지선정을 중심으로」 1, KEI(한국환경정책평가연구원), 2014; .

2) A. Lewis, S. Estefen, J. Huckerby, W. Musial, T. Pontes, J. Torres−Martinez, Ocean Energy, In IPCC Special Report on Renewable Energy Sources and Climate Change Mitigation, ch. 6, edited by O. Edenhofer etc., 497−534, Cambridge: Cambridge University Press, 2011, pp.507−513 참조.

3) International Renewable Energy, Agency, Innovation outlook : ocean energy technologies, Abu Dhabi: International Renewable Energy Agency, 2020, p. 25 참조.

[그림 1] 해양에너지의 종류

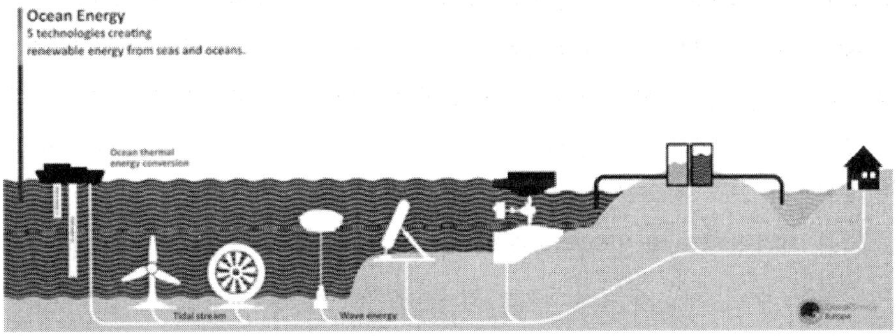

출처 : Ocean Energy Europe

나. 해양에너지의 현황

(1) 울돌목 시험조류발전소

우리나라에서 실제 해양에너지 발전소를 설치하고 있는 사례는 두 가지가 있다. 하나는 조류발전소이다. 조류발전(tidal current)은 빠른 해류의 흐름을 이용한 신재생에너지이다.[4] 명량해전이 일어났던 진도와 해남 사이의 해협을 울돌목이라고 하는데, 여기는 회오리가 일 정도로 해류가 빠르게 요동친다. 그래서 거기에 조류발전소가 설치되었다. 2009년에 동서발전에서 이 발전소를 지을 때만 하더라도 발전량을 1,000kW 예상하고 지었었는데, 실제로 지어서 발전기를 돌려보니까 그에 현저히 미치지 못하여 사업성이 없는 걸로 판단되었다. 지금은 한국해양과학기술원(KIOST)에서 시험발전소로 쓰고 관리하고 있는데, 현재 발전량이 150kW 정도라고 한다.[5]

(2) 시화호 조력발전소

그리고 다른 하나는 조력발전소이다. 조력은 조수간만의 차를 이용하여 밀

4) A. Lewis 외, 앞의 책, 510-511면 참조.
5) 이진학, "해양에너지 개발 현황 및 향후 과제", 「한국신·재생에너지학회 소식지」 제1권 제2호, 2021, 16-17면 참조.

물과 썰물의 해류를 이용한 발전방식을 말한다. 우리나라에서 가장 큰 해양에너지원은 시화호에 있는 조력발전소라고 할 수 있다. 시화호를 원래 담수호로 사용하려고 했었다. 그러나 시화호 배후에 반월공단이 있고 거기서 폐수가 들어오는데 바닷물이 들어오는 것을 막아놓으니까, 계속 시화호가 오염되고 있었다. 그래서 담수호로 이용하는 것을 포기하고 수문을 개방하면서 거기에 조력발전소를 설치한 것이다.[6)]

지금 시화호 조력발전소는 한국수자원공사(K－water)가 운영하고 있다. 우리나라에서 조력 혹은 수력발전소는 한국수자원공사 또는 한국수력원자력발전(한수원), 이 두 회사가 운용하고 있다. 조력발전소는 댐에다가 물 가둬 놓고 발전하는 수력발전소와 크게 차이가 없다. 조력발전소는 밀물과 썰물이 왔다 갔다 할 때 발전을 하니까 밀물로 시화호로 물이 들어올 때 터빈 한 번 돌리고, 썰물로 빠져나갈 때 또 한 번 돌리고 그렇게 해서 발전을 한다. 현재 254Mw 정도 발전용량을 가지고 있다고 한다.

(3) 해양에너지의 발전량

[그림 2] 국내 신재생에너지의 발전량 비교

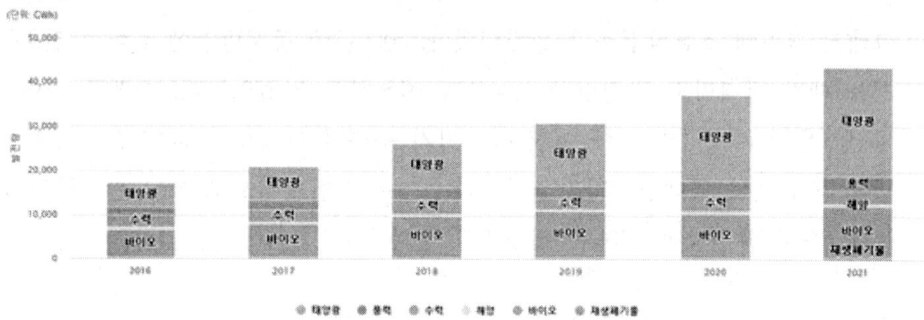

해양에너지는 전체 전기 발전량(611,015GWh)에서 비중이 적다. 원래 재생에너지의 발전량부터가 우리나라 전체 발전량에서 7.15%(43,668GWh) 밖에 차지

6) 자세한 내용은 이진학, 앞의 글, 14면 참조.

하지 않는데, 그 재생에너지의 발전량 중에서도 해양에너지는 1%밖에 안 된다. 재생에너지 발전량의 대부분이 태양에너지 발전이다. 두 번째가 바이오발전, 그리고 풍력과 수력이 약 7% 정도 차지하고 있다.

다. 해상풍력발전의 현황과 추이

나. 연도별 신재생에너지 발전량 전망(2022~2036) (단위 : GWh)

연도	사업용								자가용	합계 (비중, %)
	재생에너지					신에너지		합계 (비중, %)		
	태양광	풍력	수력	해양	바이오	연료전지	IGCC			
2022	27,391	3,381	3,961	457	12,481	5,491	2,377	55,539 (9.2)	4,517	60,056 (9.5)
2023	31,812	3,881	3,983	457	13,329	6,827	2,377	62,667 (10.4)	5,049	67,716 (10.6)
2024	35,891	5,098	4,015	459	13,365	8,154	2,384	69,365 (11.4)	5,601	74,966 (11.5)
2025	39,676	6,335	4,031	457	13,329	9,435	2,377	75,641 (12.3)	6,128	81,769 (12.4)
2026	43,815	7,890	4,063	457	13,329	10,740	2,377	82,671 (13.3)	6,678	89,349 (13.5)
2027	47,747	10,562	4,095	457	13,329	12,044	2,377	90,612 (14.6)	7,241	97,853 (14.7)
2028	51,861	16,622	4,144	459	13,365	13,384	2,384	102,219 (16.5)	7,839	110,058 (16.6)
2029	55,242	26,662	4,176	457	13,329	14,652	2,377	116,895 (18.9)	8,403	125,298 (18.8)
2030	58,921	38,887	4,219	457	13,329	15,956	2,377	134,146 (21.6)	8,997	143,143 (21.4)
2031	62,997	50,082	4,275	457	13,329	17,097	2,377	150,613 (23.9)	9,590	160,203 (23.6)
2032	67,491	58,179	4,354	459	13,365	18,124	2,384	164,356 (25.8)	10,209	174,565 (25.5)
2033	71,415	64,200	4,408	457	13,329	19,053	2,377	175,239 (27.1)	10,778	186,017 (26.8)
2034	74,616	68,170	4,461	457	13,329	20,031	2,377	183,442 (28.1)	11,380	194,822 (27.8)
2035	78,122	72,916	4,504	457	13,329	21,498	2,377	193,203 (29.3)	11,988	205,191 (28.9)
2036	82,185	77,282	4,559	459	13,365	24,172	2,384	204,406 (30.6)	12,634	217,040 (30.3)

15년 단위로 수립되고 가장 최근인 2022년에 수립된 제10차 전기수급기본계획에 따르면, 해양에너지 공급량은 거의 변화가 없다.[7] 주목할만한 개발계획이 없다는 뜻으로 받아들일 수 있다. 그런데 풍력 발전은 드라마틱한 변화를 보여주고 있다. 지금 3,381GWh 수준에 머물러 있는데, 2036년에는 77,283GWh까지 생산하겠다는 계획을 세웠다.

재생에너지 정책 방향은 풍력 발전을 확대하는 데에 주안점이 맞춰져 있다. 그래서 태양광과 풍력 발전 비중을 2021년은 87 대 13이었으나 2030년에는 그것을 60 대 40으로, 거의 반반으로 똑같은 비중으로 만들려고 계획을 세우고 있다.[8] 그리고 20MW 이상의 풍

7) 산업통상자원부, 제10차 전력수급기본계획(2022~2036), 공고 제2023－036호, 2023.1.13., 84면, 연도별 신재생에너지 설비 보급전망(2022~2036) 참조.
8) 산업통상자원부, 제5차 신·재생에너지 기술개발 및 이용·보급 기본계획, 2020.12, 10면, 신재생에너지 발전량 비중 목표 참조; 위의 공고, 50－52면도 참조.

력발전소 추진계획이 등록되어 있는 재생에너지 발전소 건설사업 추진현황에 따르면,[9] 2023년 2분기 기준으로 총 발전량 15GW 정도의 해상풍력발전소 개발이 추진 중이다. 상당히 많은 발전소가 지금 건설 중이거나 사업이 진행 중이다. 그러므로 이제 앞으로 해양에너지개발이라고 한다면 해상풍력발전개발로 보는 게 맞지 않을까 싶다.

2. 해상풍력발전사업의 의의

가. 해상풍력발전의 개념

해상풍력발전은 해안공간에서 실시되는 풍력 발전을 말한다. 여기서 '해양공간'은 바다이다.[10] 아래의 그림과 같이 해상풍력발전에도 여러 다양한 형태의 발전소가 있다. 육지와 가까운 바다의 해저에 트라이포트나 모노파일 또는 자켓을 설치해 거기에 풍력발전소를 돌리는 게 고정식 해상풍력발전과 바다에 띄워서 하는 게 부유식 해상풍력발전이 있다.[11]

실제 해상풍력발전소가 설치된 대표적인 예가 제주도에 있는 탐라해상풍력단지이다. 프로펠러 하나당 3MW짜리 10개가 설치돼 있는 30MW급 사업이다.[12] 한국남동발전에서 이걸 지었는데, 현재는 '탐라해상풍력발전주식회사'에서 관리하고 있다.

---

9) 전력거래소, 발전소 건설사업 추진현황, 2023년도 2분기 참조.
10) 해양공간에 관해서는 졸고, "한국해양정책의 구조와 문제점: 해양공간계획 및 관리에 관한 법률을 중심으로", 「바다를 둘러싼 법적 쟁점과 과제」, 피앤씨미디어, 2022, 41-77면 참조.
11) Jacques Ruer, Installation of Wind Turbines at Sea, In Marine renewable energy handbook, ch. 5, edited by Bernard Multon, London: John Wiley & Sons, 2012, pp. 104-121 참조.
12) http://tamra-owp.co.kr/2019/index.php 참조.

[그림 4] 해상풍력발전의 종류

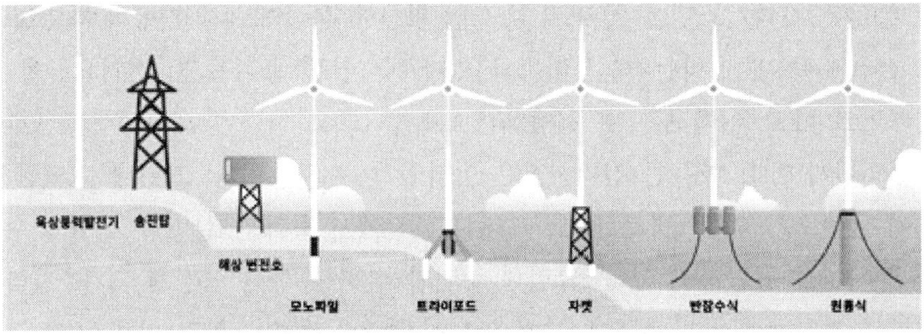

출처 : 한국에너지공단 신·재생에너지센터 <https://www.knrec.or.kr/biz/korea/intro/kor_wind.do>

나. 해상풍력발전사업의 조건

해상풍력발전도 막대한 자본이 들어가는 사업이므로 다음 세 가지 조건이 갖춰져야 한다.

(1) 기술

첫째는 기술환경이다. 일단 해상풍력발전을 하려면 기술이 있어야 한다. 지금 탐라해상풍력발전소는 프로펠라 하나당 3MW밖에 안 되지만 지금은 이제 기술이 많이 좋아져서 2022년에는 프로펠라 하나당 15MW까지 발전할 수 있는 기술이 개발되었다고 한다.[13] 그러니까 기술이 발전할수록 효율이 더 높아지기 때문에 사업성이 더 좋아진다. 그러나 발전소를 지을 수 있는 기술이 있다고 해서 다 돈이 되는 건 아니다.

(2) 시장

둘째로 가까운 곳에 전기를 소비할 시장이 있어야 한다. 특히, 해상풍력발전 바다 위에 있으므로 송배전 시설이 깔려야 한다. 그리고 송배전 시설이 닿는 곳에 소비지가 있어야 한다. 그래서 가까운 곳에서 소비할 수 있는 시장이 형성되어야 시장성이 있다. 그렇지 않으면 장거리 송배전을 하게 되는데, 그

13) 김윤성, “해상풍력 동향과 우리 산업의 전망”, 전기저널, 2023. 4. 7.자, 대한전기협회, http://www.keaj.kr/news/articleView.html?idxno=4969 참조.

러면 효율이 떨어진다. 현재 전기사업은 전기거래소를 중심으로 한 국가 단위의 통일된 가격시스템를 가지고 있으나, 최근에 분산에너지 활성화 특별법(이하 '분산에너지법')이라는 게 통과가 되었다.[14] 이 법에 따르면, 전기요금을 각 지역별로 다르게 책정할 수 있게 되었다.

우리나라에서 가장 큰 전기시장은 어디인가? 수도권이다. 그런데 수도권 주변에 발전소가 있나? 별로 없다. 그래서 한전에서 송배전 설비를 갖추고 수고권에 전기를 공급하고 있다. 그런데 송전탑 설치를 하면 어떻게 되나? 지역주민과 환경단체에서 반대한다. 그것으로 인해서 발생하는 환경 피해가 꽤 크기 때문이다. 송배전 설비 설치하기가 쉽지 않다. 그래서 가까운 지역에서 발전하고 소비할 수 있도록 하는 추세이다. 앞서 살펴본 재생에너지 발전소 추진 계획에 따르면, 풍력발전은 주로 전라남도와 울산지역에 많이 있다. 울산은 공단들이 많아 가까운 소비지가 있으므로 사업성이 좋다고 한다. 그리고 전라남도 지역도 마찬가지로 광양이나 여수에 소비지가 있어서 사업성이 좋다고 한다. 대체로 소비 지역 근처에 풍력발전사업들이 이루어진다.

(3) 환경

셋째, 무엇보다 중요한 건 발전환경이다. 해상풍력이 잘 되려면 바람이 잘 불어야 한다. 너무 당연한 이야기이다. 영국이 해상풍력발전사업이 굉장히 잘 돼 있다고 하는데, 도버 해협에 바람이 잘 불기 때문이다. 영국은 해상풍력으로 신재생에너지 비중이 상당히 높은 국가가 되었다. 그래서 우크라이나 전쟁이 난 후 러시아가 유럽에 가스공급을 막았을 때, 영국은 나름대로 거기에 대응할 수 있는 유리한 위치에 있었다. 풍력발전소는 바람이 안 불면 발전이 안 된다. 그래서 바람과 같은 기상환경이 사업의 중요한 요소이다. 그뿐만 아니라 물의 깊이, 해저 및 기상환경, 해안으로부터의 거리 등 여러 조건이 맞아야 해상 풍력발전 사업이 가능하다.[15] 더 나아가 그 주변에 어족자원이나 항로가 있다면 해상풍력발전소를 건설하기 어려울 것이다.

14) 2023년 6월 13일 법률 제19437호에 의하여 제정된 법률.

15) Nerzic, Raymond, Jean-Pierre Mazé, Marine Environment and Energy Resources, In Marine renewable energy handbook, ch. 1, edited by Bernard Multon, London: John Wiley & Sons, 2012, pp. 12-17 참조.

다. 해상풍력발전사업 관련 인허가

한편 이 조건들을 충족하여 사업성이 있으면 해상풍력발전사업을 할 수 있을까? 그건 아니다. 이제 국가로부터 관련된 각종 인허가를 받아야 한다.

(1) 전기사업법상 전기사업허가

우선 전기사업법 제7조에 따라서 전기사업허가를 받아야 한다. "전기사업"은 발전사업, 송전사업, 배전사업, 전기판매사업 및 구역전기사업으로 나뉜다. 해상풍력은 발전사업이므로 전기사업허가 중 발전사업허가를 받아야 할 것이다. 전기사업자가 되기 위한 요건은 다음과 같다(법 제7조 제5항 각호).

1. 전기사업을 적정하게 수행하는 데 필요한 재무능력 및 기술능력이 있을 것;
2. 전기사업이 계획대로 수행될 수 있을 것;
3. 배전사업 및 구역전기사업의 경우 둘 이상의 배전사업자의 사업구역 또는 구역전기사업자의 특정한 공급구역 중 그 전부 또는 일부가 중복되지 아니할 것;
4. 구역전기사업의 경우 특정한 공급구역의 전력수요의 50퍼센트 이상으로서 대통령령으로 정하는(60% 이상) 공급능력을 갖추고, 그 사업으로 인하여 인근 지역의 전기사용자에 대한 다른 전기사업자의 전기공급에 차질이 없을 것;

4의2. 발전소나 발전연료가 특정 지역에 편중되어 전력계통의 운영에 지장을 주지 아니할 것;

5. 「신에너지 및 재생에너지 개발·이용·보급 촉진법」 제2조에 따른 태양에너지 중 태양광, 풍력, 연료전지를 이용하는 발전사업의 경우 대통령령으로 정하는 바에 따라 발전사업 내용에 대한 사전고지를 통하여 주민 의견수렴 절차를 거칠 것;
6. 그 밖에 공익상 필요한 것으로서 대통령령으로 정하는 기준에 적합할 것

해상풍력발전은 신재생에너지 사업이므로 제5호에 따라 전기사업법 시행령 제4조의2에서 규정하는 주민 의견수렴 절차를 거쳐야 한다.

[그림 5] 해상풍력발전 관련 인·허가

『전기사업법』상 전기사업허가(제7조)

『공유수면관리법』상 공유수면점용·사용허가(제8조)

환경영향평가 등

- 100MWh 이상 : 환경영향평가(환경영향평가법 제22조 제1항 3호; 동시행령 별표3)
- 100~50MWh : 해역이용영향평가(해양환경관리법 제85조 제1항 8의2호; 동시행령 별표16)
- 50MWh 이하 : 해역이용협의(해양환경관리법 제84조) 또는 소규모 환경영향평가(환경영향평가법 제43조)

사업계획 인허가

- 전원개발사업 실시계획 승인(전원개발촉진법 제5조) ➔ 의제조항(동법 제6조)
- 전기설비의 공사계획 인가 (전기사업법 제61조)

(2) 사업지구에 대한 공유수면관리법상 공유수면점용 및 사용허가

전기사업허가를 받았다는 것은 전기사업계획에 대한 기본적인 허가가 나왔다는 것이다. 이제 사업지구에 대한 허가를 받아야 한다. 해상풍력이면 바다 위에 발전소를 설치하는 것이므로, 공유수면 관리 및 매립에 관한 법률(이하 '공유수면관리법')상 공유수면점용 및 사용허가를 받아야 한다. 공유수면관리법 제8조 제1항 제1호는 "신·재생에너지 설비" 등을 "신축·개축·증축 또는 변경하거나 제거하는 행위"를 허가 대상으로 규정하고 있다.[16] 물론 전원개발촉진법 제6조에 따라 전원개발사업 실시계획 승인을 받으면, 공유수면관리법상 공유수면점용허가를 의제하는 조항이 있다(전원개발촉진법 제1항 제5호). 그러나 해상풍력발전의 경우에는 해양환경관리법 제84조 제2항이 적용되기 때문에 특별한 경우가 아니면 사실상 해당 의제조항이 적용되지 않는다.[17]

16) 공유수면관리법 제8조(공유수면의 점용·사용허가) ① 다음 각 호의 어느 하나에 해당하는 행위를 하려는 자는 대통령령으로 정하는 바에 따라 공유수면관리청으로부터 공유수면의 점용 또는 사용(이하 "점용·사용"이라 한다)의 허가(이하 "점용·사용허가"라 한다)를 받아야 한다. <생략>
1. 공유수면에 부두, 방파제, 교량, 수문, 신·재생에너지 설비(「신에너지 및 재생에너지 개발·이용·보급 촉진법」 제2조제3호에 따른 신·재생에너지 설비를 말한다. 이하 이 장에서 같다), 건축물(「건축법」 제2조제1항제2호에 따른 건축물로서 공유수면에 토지를 조성하지 아니하고 설치한 건축물을 말한다. 이하 이 장에서 같다), 그 밖의 인공구조물을 신축·개축·증축 또는 변경하거나 제거하는 행위

17) 해양환경관리법 제84조 ② 제1항제1호를 적용함에 있어서 다른 법률에서 「공유수면 관리 및 매립에 관한 법률」에 따른 공유수면의 점용·사용허가 또는 매립면허를 받은 것으로 보도록 규정하고 있는 경우에도 해역이용협의의 절차를 거쳐야 한다. 다만, 다음 각 호의 어느 하나에 해당하

특히 전기사업자는 해상풍력발전을 위한 용도지구에서 공유수면점용허가를 받기 위해서 환경영향평가 등을 받아야 한다. 현재 법률상 100MW 이상, 즉 10만kW 이상의 발전용량을 가진 풍력발전사업은 환경영향평가법상 환경영양평가를 받아야 한다.[18] 환경영향평가법상 환경영향평가는 다른 해역이용영향평가나 해역이용협의보다 더 엄격한 조건을 가지고 있다. 10만kW 이하 5만kW 이상은 해양환경관리법상 해역이용영향평가라는 걸 받으면 된다.[19] 5만kW 이하는 해양환경관리법에 따라서 지방자치단체 및 주무부처 사이의 '해역이용협의'를 거치면 된다.[20] 그러니까 5MW짜리 프로펠러 10개 정도 설치하는 50MW 이하는 해양환경관리법상 해역이용협의를 거치면 된다.

(3) 전원개발촉진법에 따른 개발사업승인

사업지구에 대한 허가를 받으면, 구체적으로 개발사업의 실시계획 및 공사계획에 관한 승인을 받으면 공사를 시작할 수 있다. 전원개발촉진법 제3조에 따르면, 전원개발사업은 「전기사업법」 제7조에 따라 허가를 받은 발전사업자 등을 말한다. 해상풍력발전소 건설사업은 산업통상자원부장관으로부터 전원개발촉진법에 따라서 전원개발사업 실시계획 승인을 받아야 시작할 수 있다 (법 제5조 제1항). 실시계획에는 다음 각호의 사항이 포함되어야 한다.

1. 전원설비의 개요
2. 전원개발사업구역의 위치 및 면적
3. 전원개발사업의 시행기간
4. 전원개발사업의 소요 자금 및 그 조달에 관한 사항

는 사업과 관련된 경우에는 그러하지 아니하다. <이하 생략>

18) 환경영향평가법 제22조 제1항 제18호; 환경영향평가법 시행령 제31조 제2항 및 별표 3 중에서 3. 에너지 개발사업; 라. 전기사업법 제2조 제16호에 따른 전기설비 중...; 1) ... "태양력·풍력, 연료전지발전소 또는 발전사업용 전기저장장치의 경우에는 발전시설용량이 10만킬로와트 이상인 것"

19) 해양환경관리법 제85조(해역이용영향평가) 제1항 ... 다음 각 호의 어느 하나에 해당하는 행위가 대통령령으로 정하는 규모 이상에 해당하는 때 ...; 동조 제8의2호 "「전원개발촉진법」 및 관계 법령에 따른 전원개발사업 중 해상풍력 발전소 또는 「전기사업법」 및 관계 법령에 따른 전기설비 중 해상풍력 발전소를 설치하는 행위"; 해양환경관리법 시행령 제63조 제1항 및 별표 16 중에서 8의2. 규모 "발전시설 용량: 5만kW 이상"

20) 해양환경관리법 제84조 제1항 제1호 "「공유수면 관리 및 매립에 관한 법률」 제8조에 따른 공유수면의 점용·사용허가"; 태양광발전시설의 경우에는 환경영향평가법 제43조 제1항 및 동법 시행령 제59조 및 별표 4에 따라서 '소규모 환경영향평가'를 받으면 되는 경우도 있다.

5. 제13조에 따른 공공시설의 설치 및 비용 부담에 관한 사항
6. 국토자연환경 보전에 관한 사항
7. 그 밖에 전원개발사업에 관하여 대통령령으로 정하는 사항

실시계획 승인을 받을 때 주민들의 의견을 청취해야 하며, 30명 이상의 주민이 요청하는 경우에는 공청회를 실시해야 한다(동법 제5조의2; 동법 시행령 제18조의5). 풍력발전소와는 별개로 송전·변전 설비의 입지의 경우에는 전기사업자가 아니라 원칙적으로 별도의 입지선정위원회에서 정하여야 한다(동법 제5조의3).[21] 실시계획 승인이 있으면, 의제조항에 따라서 다른 인허가들이 의제된다(동법 제6조). 그리고 실시계획이 승인되면, 해당 계획에 근거하여 필요한 부지를 수용하거나 사용하여 공사를 시행할 수 있게 된다.

라. 해상풍력발전사업의 성격

해상풍력발전사업을 다음 세 가지 정도로 정의해 볼 수 있다. 먼저 해상풍력발전사업은 전기사업허가를 받아야 하는 국가기간사업이다. 해상풍력사업은 전기를 공급하는 사업이라는 점에서 국가기간사업이므로 안보와 공공성 확보와 관련된 공법적 문제를 가지고 있다.

둘째, 해상풍력발전사업은 그 용도지구 지정에 있어서 해양공간을 이용하는 개발사업이다. 해양공간이용 및 개발 사업은 해양공간관리의 대상이 된다. 특히 해상풍력발전사업은 해양환경, 어업, 항만, 항행, 해양관광 등과 서로 관련되어 있어서 이 문제들을 서로 조정해야 하는 공법적 문제를 가지고 있다. 특히, 해역이용협의, 해역이용영향평가, 어업피해영향조사, 해상교통안전진단 등을 통하여 해양공간이용과 관련된 복잡한 이해관계들을 해결하여야 하는 굉장히 어려운 사업이다.

셋째, 해상풍력발전사업은 개발사업승인이라는 관점에서 보면 지속가능한 발전이라는 국가적 목표를 달성하기 위하여 진흥되고 촉진되어야 하는 신재

21) 다만 입지선정위원회가 구성될 수 없거나 일정한 기간 내에 심의 및 의결이 이루어지지 않을 경우에 이를 생략하고 전기사업자가 입지선정을 할 수 있다(전원개발촉진법 제5조의3 제4항).

생에너지 사업이다. 기후위기 대응을 위한 탄소중립·녹색성장 기본법(이하 '탄소중립기본법') 제7조 제1항에 따르면, 정부는 2050년까지 탄소중립을 달성하여야 한다.[22] 해상풍력발전사업은 신재생에너지사업으로서 지속가능성을 위해서 앞으로 모든 전력 공급의 100%를 재생에너지로 채우겠다는, "RE100"이라고도 불리는, 바로 이 목표를 달성하기 위한 국가정책사업이라고 할 수 있다. 그리고 신재생에너지 사업을 촉진하기 위해 여러 거버넌스적 요구들이 제시되고 있다. 이런 문제들이 해상풍력발전사업과 관련하여 앞으로 공법적으로 다뤄야 할 문제들이라고 할 수 있다.

3. 국가기간사업으로서 해상풍력 개발의 공법적 문제

가. 국가기간사업의 민영화와 안보문제

우크라이나 전쟁이 일어났을 때 러시아가 유럽에 대한 가스공급을 거의 중단했었다. 아래 [그림 6]에서 러시아의 대유럽 가스 공급량을 보면 2022년, 급격하게 줄어드는 게 보인다. 그리고 석유도 수출을 중단했다.[23] 그런데 유럽은 러시아 석유와 가스에 의존하고 있었다. 그래서 전쟁 이후에 유럽의 전기요금이 아래의 [그림 7]과 같이 가파르게 오른다.[24] 에너지가 공급이 떨어짐으로 인해서 제일 직격탄을 맞은 국가는 독일과 같이 러시아 가스에 크게 의존하는 유럽국가들이었다. 거기에 비해서 영국은 조금 나은 입장이었던 게 러시아 가스에 의존하지 않았기 때문이다. 전술한 것처럼 주로 신재생에너지로 국내 발전량의 상당 부분을 충당하고 있었다.

22) 탄소중립기본법 제7조(국가비전 및 국가전략) ① 정부는 2050년까지 탄소중립을 목표로 하여 탄소중립 사회로 이행하고 환경과 경제의 조화로운 발전을 도모하는 것을 국가비전으로 한다.
23) 김남주 외, "러시아 가스공급 중단 관련 EU 생산차질 및 국내산업 리스크 점검", BOK 이슈노트 제2022-37호, 한국은행, 2022년 9월 16일 참조.
24) 아래 그림 7과 그림 8 등 관련 정보는 장영욱 외, "유럽의 에너지 위기 동향 및 전망", 오늘의 세계경제 22권 23호, 대외경제정책연구원(KIEP), 2022년 12월 27일 참조.

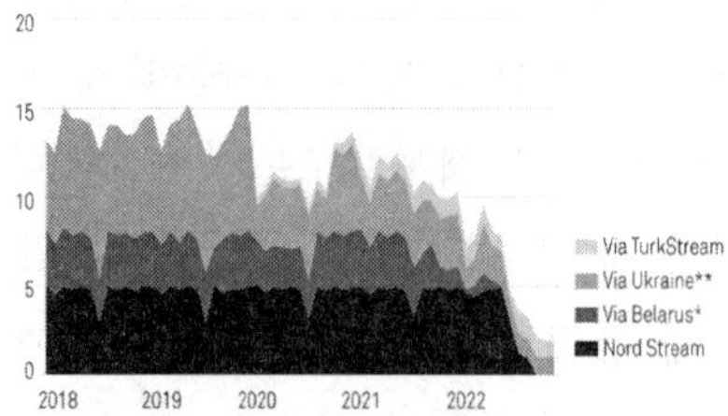

[그림 6] 러시아의 대유럽 가스 공급량 변동

출처 : S&P Global Commodity Insights

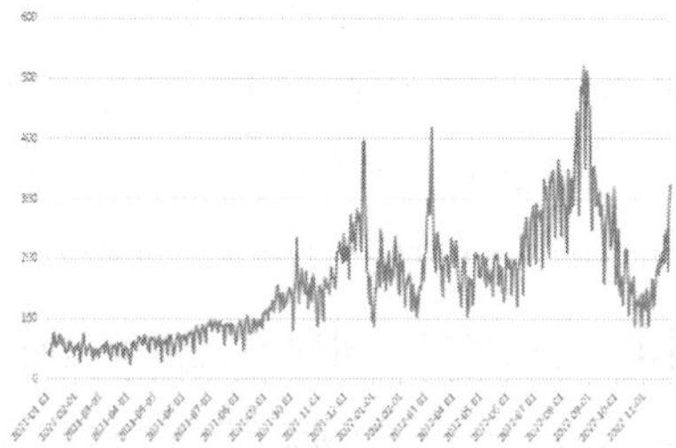

[그림 7] 유럽 전기요금 추이

출처 : EMBER DB.

우크라이나 전쟁으로 인해서 에너지 안보문제가 대두되었다. 그리고 신재생에너지가 에너지 안보를 위한 대응책으로 논해지기도 한다. 지금 수력이나 해양에너지는 비중이 작으므로 논외로 하고 지금 우리나라에서 발전 비중에 대부분을 차지한 것이 화력 아니면 원자력이다. 이 화력발전소나 원자력발전소는 주로 국가가 공급한다. 우리나라는 국가 주도의 전력공급시스템을 가지고 있다. 그런데 탄소배출 또는 원자력은 위험하므로 '제로원전' 같은 정책에 따라서 국가 주도의 전력공급이 축소되는 추세에 있다. 그러면 그 빈자리를 뭐가 메꿀까? 신재생에너지, 주로 풍력과 태양광이 메꾸게 된다. 그런데 풍력발전과 태양광발전은 주로 민간 주도 전력공급사업이다. 그러므로 이 정책적 흐름대로라면, 국가가 공급하는 에너지 비중은 점점 줄어들 것이고, 전체 에너지 중에서 민간이 공급하는 에너지 비중은 점점 더 늘어나게 될 것이다. 그러므로 전력공급이 국가기간사업이라는 관점에서 보면, 재생에너지를 100% 공급한다는 것은 발전사업의 민영화와 연결된다. 그리고 그 말은 곧 전력공급과 같은 국가기간사업을 이렇게 민영화해도 되느냐는 우려를 야기한다.

그리고 이는 안보 이슈와도 연결된다. 해상풍력발전은 국가기간사업인 전력사업이다. 국가기간사업인 발전사업이 민영화되면 해외자본에 의존하게 될 수 있고, 그렇게 되면 큰 문제가 발생한다. 예를 들어 필리핀에서이 태양광이나 풍력 같은 신재생에너지 사업을 적극적으로 확장하면서 국가전력망사업에 대한 외국인 참여를 확대하였다. 그 과정에서 중국자본이 전력망 회사의 지분을 40% 이상 소유하게 되었다고 필리핀 국회의원들이 문제를 제기하는 사건이 있었다.[25] 중국 자본의 돈으로 신재생에너지로 전환하면서, 국가 주도의 전력공급사업을 축소하면 국가의 총 전력공급에서 중국자본이 통제하는 부분이 크게 확대되는 상태가 발생할 수 있다. 그럼 전기요금도 외국자본이 정할 수 있다. 그리고 이 시장이 독점되면 어떻게 될까? 그럼 국가는 전기 에너지 분야에 있어서는 외국자본에 종속된다. 이는 안보 이슈와 연결된다. 국가안보는 국가기간사업인 전기발전사업에 대해서는 소유규제나 양도제한을 해야 한다는 논거가 될 수 있다.

나. 민영화와 공공성과 책임성 확보 문제

한편 발전사업 민영화와 관련해서는 공공성 확보와 책임성 확보가 중요한 문제이다. 실제 민영화 실패의 대표적인 사례로 꼽는 것 중 하나가 전기사업이다.[26] 영국의 데처(M. Thatcher) 수상과 미국의 레이건(R. Reagan) 대통령이 신자유주의의 기치를 올렸던 시대인 1980년대 후반을 넘어서 90년대에 공공사업의 많은 부문이 민영화되었다.[27] 여러 실패 사례들 중에서 영국의 전력사업도 대표적인 사례라고 할 수 있다.[28] 전력거래시장인 전력풀(pool)을 도입하고 발전 및 전력회사를 민영화하였는데, 발전원가는 하락하였으나 전기요금은 과도하게 상승하여 저소득층은 감당하기 어려울 정도로 요금이 상승하였다.[29] 특히 잉글랜드-웨일즈 전력풀은 몇몇 기업들이 과점했고 전기요금을 이들 기업이 마음대로 정할 수 있게 되었는데, 전기요금 결정 과정은 어떻게 이루어지는지 아무도 알 수 없었다.[30]

25) CNN, "China can shut off the Philippines' power grid at any time, leaked report warns", 2019. 11. 26. <https://edition.cnn.com/2019/11/25/asia/philippines-china-power-grid-intl-hnk/index.html>

26) 관련 사례는 박정수, 박석희, 「공기업 민영화 성과평가 및 향후과제」, 한국조세재정연구원, 2011, 398-468면 참조.

27) 조순, 정운찬, 전성인, 김영식, 「경제학원론」, 율곡, 2009, 25-31면 참조.

28) 전력사업과 관련한 신자유주의 정책의 실패와 이를 구조조정하는 과정에 대한 자세한 소개는 Greg Palast, Jerrold Oppenheim, Theo MacGregor(조택 옮김), 「민주주의와 규제」, 이화여자대학교출판부, 2004 참조.

29) 박정수, 박석희, 앞의 책, 427-428면 참조.

30) Greg Palast 외, 앞의 책, 61면 참조.

미국도 전력공급을 민영화했다가 실패했던 아픈 기억이 있다. 1996년 미국 캘리포니아 전력난 사태가 그 대표적인 예이다.[31] 캘리포니아가 발전사업자들한테 발전소를 민영화했는데 몇몇 기업이 독과점하여 발생한 사고이다. 엔론(ENRON)이라는 기업이 전기요금을 높이기 위해 캘리포니아에 대한 전력 공급량을 줄여버렸다. 엔론이 독점적 지위에 있으므로 엔론이 그렇게 하니까 다른 발전사들도 따라서 발전량을 줄였다. 그래서 캘리포니아 전력난 사건이 일어났는데 주정부는 거기에 대응할 수 없었고, 결국 직접 나서서 전력회사를 사들여 공급하게 되었다. 이후 엔론은 분식회계 사건으로 수사를 받아서 해체되었다.[32]

캘리포니아는 이후 전기요금 결정절차를 투명하게 공개하도록 하고 주민 참여를 확대하였다. 그리고 미국의 상당수 주에서는 공공성이 있는 소비자협동조합이나 IOU라고 하는 공익사업회사가 아니면 발전사업을 할 수 없도록 규제하고 있다. 전기요금은 발전회사에서 정하는데, 발전회사가 공익사업회사(IOU)나 협동조합이므로 그 회사의 주인이 바로 주민들이다.[33] 그래서 주민들은 공익사업회사(IOU)의 서비스 가격을 결정하는데 참여한다. 그리고 전기요금이 인상되어야 한다면 공익사업회사(IOU)는 주민들한테 모든 자료를 공개해야 한다. 이렇게 전기공급과 관련된 거버넌스가 새롭게 짜여졌고, 이런 거버넌스 체제가 미국이 민영화 실패를 딛고 전기사업에서 공공성을 확보한 성공 사례로 회자되고 있다.[34]

그런데 이런 공익사업회사(IOU)가 하는 발전소는 수 기가와트(GW)를 생산하는 원자력발전소나 화력발전소 같은 발전소이다. 태양광이나 신재생에너지 사업은 민간사업이다. 발전량도 화력발전소나 원자력발전소에 비해 크지 않다. 전체 발전량의 대부분을 이런 신재생에너지가 담당한다면, 그 말은 곧 발전사업은 민영화된다는 말과 같을 것이다. 민영화가 됐을 때 공공성과 책임성은 어떻게 확보할 것인가? 물론 영세한 사업자들이 많으므로 자유경쟁으로 시

31) 이에 관한 자세한 내용은 Greg Palast 외, 앞의 책, 236-260면 참조.
32) 엔론 분식회계사건에 대한 자세한 경위에 대한 설명은 서영수, "미국 ENRON사 회계부정사건 연구 - 회계부정 유형 및 원인", 『형사법의 신동향』 제23호, 2009, 321-375면 참조.
33) Greg Palast 외, 앞의 책, 141-143면.
34) Greg Palast 외, 앞의 책, 101-126면.

장 가격이 조정될 수도 있다. 그러나 가격조정과 공공성 및 책임성을 담보해내는 것은 다른 문제이다. 무엇보다 태양이나 풍력 같은 경우는 자연환경에 따라서 발전량이 바뀌기 때문에, 소규모 발전사업자들이 전기를 계속 공급할지 아니면 규모의 경제로 독점 사업자가 나타나서 가격을 좌지우지할지는 그건 알 수가 없다. 앞으로 신재생에너지의 공급비중이 늘어나 전기공급이 민영화된다면 전기요금 결정 등에 있어서 공공성과 책임성 확보하는 문제도 공법적으로 우리가 다뤄야 될 과제이다.

다. 신재생에너지의 도입과 국내 전기산업의 구조변화

전기사업을 하려면 전기사업법상 전기사업 허가를 받으면 되는데, 전기사업자 중에는 발전사업자, 송전사업자, 배전사업자, 전기판매사업자, 구역전기사업자가 있다(전기사업법 제2조 제2호). 구역전기사업자는 울산이나 광양에 있는 대규모 석유화학 단지 같은 공단에 자기 공장에 필요한 전기를 한국전력에게서 구입하는 것이 아니라 자기네가 발전소 지어서 공급할 수도 있는데, 그렇게 특정 구역에서 전기를 공급하는 사업자를 말한다. 요즘은 하다못해 가정집에도 태양광 발전기가 달려 있으면 자기가 발전하는 것이다. 그럼 내가 쓰고 남는 전기는 어떻게 할까? 팔아야한다. 그런데 전기는 전기거래소에서 거래될 수 있다. 그러니까 한국전력만 살 수 있다. 내가 이웃한테 나눠줄 수 있으면 좋을텐데 그렇게 할 수는 없다. 그런데 이를 가능하게 만든 법률이 분산에너지법이라고 한다.[35)]

발전사업자는 전기를 생산하여 이를 전력시장에 공급하는 자를 말한다. 전기를 만드는 사람들은 발전사업허가를 받기 위한 허가권자는 3MW를 기준으로 그것을 초과하면 산업자원부가 관리하고, 그 이하는 시·도지사, 즉 광역자치단체장이 관리한다. 그래서 시·도지사가 3MW 이하는 얼마든지 허가해 줄 수 있다. 지방자치단체에서 아파트에 태양광 패널 설치하게 하면 설치비용을

35) 해당 법률안에 관한 자세한 설명은 권경선, "「분산에너지 활성화 특별법(안)」에 대한 검토", 「지방자치법연구」 제23권 제1호, 2023, 139-180면 참조.

지원해 주는 경우도 있었다. 태양광발전 패널 설치하는 건 발전사업을 하는 것이다. 그밖에 기술성 검토와 송배전 계통 연계 검토는 전력거래소에서 또 한국전력에서 한다. 시도지사나 산자부 장관이 발전사업허가를 하지만, 허가 신청서 심의는 전기위원회라는 공공단체에서 한다.

지금은 일정한 기술성 평가만 통과하면 풍력발전이나 태양광발전은 누구든지 할 수 있다. 그래서 농촌에 가면 태양광발전소 많이 지어진 것을 볼 수 있다. 논이었던 땅에 태양광발전시설을 설치하는 경우도 있고, 어떤 곳은 축사를 설치하고 그 위에 태양광발전시설을 설치하는 경우도 있다. 축사 위에 태양광발전시설을 설치하면 더 쉽게 사업을 할 수 있다고 한다.[36] 축사라고 꼭 소 같은 가축이 있어야 하는 것이 아니라 누에고치 이런 거 키우기도 한다. 이런 식으로 신재생에너지 발전사업 허가가 이루어지고 있는데, 대부분이 소규모 영세 사업장들이 많다.

기존에는 전기거래는 전기거래소에서 통제하고 오직 한국전력하고만 거래를 할 수 있었는데, 분산에너지법이 제정이 되어서 소규모 개인 발전사업자는 전기발전을 하고 남는 걸 이웃한테 파는 것을 허용해 줄 수 있게 되었다. 특정 지역을 분산에너지특구로 지정을 한다면 그 특구에서는 전기요금을 전국적인 표준과는 별도로 전기요금을 설정할 수 있고 그와 별도로 거래할 수 있다. 그래서 전기차나 태양광 발전기로 생산 또는 공급되는 전기의 요금을 지역에서 결정할 수 있게 되었다.

라. 소 결

전기사업을 하려면 시장이 있어야 가능하므로 신재생에너지사업을 위하여 이런 시장들을 만들어주기 위한 여러 법적인 조치들이 필요하다. 그리고 소규모 단위로 신재생에너지 발전설비가 더 많이 보급하기 위해서도 이런 법제가 필요하다고 생각한다. 그 과정에서 우리가 민영화로 인한 공공성과 책임성 확

36) 환경영향평가법 제43조 제1항 및 동법 시행령 제59조 및 별표 4에 따라서 '소규모 환경영향평가'를 받으면 되는 경우이다.

보를 고민하기에는 아직 시기상조라고 본다. 현재로서는 신재생에너지가 전체 발전 비중에서 7%밖에 차지하지 않기 때문이다. 그러나 나중에 10%, 20%, 30%만 되어도 안보 이슈나 전기요금 결정에 있어서 공공성 이슈와 관련하여 문제가 될 수 있다. 그 정도만 되어도 이제 독점 사업자가 나타날 수 있기 때문이다. 그래서 이를 항상 염두에 두고 지켜보아야 할 것이다.

4. 해양공간이용 및 개발사업으로서 해상풍력 개발의 공법적 문제

가. 해양공간계획법의 주요내용

바다를 법적으로 해안공간이라고 부르기도 한다. 2019년에 해양공간계획 및 관리에 관한 법률(이하 '해양공간계획법')이라는 게 제정이 되었다. 2019년에 그 기본계획이 세워지고 2020년부터 2022년까지 3년에 걸쳐서 해양공간관리계획이 완성되었다. 그리고 2023년부터 해양공간계획법과 해양공간관리계획에 따라서 해양공간이 관리되고 있다. 해안공간이용은 상당히 복잡하다. [그림 8]을 보면 해양공간이용에 관한 9개의 카테고리를 만들고 어느 지역에서 해양공간이 주로 이용되는지 구역별로 정리하였다.[37]

해양공간관리계획에 따라서 해양공간은 어업, 군사, 환경·생태계, 항만·항행, 안전, 연구·교육, 해양관광, 에너지개발 그리고 골재·광물자원개발 구역으로 나누어 관리된다. 배타적경제수역도 해양공간으로 관리하고 있어서 기존의 연안관리법보다는 더 넓은 지역을 포괄한다. 주무부처인 해양수산부는 배타적경제수역뿐 아니라 국제법상 우리나라가 개발사업을 할 수 있도록 허가받은 저 멀리 심해영역까지도 해양공간계획법에 따라 관리하고 있다.

37) 김현귀, "해양공간계획 및 관리의 구조와 한계 — 해양공간계획법을 중심으로 —", 「法學研究」 제33권 제1호, 2023, 224-225면 참조.

[그림 8] 해양공간 용도구역

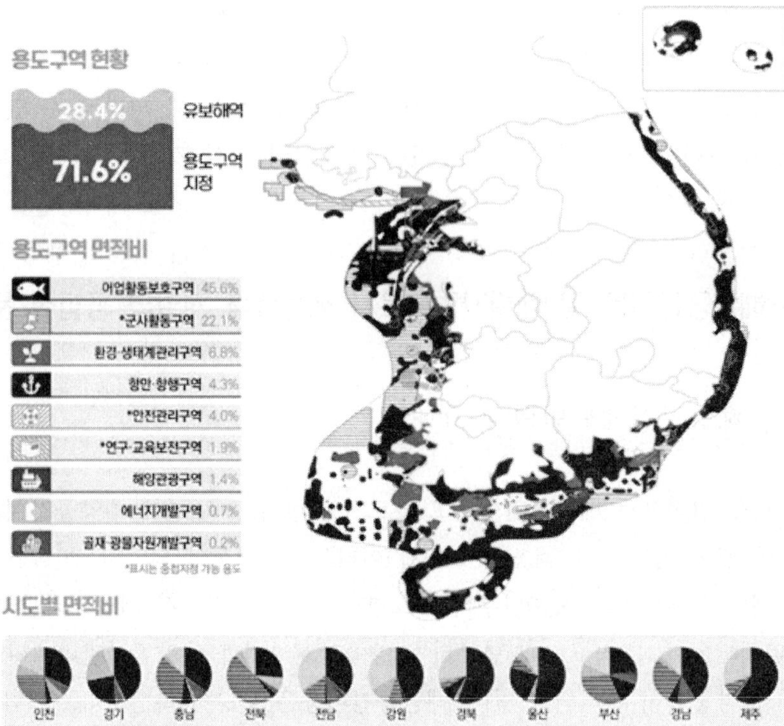

출처 : 해양수산부 해양공간통합관리정보시스템 <https://www.msp.go.kr/service/system.do>

나. 해양공간관리계획의 법적 성격

해양공간을 이용하는 것은 해양자원을 이용하는 것이다. 그리고 해양자원은 국가가 관리한다. 그러므로 원칙적으로는 해양자원은 사적인 용도로 쓰면 안 되지만, 국민은 또 바다를 이용할 자유가 있다. 자원으로 보고 규제할 수 있으나 또 원칙적으로는 자유에 맡기는 게 맞다. 그래서 해양공간계획이 있다고 해서 국민에 대해 직접 구속력이 있는 건 아니다. 다만 해양공간계획에게 구속력이 있다면, 그것은 인·허가권을 가진 지방자치단체한테 구속력이 있다는 말이다.[38]

가령 시·도지사가 해양레저관광단지를 인허가해야 국민이 그렇게 개발하여 이용할 수 있는 것이다. 그 인·허가권을 가지고 있는 시도지사가 자기 마음대로 인·허가 등을 할 수 있느냐? 그것은 아니다. 해양공간적합성협의를 거쳐야 기존의 용도구역을 변경하거나 관리계획을 변경할 수 있다. 그래서 해양공간관리계획은 시·도지사에게 구속력이 있다. 즉, 국민에게는 직접 구속력이 없으나 행정기관을 구속하여 간접적으로 해양공간이용을 관리한다. 해양공간을 이용 및 개발하려는 계획이 있는 정부 부처나 지방자치단체는 기존의 해양공간관리계획에서 설정한 그 지역을 기존 용도대로 이용할 수 있지만 다른 용도로 사용하기 위해서는 관리계획을 변경해야 한다. 그 변경을 하기 위해서는 해양공간계획법상 해양공간적합성협의를 거쳐야 한다. 그래서 약간의 구속력이 있다고 볼 수는 있으나 해양공간적합성협의 결과에 정부 부처나 지방자치단체가 구속되는지는 논란의 여지가 있다.[39] 해양수산부가 적합하지 않다고 통지한다고 해양공간의 이용 및 개발계획을 실행하지 못한다는 규정 같은 것이 없기 때문이다. 그래도 해양공간에 관해서는 국가가, 즉 해양수산부가 일정한 계획이 있고 통제하고 있다는 걸로 볼 수 있다. 그 전제에서 해상풍력발전을 개발하려면 해당 부지, 즉 해양공간에 관하여 이런 여러 인허가 절차를 거쳐야 한다.

다. 해상풍력발전 허가 관련 주민의견수렴 및 협의절차

전술한 바와 같이 해상풍력발전사업을 진행하기 위해서는 4개의 인·허가 과정을 거쳐야 하는데 그 과정에서 주민의 의견을 수렴해야 한다. 전기사업법상 전기사업 허가를 받으려면, 특히 해상풍력발전과 같이 신재생에너지법상 발전사업의 경우에는 대통령령으로 정하는 바에 따라 지역 의견수렴 절차를 거쳐야 한다(전기사업법 시행령 제4조의2). 시행령에 따르면, 그림 11과 같이 허가신청일로부터 환경영향평가법상 10만kW 이상인 경우에는 14일 전에, 거기

38) 김현귀, 앞의 글(2023), 235면 참조.
39) 김현귀, 앞의 글(2023), 239－241면 참조.

에 해당하지 않는 10만kW 이하인 경우에는 7일 전에 주민들이 의견을 수렴하여야 한다.

[그림 9] 해상풍력발전 관련 주민의견 수렴 및 의견제출 절차

전기사업법 제7조 제5항 전기사업 허가기준

- 5. 「신재생에너지법」 제2조에 따른 태양에너지 중 태양광, 풍력, 연료전지를 이용하는 발전사업의 경우 대통령령으로 정하는 바에 따라 발전사업 내용에 대한 사전고지를 통하여 주민 의견수렴 절차를 거칠 것

의견제출기간(시행령 제4조의2 제2항) 허가신청일로부터

- 1. 「환경영향평가법」 제22조에 따른 환경영향평가 대상사업의 경우: **14일 전**
- 2. 제1호에 해당하지 않는 사업으로서 다음 각 목에 해당하는 사업의 경우: **7일 전**
- 가. 「환경영향평가법」 제43조에 따른 소규모 환경영향평가 대상사업
- 나. 「해양환경관리법」 제85조에 따른 해역이용영향평가 대상사업
- 다. 「신재생에너지법」 연료전지 발전사업...

(2) 환경영향평가법 및 해양환경관리법상 의견수렴 절차

한편 10만kW 이상의 해상풍력사업 같은 경우에는 환경영향평가법상 환경영향평가를 위하여 주민 의견을 수렴해야 한다. 환경영향평가법 제25조에 따르면, 사업자는 환경영향평가서 초안을 작성하여 이를 공고, 공람하고 설명회를 개최하여 해당 지역 주민 등의 의견을 들어야 한다(제2항 및 동법 제13조 제1항). 환경영향평가 자체가 주민의견수렴을 위한 절차라고 할 수 있다. 그리고 환경영향평가가 적용되지 않고 해역이용영향평가가 적용되는 5만kW에서 10만kW 사이의 해상풍력사업도 해양수산부령이 정하는 바에 따라서 설명회 또는 공청회를 개최해서 이해관계자의 의견을 수렴하는 절차를 거쳐야 한다(해양환경관리법 제85조 제3항). 해역이용영향평가서 초안에 대한 주민공람을 실시하고 역시 공청회 등을 통하여 주민의견수렴 절차를 거치도록 규정하고 있다(해양환경관리법 시행규칙 제50조 내지 제52조).

[그림 10] 해상풍력발전 관련 환경영향평가 등

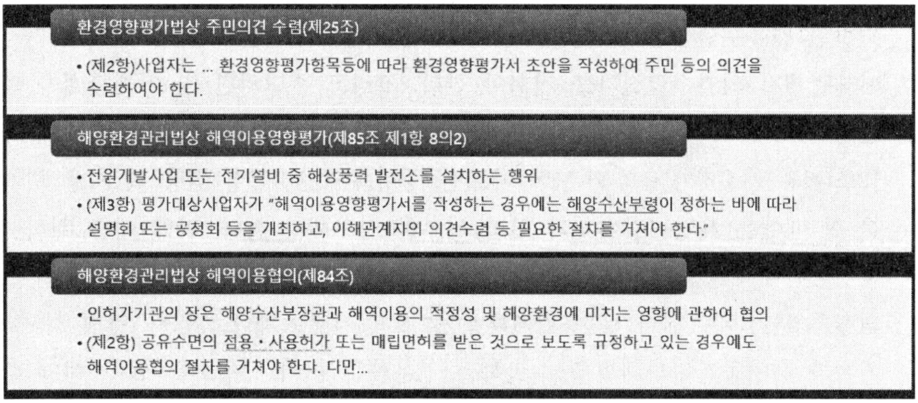

그밖에 5만kw 이하의 해상풍력사업의 경우에는, 관련 정부기관과 행정기관들 또는 관련 시·도지사 등 지방자치단체와 '해역이용협의'를 거치면 된다(해양환경관리법 제84조). 해역이용협의는 협의의 주체가 주민이 아니라 주관 부처들이다. 해양환경관리법 제84조 제1항에 따르면, 인·허가 기관의 장은 해양수산부 장관과 해역이용의 적정성 및 해양환경에 미치는 영향 등에 관하여 협의하여야 한다고 규정하고 있다. 특히 동조 제2항에 따르면, 공유수면 점용과 관련해서는 이런 해역이용협의 절차를 반드시 거쳐야 하므로, 해상풍력발전의 경우에는 해양수산부장관과 해역이용협의를 받드시 하여야 한다.

해양수산부장관은 이를 검토할 때 '국립수산과학원'의 의견을 들어야 하고, 해역이용협의의 경우 30일 이내에, 해역이용영향평가의 경우에는 45일 이내에 이를 검토하고 의견을 통보하여야 한다(법 제91조; 시행령 제67조; 시행규칙 제58조). 해양수산부장관이 의견통보를 하면, 처분기관의 사업자가 해양수산부장관의 의견을 반영하여 사업을 진행하는지 확인하고 감독하여야 하고, 해양수산부장관은 처분기관이 해역이용협의에 관한 의견을 반영하지 아니하고 면허 등 처분을 한 경우, 이를 취소하거나 사업중지, 철거, 원상회복 등의 필요한 조치를 요청할 수 있으며, 처분기관은 특별한 사유가 없는 한 이를 따라야 한다(법 제93조).

(3) 해양공간계획법상 주민 의견수렴 절차

한편 공유수면점용·사용허가를 받을 때는 공유수면관리법 제8조에 따라서 이해관계자 의견수렴절차를 거쳐야 한다. 그리고 주민의견 및 이해관계자 의견을 들어야 하고 그 내용을 부관으로 붙일 수 있다. 한편 공유수면관리법 제12조(점용·사용허가 등의 기준)에 따르면, 공유수면관리법상 점용 및 사용 허가를 할 때에는 해양공간계획과 부합 여부를 검토해야 한다. 만약 이를 위하여 해양공간계획을 변경해야 한다면, 그때도 해양공간계획법에 따라 주민과의 협의절차를 거쳐야 한다(해양공간계획법 제7조 및 시행령 제6조 등).[40] 먼저 시·도지사가 해양공간관리계획을 수립하는 경우에는 미리 공청회를 열어 해당 주민의 의견을 듣고 이런 것들을 거쳐야 한다(해양공간계획법 제7조 제6항). 그리고 해양수산부 장관이나 시·도지사가 해양공간관리계획을 변경할 때에도 주민 의견수렴 절차를 거쳐야 한다(해양공간계획법 시행령 제7조 제3항 및 제4항).

[그림 11] 공유수면점용 · 사용 관련 의견수렴절차

제8조(공유수면의 점용 · 사용허가) ⑦ 이해관계자 의견수렴

- 공유수면관리청은 점용 · 사용허가를 하는 경우 해양환경 · 생태계 · 수산자원 및 자연경관의 보호, 그 밖에 어업피해의 예방 또는 공유수면의 관리 · 운영을 위하여 필요하다고 인정하는 경우에는 대통령령으로 정하는 바에 따라 어업인 등 이해관계자의 의견을 들어야 하며, 점용 · 사용의 방법 및 관리 등에 관한 부관(附款)을 붙일 수 있다.

제12조(점용 · 사용허가 등의 기준)

- 공유수면 점용 · 사용 면적, 기간, 방법 등의 적정성
- 「해양공간계획 및 관리에 관한 법률」에 따른 해양공간계획과의 부합 여부
- 해양환경, 해양생태계, 자연경관, 해상교통안전, 공유수면의 관리 · 운영 및 국가안보 등에 미치는 영향
- 어업활동 등 수산업에 미치는 영향
- 제8조제7항에 따라 이해관계자 의견 수렴을 한 경우 그 결과
  - 인공구조물 설치 또는 토지 형질변경 등의 사유로 인한 재해 발생 가능성
  - 그 밖에 공유수면의 보전 · 관리와 공공의 이익 보호를 위하여 필요한 사항으로서 해양수산부장관이 정하여 고시하는 사항

한편 전원개발촉진법 제5조 제1항에 따라서 전원개발 실시계획을 인가할 때, 역시 관계기관 협의 전에 해양공간계획법상 '해양공간적합성협의'를 거치도록 하고 있다(해양공간계획법 시행령 별표 제6호 가목). 해양공간적합성협의는 해양공간을 이용·개발하려는 중앙기관 또는 지방자치단체가 해양공간적합성 검토결과서를 해양수산부 장관에게 제출하고, 해양수산부 장관은 이제 45

40) 자세한 절차는 김현귀, 앞의 글(2023), 227−229면 참조.

일 이내에 적합성 여부를 검토해서 응답하여야 한다. 만약 여기에 부동의하는 경우 협의 결과에 구속력이 있느냐 없느냐에 관해서는 해양환경관리법 제93조와 같은 사후관리에 관한 규정이 없어서 전술한 바와 같이 논란의 여지가 있다.[41]

라. 해상풍력개발 관련 환경문제

(1) 해상풍력발전설비가 환경에 미치는 영향

왜 이런 협의가 반복적으로 필요할까? 해상풍력 발전이라는 것이 주변 환경에 미치는 영향력이 크기 때문이라고 할 수 있다. 일단은 발전소 건설과정에서 환경파괴가 가능하다. 해상풍력이 친환경 신재생에너지라고 하지만 이걸 개발할 때 고정식 같은 경우에는 해저의 땅을 파야 한다. 해상풍력발전소 건설공사로 인해서 발생한 소음 등으로 인한 환경파괴가 있을 수 있다. 그래서 해상풍력발전소의 건설 및 운영시 발생하는 소음이 주변 어족자원에 영향을 미치느냐에 관한 연구가 덴마크 등에서 진행되었는데,[42] 어족자원에 악영향을 미치는 것이 아직 과학적으로 입증되지는 않았다. 그러나 어민들의 경우, 해상풍력발전소는 프로펠러와 터빈이 돌아가면서 큰 소음이 아니더라도 프로펠러가 돌아가고 있는 발전소 근처에서 조업을 할 수 없다. 그러니까 해상풍력발전소가 들어서면 어업하기가 어려운 조건이 된다. 결론적으로 해상풍력발전소가 설치되면 해당 해상에는 어족자원 훼손이나 어업 기반 파괴의 우려가 발생한다.

해상풍력발전소 개발과 관련된 이런 여러 환경적 문제들을 해결하기 위해 주민과 여러 부처의 협의가 필요하다. 공법적으로 이를 전체적으로 아우르는 어떤 거버넌스 체제가 만들어지는 게 필요하다. 인·허가 과정에서 주민협의 절차도 정부 부처 협의도 중복해서 이루어진다. 그런 절차를 한 번에 해결할

41) 전술 4. 나. 해양공간관리계획의 법적 성격 참조.

42) Leonhard, Simon B, Claus Stenberg, Josianne G Støttrup, Effect of the Horns Rev 1 offshore wind farm on fish communities: follow-up seven years after construction: Danish Energy Authority, 2011 참조.

수 있으면 개발사업자도 좋고 인·허가 과정에서 시간을 줄일 수 있다. 그리고 좀 더 효과적으로 주민들의 의견이 제출되고 반영될 수 있는 적절한 협의체나 절차가 있어야 한다. 이를 실현하는 것은 헌법상 적법절차원칙을 실현하는 것이기도 하고, 행정에 있어서는 참여민주주의를 실현하는 일이기도 하다.[43] 그래서 헌법적으로 매우 의미가 있는 일이다.

(2) 태안기름유출사고 사례

주민 같은 사람은 의견수렴절차에 직접 참여해서 자신의 이해관계를 대변할 수 있고 목소리를 낼 수 있다. 그런데 환경파괴와 관련해서 환경은 자기 목소리를 낼 수 있는가? 예를 들어 보면, 태안기름유출사고 때 많은 사람이 전국적으로 모여서 방제 작업도 하고 복원을 위해 정부가 나서서 환경피해를 모범적으로 해결한 사례이다. 2013년에 이 사건으로 발생한 피해액을 서산지원에서 집계했는데, 주민들이 입은 직접 피해는 4천억 정도(11만명, 약 4,138억 원)로 계산한다. 그리고 순수하게 방제비용과 해양복원사업에 들어간 비용만 3,293억 원 정도 추계하여, 총 7,341억 원 정도가 피해액으로 산정이 되었다.[44]

태안기름유출사고에서는 국가가 피고 중 하나였다. 국책사업이었던 인천대교 공사하던 바지선을 끌고 가다가 그게 파도에 밀려서 유조선에 부딪혀 사고가 났기 때문이다. 물론 신고된 채권금액인 4조 2천여 억 원 비하면 17.37% 정도만 피해액으로 산정된 것이었지만, 국가배상법상 국가책임이 있었기 때문에 이 막대한 비용이 지불될 수 있었다고 본다. 만약 민간 기업끼리 사고가 났다면 주민 직접 피해액도 4천억도 할인되고 할인되고 할인되어 실제로는 몇천만 원밖에 못 받았을 가능성이 크다.[45]

---

43) 이계수, "참여민주주의의 이상과 현실 – 헌법 이론적 진단", 「공법연구」 제35권 제1호, 2006, 185–214면; 김광수, "참여민주주의의 행정법적 대차대조표", 「공법연구」 제35집 제1호, 2006, 257–297면 참조.

44) 대전지법 서산지원 2013. 1. 16. 자 2008책1 결정.

45) 2008년 3월 14일 법률 제8898호로 제정된 법률.

한편 허베이스피리트호 특별법[46]을 만들어 해양복원사업을 벌여서 자연환경피해에 대한 복구도 가능하였다. 그런데 만약 이게 민사적 손해배상 사건이 되면 자연, 즉 이렇게 환경파괴에서 가장 큰 피해를 입은 자연은 손해배상의 대상도 되지 않는다. 실제로 이런 사고가 나면 자연의 많은 생명이 죽고 환경파괴로 인해서 그 주변에 생태계가 완전히 교란되기 때문에 그 피해는 실제로 계산할 수 없다. 태안기름유출사건에서 환경 피해를 막고 복구하기 위한 비용만 지금 3천 억 가량으로 집계되었다. 이것은 최소한의 금액이고 환경파괴로 인한 피해는 그보다 훨씬 더 큰 금액이 될 것이다. 물론 법적인 의미에서 원상회복이 생태적 의미에서 해양생태계 복원에는 미치지 못할 수도 있지만,[47] 태안 사고의 경우 환경피해를 이렇게 공법적으로 해결했기에 실질적인 복구가 가능했다고 할 수 있다. 복원 사업이라는 것도 장기간 이루어진다. 근 수십 년간 이루어져야 하므로 거기에 들어가는 비용 계산하면 거의 수조 원대라고 할 수 있다.

(3) 자연의 권리론

그렇다면 이제 환경에 대한 이익은 누가 고려할 것이냐 환경도 목소리를 내야 될 거 아닌가? 그래서 나온 게 자연의 권리론이다.[48] 실제로 뉴질랜드나 에콰도르의 경우에는 자연에게 일정한 권리능력이나 법인격을 인정한 사례가 있다.[49] 뉴질랜드 테우라웨라법은 테우라웨라는 국립공원으로 지정된 숲에게,[50] 그리고 황가누이법은 황가누이 강이라는 강에게 법률로써 법인격을 부여했다.[51] 그럼 이제 누군가 그 숲이나 강을 오염시키면 테우라웨라 숲이 또

46) 환경오염피해는 인과관계 입증 등에 있어서 어려움이 있어 전통적인 불법행위이론에 기초하여 구제하기가 어렵다. 인과관계 등을 입증하기 어려운 환경오염피해의 특수성을 고려하여 유류오염손해배상 보장법이 마련되어 있으나, 당사자 중심의 사법적 구제에는 한계가 있다. 조홍식, 「환경법원론」, 박영사, 2022, 826면 이하 참조.

47) 둘 사이의 차이에 대해서는 함태성, 강현호, "유류오염피해로 인한 해양생태계 복원의 법적 고찰", 「환경법과 정책」 제1권, 2008, 77-80면 참조.

48) David R. Boyd(이지원 옮김), 「자연의 권리: 세계의 운명이 걸린 법률 혁명」, 교유서가, 2020; 박태현, "자연의 권리론", 「環境法硏究」 제44권 제3호, 2022, 95-140면 참조.

49) 김선희, 생태적 환경국가원리에 관한 연구, 국내박사학위논문, 고려대학교 대학원, 2023, 140-142면 참조.

50) Te Urewera Act 2014, New Zealand Pub. Act No. 51, July 27, 2014.

51) Te Awa Tupua (Whanganui River Claims Settlement) Act 2017, New Zealand Pub. Act No. 7,

는 황가누이 강이 소송을 제기해서 그 사람에게 손해배상을 청구할 수 있다. 2018년에 개정된 에콰도르 헌법은 '파차마마'라고 불리는 어머니 대지의 자연환경에게 일정한 권리를 부여하였다.[52] 그래서 환경적인 논의에 있어서 이런 아이디어들을 이용해서 얼마든지 환경의 이익을 대변하는 주체가 환경 거버넌스 논의에 참여할 수 있도록 할 수 있다. 그럼 누가 이 자연의 목소리를 대변하느냐 그것은 이제 법으로 정하기 나름이다. 그럼 법으로 정한 그 거버넌스 체제 안에서 자연을 대표하는 사람들의 협의체가 어떻게 자연환경의 이익을 위하여 어떻게 권리를 행사하고 그것이 가진 자원을 어떻게 관리하고 이용할 수 있는지 공법적으로 논의할 수 있게 된다.

5. 신재생에너지사업으로서 해상풍력 개발의 공법적 문제

해상풍력발전사업은 환경파괴를 일으키기도 하지만 국가적으로 RE100을 달성하기 위해 추진해야 할 신재생에너지사업이기도 하다. 기후변화가 탄소배출로 인해서 발생하고, 그 기후변화로 태풍도 더 거세지고 있고 지구 여기저기에서 혹서와 혹한이 교차되는 이상기온 현상이 발생하고 있다. 그렇기 때문에 지속 가능한 발전을 위해서 그리고 미래 세대를 위해서 탄소배출을 줄이고 이런 신재생에너지 사업을 추진할 필요가 있다.

가. 지속가능성의 개념

지속가능발전 기본법에 따르면, 지속가능성은 현재 세대의 필요를 충족시키기 위하여 미래 세대가 사용할 경제, 사회, 환경 등의 자원을 낭비하거나 여건을 저하시키지 아니하고 이들이 서로 조화와 균형을 이루는 것이라고 정의한다(법 제2조 제1호). 그리고 지속가능발전이라 함은 지속가능한 경제 성장과 포

Mar. 20, 2017.

52) 자세한 내용은 박태현, "에콰도르 헌법상 자연의 권리, 그 이상과 현실", 「環境法 硏究」 제41권 제2호, 2019, 107-141면 참조.

용적 사회, 깨끗하고 안정적인 환경이 지속가능성에 기초하여 조화와 균형을 이루는 발전이라고 규정하고 있다(동조 제2호). 이 지속가능발전이라는 것을 가능하게 만들기 위해서 신재생에너지가 주목을 받게 되었다. 또 2021년 9월 24일 법률 제18468호로 탄소중립기본법이 기존의 '저탄소 녹색성장 기본법'을 폐지하고 제정되었는데, 정부는 2050년까지 탄소중립, 즉 탄소배출량 제로를 만들기 위해서 노력하겠다고 선언하였다(제7조). 2050년까지 탄소중립을 목표로 하여 탄소중립 사회로 이행하고 환경과 경제의 조화로운 발전을 도모하는 것을 국가 비전으로 한다는 선언이다.[53] 그래서 에너지와 자원을 절약하고 에너지 효율을 높이고 환경 훼손을 줄이기 위해 청정에너지, 그러니까 신재생에너지와 녹색 기술 연구개발을 통해서 성장과 함께 환경도 잡겠다는 이런 내용의 발전 계획이다.

나. 신 · 재생에너지 공급의무화 조치(RPS)

신재생에너지법 제12조의5에 따르면, 일정 규모 이상(500MWh 이상)의 발전사업자에게 총 발전량의 일정 비율 이상을 신재생에너지로 발전하도록 의무화하고 있다. 여기에 해당하는 사업자가 한국전력이나 수자원공사 말고도, 한국지역난방공사, 포스코, GS 등 주로 열병합발전소 아니면 가스발전소를 운영하는 곳이나 집단에너지사업법으로 발전사업을 하는 업체들도 있다. 그래서 2023년 기준으로는 신재생에너지 발전 비율을 전체 500MWh 이상 발전 중에서 13% 이상을 차지하도록 요구하고 있다(신재생에너지법 시행령 제18조의4 제1항 및 [별표 3] 연도별 의무공급량의 비율).[54]

53) 이는 2016년 12월 3일 조약 제2315호로 발효된 파리협정 제2조 제1호 가목의 "산업화 전 수준 대비 지구 평균 기온 상승을 섭씨 1.5도로 제한하기 위한 노력"을 달성하기 위한 과학적 목표를 IPCC가 2018년 인천 송도에서 채택한 "섭씨 1.5도 상승 특별보고서"에서 전 지구 인위적 이산화탄소 순 배출량은 2030년까지 2010년 대비 최소 45% 감소가 필요하며, 2050년경에는 net zero(0)에 도달하는 것이 필요하다고 하여 설정된 목표이다. Ipcc, 기상청, 「지구온난화 1.5℃ : 정책결정자를 위한 요약본」, 기상청, 2018 참조.

54) 별표 3에 따르면, 2023년 이후 매년 0.5 ~ 2.5%씩 상승하여 2030년 이후부터는 25%에 도달하도록 설정되어 있다.

다. 지속가능발전을 위한 ESG 경영

지속가능성의 개념을 보면, 두 가지 상반되는 개념이 혼재되어 있다. 하나는 환경이고 다른 하나는 개발이다.[55] 우리가 아무리 환경을 위해서 탄소를 저감하기위해 노력하자고 해도 이런 소리는 저개발 국가에게는 배부른 소리이다. 저개발 국가 입장에서 환경오염은 개발된 국가인 선진국들이 다 만들어 놓고 지금 환경을 보호한다고 저개발 국가의 개발을 막는 것이기 때문이다. 당연히 저개발 국가이니까 저개발 국가의 사람들도 사회복지, 즉 먹고 사는 문제를 해결할 수 있도록 경제개발을 할 수 있도록 해야 한다. 동시에 환경도 지속가능할 수 있도록 보호하여야 하므로 이 두 가지 가치를 조화시키고 균형을 이루게 하는 것이 지속가능발전이다.[56]

2002년 요하네스버그 정치선언문(WSSD)에 따르면, 세계지속가능발전 정상회의의 정상들은 환경보호, 경제개발 그리고 사회발전 이 세 가지는 상호의존적이면서 보완적인 요소로서 이 세 가지를 고려하여 지속가능발전을 추진할 책임이 있다고 선언하였다.[57] 기업들이 환경을 개발하고 이용한다. 그리고 지방자치단체는 그에 관한 계획을 인허가한다. 민간 기업이나 기업들이 환경에 대해 책임성을 갖추기 위해 탄소배출이나 신재생에너지 공급의무화(RPS) 비율로 강제할 수 있다. 사회적인 문제인 개발이익의 분배나 복지도 기업의 사회적인 책임을 실현할 수 있는 모든 수준의 거버넌스, 즉 기업의 지배구조를 포함하여 투명하고 안정된 규제 환경을 마련하여야 한다는 것이 지속가능한 발전에서 함께 고려할 내용이라고 할 수 있다.

지속가능한 비즈니스를 달성하기 위한 세 가지 핵심 요소로 제시되는 ESG,

---

55) 지속가능한 발전의 개념에 관한 설명은 西井正弘, 鶴田 順(박덕영, 이경재, 김경우 옮김), 「국제환경법강의」, 박영사, 2021, 19－30면 참조.

56) 환경과 발전에 관한 리우선언(1992), 원칙 1 “인간은 지속가능한 발전에 대한 관심을 중심에 둘” 것, 원칙 4 “지속가능한 발전을 달성하기 위해 환경보호는 발전과정의 일부분을 구성한다.” 등 참조.

57) The World Summit on Sustainable Development(WSSD) 2002, The Johannesburg Declaration on Sustainable Development: “5. 이에 따라 우리는 지속 가능한 개발의 중추가 되는 영역－경제 개발, 사회 개발, 환경 보호－의 상호 연계 고리를 강화하고 장려하기 위해 지방의 차원은 물론 국가적·국제적 차원에서 공동의 책임을 질 것을 약속한다.”

즉 환경(Environmental), 사회(Social) 그리고 거버넌스(Governance)도 사실 세계경제포럼을 통해 도출된 지속가능한 가치를 추구하기 위하여 시작되었다. 이런 가치지표들을 실현하기 위해서 지방자치단체들이 ESG 위원회 같은 것 만들어 운영하고, 기업들도 ESG 경영이라고 해서 지속가능발전에 참여한다. 즉, ESG는 지속가능성의 실천을 위한 체크리스트이고 이것을 잘 실천하고 있는 조직은 장기적인 가치를 창출하는 지속가능한 조직이라고 평가할 수 있다.[58] 따라서 이 지표는 기업에 대한 투자를 결정하는 중요한 지표로 사용되는 것이다. 이런 식으로 기업들이 지속가능발전에 참여하지 않을 수 없게 되었다. 해상풍력발전사업을 진행하는 기업도 당연히 지속가능한 발전을 위한 ESG 경영을 요구받는다.

6. 해상풍력발전사업과 관련된 공법적 과제들

가. 이해관계의 충돌

일단은 해상풍력발전과 관련해서 다양한 이해관계 갈등이 있다는 걸 염두에 두어야 한다. 가령, 전기요금 결정을 두고도 발전사업자랑 소비자의 이해관계가 충돌한다. 그런데 이게 이분법이 아니다. 발전사업자이면서 동시에 소비자인 사람들도 있기 때문이다. 우리 집에 태양광 발전기를 설치하면 나는 전기 생산자이기도 하면서 소비자이기도 하다. 그럼 전기요금 가격과 관련해서 판매자입장에서 그리고 소비자입장에서 이해관계가 충돌한다. 그리고, 전기 공급을 안정화하려는 국가와 지방자치단체의 이해관계가 있다. 즉, 국가기간사업으로서 전기의 안정적인 공급뿐 아니라 공공성을 확보해야 하는 이해관계가 있다. 반면 이윤을 추구하는 해외자본이나 발전사업자들이 있다. 해외자본이라고 해서 완전히 배제할 수는 없다. 이 사람들의 자본이 있어야 해상

58) WEF, Adapting Corporate Sustainable Value Creation Indicators for Investors, Community paper 2021.9. <https://www3.weforum.org/docs/WEF_ESG_disclosure_for_asset_owners_2021.pdf> 참조.

풍력발전사업 등이 실현될 수 있기 때문이다. 이런 발전사업자가 이윤 그래서 사업성이 있어야 발전사업도 효율적으로 운영될 수 있다. 그리고 풍력발전으로 인해서 피해를 보는 환경 또는 어민 등이 있다. 해양환경과 관련된 여러 이해관계가 있다. 이런 복잡한 이해관계들을 정리해야 될 필요가 있는데, 그 다양한 이해관계자의 충돌을 해결하는 방안을 국가의 정치시스템에서 제시할 수 있을까?

나. 거버넌스적 접근

국가가 직접 이 문제를 다 해결할 수는 없다. 그래서 다양한 이해관계자들이 참여할 수 있는 거버넌스 체제를 만들어주는 수밖에 없다. 각자의 주체들이 자신의 이해관계를 가지고 타협해서 합의할 수 있도록 거버넌스 체제를 만들어주는 것, 그래서 국가기간사업으로서 국가는 안보를 확보하고 전기요금 결정에 대한 주민 참여를 보장하는 형태로 공공성을 확보하는 거버넌스적 접근이 필요하다. 국가는 이제 뒤로 한 발 빠져서 주민들과 발전사업자 등 여러 이해관계자가 서로 문제를 해결할 수 있도록 조종하는 역할로 빠져야 한다. 이는 해양공간 이용 및 개발사업에서도 요구된다. 환경, 어민, 항만, 항행 등을 해양공간 이용과 개발과 관련해서 여러 이해관계자의 이익을 조정하는 일을 해양수산부 혼자서 해결할 수 없다. 해양수산부가 할 수 있는 일이라고는 다양한 이해관계를 조정하기 위해서는 이 주체들이 서로 참여해서 자기 목소리를 내고 대화와 타협을 통해서 이렇게 합의를 할 수 있도록 그런 논의의 장을 만들어주는 것밖에는 없다.

신재생에너지 사업으로서도 마찬가지이다. 기후위기 대응을 위한 국가적 대응뿐만 아니라 ESG 경영을 통해서 기업, 지방자치단체들이 참여하여야 한다. 그래야 신재생에너지사업을 통한 지속가능한 발전을 이루는 것이 국가 혼자만의 과제는 아니다. 그래도 국가는 이 모든 목표가 달성될 수 있도록 보장할 책임이 있다. 그러므로 국가는 지속가능한 발전과 ESG 경영이 이루어질 수 있는 거버넌스체제를 요구하고 관리하는 역할을 할 필요가 있다.

다. 국가의 역할

국가는 기본적으로 인허가 등 사업에 대한 결정권을 가지고 있다. 그러나 그 결정권을 어떻게 행사할 것인지, 어떤 사업자에게 전기사업을 허가할 건지 결정은 정책적 판단이나 재량의 영역으로 남아 있다. 그런데 국가가 그 모든 책임을 지고 이런 공적인 결정을 내리기에는 산업이 고도화되었고 이해관계도 복잡해졌다. 이제 국가의 역할은 이해관계자들이 참여할 수 있는 제도를 만들고 보장해주는 형태로 빠질 수 있다. 그래서 오늘날 이런 종류의 행정작용을 넛지(Nudge)라고 한다.[59] 이제 국가는 공익을 위해서 필요한 방향으로 이렇게 살짝 안내만 하는 역할만 하면 된다. 그렇게 해서 공공복리를 보장할 수 있다면 그것도 국가의 역할이라는 논리이다. 그러면 시장과 사회·환경이 상생하는 거버넌스 체제를 유지하고 관리하는 것이 국가가 할 일이다.

라. 투명성과 책임성

거버넌스에서 가장 중요한 문제는 투명성과 책임성을 확보하는 일이다. 가령, 발전사업자에 대한 지원 또는 규제에 있어서 전기요금 같은 것을 결정할 때 투명하여야 한다. 왜 전기요금이 그렇게 결정됐는지 모든 자료가 공개되어야 한다. 그래야 주민들이 참여할 수 있다. 참여해서 의견을 내고 의사결정에 참여할 수 있어야 한다. 그런 투명성을 확보하기 위해서는 책임성도 확보돼야 한다. 기업들이 그것을 공개하여야 할 이유와 의무가 있어야 한다. 대답해야 할 의무를 확보하는 것을 답책성(accoutablity)이라고 한다. 설명을 요구하는 게 책임을 묻는 것이다. 그러니까 너 왜 이렇게 했냐 하고 따질 때 대답해야 될 의무가 있는게 바로 답책성, 즉 책임성이라는 것이다. 거버넌스에서 투명성과 책임성 이 두 가지가 확보가 되어야 한다. 이 두 가지는 거버넌스가 유지될 수 있는 가장 기본 전제 조건이다. 이것을 어떻게 확보할 것인가 법적으로 고민

59) Richard H. Thaler, Cass R. Sunstein(안진환 옮김), 넛지 : 똑똑한 선택을 이끄는 힘, 웅진씽크빅, 2009 참조.

하는 것이 바로 공법의 과제이기도 하다.

마. 참여

그리고 마지막은 민주주의의 문제이다. 이렇게 투명성과 책임성이 확보된 전제에서 주민들의 참여를 적절히 보장해야 한다. 그런데 주민들이 자발적으로 참여하지 않는다. 주민들은 자발적으로 참여하지 않으니 국가가 참여하게 만들어야 한다. 지금은 그냥 환경영향평가에서 주민 참여절차만 만들어주면 주민들이 참여한다고 전제한다. 그런데 주민들이 참여하나? 거의 안 한다. 절차에 참여하게 만드는 것도 국가가 해야 할 일이다. 주민들이 직접 자기 이익은 자기가 챙길 수 있도록 또는 환경이 자기 목소리를 낼 수 있도록 제도를 만들어주고 그렇게 할 수 있도록 동기부여도 해주어야 한다. 그렇게 하는 것이 참여민주주의를 실현하는 일이기도 하다. 가령, 전기를 공급하는 발전회사의 지분을 대부분 주민이 가지고 있다면, 주민은 전기요금 내는 소비자이면서 동시에 발전사업자의 주주이다. 주민은 회사의 주주로서 회사의 수익과 직접 연결되는 전기요금이 결정되는 과정에 관한 정보를 요구하고 그 결정과정에 참여할 자격도 가지고 있다. 한편 국가는 전기사업자에게 이런 지배구조를 구축하도록 요구하고 여러 제도를 통해 주민들에게 참여동기를 만들어줄 수 있다. 주민의 참여를 보장하는 이런 거버넌스를 마련하는 제도적 환경을 조성하는 것이 국가가 해야 할 일이고 공법적인 과제로서 염두에 둬야 할 내용이다.

7. 결 론

결론적으로 말하면, 해양에너지 발전의 공법적 문제에 있어서 국가는 공익을 실현할 수 있는 거버넌스 체제 및 제도를 마련하고 뒤에서 조종하는 역할을 하는 것이지 국가가 직접 나서서 뭘 하는 게 아니라는 것이다. 해상풍력발전 개발에 있어서 국가가 직접 할 수 있는 건 거의 없다. 만약 국가 세금 들여서 그렇게 직접 사업하다가 잘못되면, 국가 세금을 낭비했네 해서 온갖 비난을 받을 것이다. 그렇다고 민간에 모두 맡겨 놓는 것이 능사는 아니다. 자칫 국가의 안보마저 위태로울 수 있을 뿐 아니라 국가기간사업을 통해 달성해야 할 공익적인 목표를 실현하지 못하게 될 수도 있다. 지난 20세기 우리 자유민주주의는 이미 정부실패와 시장실패를 모두 겪었다.

어쨌거나 국가는 공공복리를 위하여 여러 공법적인 문제에 관하여 책임을 져야 한다. 거버넌스 체제를 구축하고 이걸 보장하는 걸 통해서 일정한 역할을 해야 한다. 실제로 해상풍력발전은 민간이 하게 하되 그 안에서 이해관계자들을 중재하고 공익실현을 보장하는 조종자로서 국가의 역할이 있다. 그리고 그런 역할을 통해 공공의 이익을 보장하는 국가를 '보장국가'라고 한다. 그래서 우리가 해상풍력 발전과 관련해 어떻게 하면 국가가 거버넌스 체제를 만들어주고 자기들끼리 잘 해결할 수 있게 제도를 마련해 줄 것인지를 고민하여야 한다. 그런 아이디어들을 내는 것이 요즘 공법적으로 요구되는 중요한 연구과제이다.

참고문헌

1. 단행본

김태윤, 맹준호, 박정일, 이경민, 「해양에너지개발을 위한 전략환경평가방안 연구 : 해상풍력사업의 입지선정을 중심으로」 1, KEI(한국환경정책평가연구원), 2014.

박정수, 박석희, 「공기업 민영화 성과평가 및 향후과제」, 한국조세재정연구원, 2011.

조순, 정운찬, 전성인, 김영식, 「경제학원론」, 율곡, 2009.

조홍식, 「환경법원론」, 박영사, 2022.

西井正弘, 鶴田 順(박덕영, 이경재, 김경우 옮김), 「국제환경법강의」, 박영사, 2021.

Boyd, David R.(이지원 옮김), 「자연의 권리: 세계의 운명이 걸린 법률 혁명」, 교유서가, 2020.

International Renewable Energy, Agency, Innovation outlook : ocean energy technologies, Abu Dhabi: International Renewable Energy Agency, 2020.

Ipcc, 기상청, 「지구온난화 1.5℃ : 정책결정자를 위한 요약본」, 기상청, 2018.

Leonhard, Simon B, Claus Stenberg, Josianne G Støttrup, Effect of the Horns Rev 1 offshore wind farm on fish communities: follow-up seven years after construction: Danish Energy Authority, 2011.

Multon, Bernard, Marine renewable energy handbook, London: John Wiley & Sons, 2012.

Nerzic, Raymond, Jean-Pierre Mazé, Marine Environment and Energy Resources, In Marine renewable energy handbook, ch. 1, edited by Bernard Multon, 1-22, London: John Wiley & Sons, 2012.

Ostrom, Elinor(윤홍근, 안도경 옮김), 「공유의 비극을 넘어」, 랜덤하우스코리아, 2010.

Palast, Greg, Jerrold Oppenheim, Theo MacGregor(조택 옮김), 「민주주의와 규제」, 이화여자대학교출판부, 2004.

Thaler, Richard H., Cass R. Sunstein(안진환 옮김), 「넛지」, 리더스북, 2009.

2. 논문

권경선, "「분산에너지 활성화 특별법(안)」에 대한 검토", 「지방자치법연구」 제23권 제1호, 2023, 139－180면.

김광수, "참여민주주의의 행정법적 대차대조표", 「공법연구」 제35권 제1호, 2006, 257－297면.

김선희, 생태적 환경국가원리에 관한 연구, 국내박사학위논문, 고려대학교 대학원, 2023.

김현귀, "한국해양정책의 구조와 문제점: 해양공간계획 및 관리에 관한 법률을 중심으로", 「바다를 둘러싼 법적 쟁점과 과제」, 41－77, 피앤씨미디어, 2022

———, "해양공간계획 및 관리의 구조와 한계 — 해양공간계획법을 중심으로 —", 「法學研究」 제33권 제1호, 2023, 215－252면.

박태현, "에콰도르 헌법상 자연의 권리, 그 이상과 현실", 「環境法 硏究」 제41권 제2호, 2019, 107－141면.

———, "자연의 권리론", 「環境法 硏究」 제44권 제3호, 2022, 95－140면.

서영수, "미국 ENRON사 회계부정사건 연구 － 회계부정 유형 및 원인", 「형사법의 신동향」 제23호, 2009, 321－375면.

이계수, "참여민주주의의 이상과 현실 － 헌법 이론적 진단", 「공법연구」 제35권 제1호, 2006, 185－214면.

함태성, 강현호, "유류오염피해로 인한 해양생태계 복원의 법적 고찰", 「환경법과 정책」 제1권, 2008, 73－107면.

Lewis, A., S. Estefen, J. Huckerby, W. Musial, T. Pontes, J. Torres－Martinez, Ocean Energy, In IPCC Special Report on Renewable Energy Sources and Climate Change Mitigation, ch. 6, edited by O. Edenhofer etc., 497－534, Cambridge: Cambridge University Press, 2011.

Ruer, Jacques, Installation of Wind Turbines at Sea, In Marine renewable energy handbook, ch. 5, edited by Bernard Multon, 101－122, London: John Wiley & Sons, 2012.

3. 기사

김남주 외, 러시아 가스공급 중단 관련 EU 생산차질 및 국내산업 리스크 점검, BOK 이슈노트, 2022년 9월 16일.

김윤성, 해상풍력 동향과 우리 산업의 전망, 전기저널, 2023. 4. 7.

이진학, "해양에너지 개발 현황 및 향후 과제", 「한국신·재생에너지학회 소식지」 제1권 제2호, 2021, 13－26면.

장영욱 외, 유럽의 에너지 위기 동향 및 전망, 오늘의 세계경제, 2022년 12월 27일.

제 2 편 사법적 쟁점과 과제

제 1 장

해상법의 법적 쟁점

≫ 선박물권변동에 관한 연구 _ 고형석
≫ 자율운항선박의 해상법상의 쟁점 _ 정영석

선박물권변동에 관한 연구*

고 형 석**

Ⅰ. 서 론

민법상 대표적인 권리의 객체는 물건이며, 이는 부동산과 동산으로 구분된다(민법 제99조). 이와 같이 물건을 부동산과 동산으로 구분하는 이유 중 하나가 공시방법의 차이이다, 즉, 부동산은 등기를 통하여, 동산은 점유를 통하여 그 권리관계를 외부에 나타낸다. 이와 같이 공시방법을 등기와 점유로 정한 이유는 부동산의 경우 고정성과 그 수의 제한성이며, 동산은 이동가능성과 그 수에 있어서 무제한성을 근거로 한다.[1] 또한 부동산의 경우 동산과 비교하여 상대적으로 가치가 높다는 점과 거래의 빈도가 낮다는 점도 공시방법의 차이점에 대한 근거이다. 그러나 부동산과 동등하거나 그 이상의 가치를 가지고 있는 동산이라고 하더라도 단지 이동이 가능하기 때문에 일반 동산과 같이 취급하는 것이 타당하지 않다는 점을 감안하여 특정동산에 대하여는 그 공시방법으로 점유가 아닌 등기 또는 등록의 방식을 취하고 있다. 이에 해당하는 동산이 선박, 항공기, 자동차, 건설기계이며, 강학상 준부동산이라고 한다. 이러한 준부동산의 특징은 동산임에도 불구하고 부동산과 같이 등기 또는 등록에 의해 그 권리관계를 공시한다는 점이다. 다만, 그 공시방법이 물권변동에 있어서 어떠한 역할을 하는가에 대하여는 통일적이지 않다. 즉, 자동차 또는 항공기의 경우 등록이 부동산과 동일하게 물권변동에 있어서 효력발생요건이지만(자동차관리법 제6조; 항공법 제5조), 건설기계의 경우 등록은 물권변동과는 무

* 이 글은 한국사법학회(舊 한국비교사법학회)에서 발간하는 비교사법 제20권 제4호(2013년 11월)에 게재된 내용을 수정 및 보완한 것이다.
** 국립한국해양대학교 해사법학부 교수, 법학박사.

1) 곽윤직, 물권법, 박영사, 2008, 28면.

관하다.[2)] 또한 선박 소유권의 경우 등기는 대항요건이지만, 소형선박의 경우 등록은 효력발생요건이며, 최소형 선박의 경우 일반 동산과 동일하게 점유가 공시방법이다. 다만, 저당권의 경우 상법에서 민법을 준용한다고 규정하고 있으며, 자동차 등 특정동산 저당법(이하 '특정동산저당법')에서는 등록을 효력발생요건으로 규정하고 있다. 이와 같이 준부동산에 대해서는 점유가 아닌 등기 또는 등록이 공시방법이다. 그러나 자동차 또는 항공기와 달리 선박의 종류와 물권에 따라 공시방법과 그 효력을 달리 정하고 있음은 또 다른 특징이라고 할 수 있으며, 그 공시방법을 일원적으로 규정하고 있는 것이 아닌 이원적으로 규정하고 있다는 점은 다른 준부동산과의 차이점이다.

이처럼 선박의 경우 다른 준부동산과 달리 그 공시방법에 있어서 등기 또는 등록이라는 이원적 방식과 점유이전방식을 취하고 있으며, 그 효력도 동일한 것이 아닌 상이하다. 그 결과, 선박에 대한 공시방법으로 다원적 방식을 취하는 것이 타당한 것인가에서부터 시작하여 그 효력을 선박의 크기 또는 물권에 따라 달리 정하는 것이 타당한 것인가의 문제가 제기된다. 특히, 선박의 경우 부동산처럼 취급함에도 불구하고 법률행위에 기한 소유권변동에 있어서 우리의 부동산물권변동의 방식이 아닌 프랑스와 일본의 부동산물권변동의 방식을 취하는 것이 과연 법질서 전체의 측면에서 적합한 것인가에 대한 검토가 필요하다. 또한 선박에 대한 저당권을 설정함에 있어서 반드시 그 객체를 등기된 선박으로 한정하는 것이 타당한 것인가의 문제 역시 검토가 필요하다. 이와 더불어 선박에 대한 물권은 아니면서도 주로 활용되고 있는 선박임차권에 있어서 대항요건도 검토할 필요가 있다. 마지막으로 특수한 선박인 어선에 대하여 그 물권변동의 요건에 대하여 어선법의 내용이 타당한 것인가의 문제 역시 제기된다.

2) 이러한 동산들은 그 권리관계가 점유에 의하여 공시되는 것이 아닌 등기 또는 등록에 의해 공시되며, 그 물권변동에 있어서 등기 또는 등록이 효력발생요건 또는 대항요건이기 때문에 일반적으로 준부동산이라고 한다. 그러나 건설기계의 경우 선박 등과 달리 그 소유권변동은 일반동산과 동일하게 인도에 의해 이루어진다. 물론 건설기계의 소유자는 이를 등록하여야 하며, 소유권이전시 양수인 또는 점유자는 그 변경사항을 등록하여야 한다(건설기계관리법 제3조, 제5조). 그러나 이는 행정목적상 등록을 요구하는 것이지, 사법적 법률관계를 공시하기 위함은 아니다. 다만, 건설기계에 대한 담보권은 질권이 아닌 저당권을 설정하여야 하기 때문에 이 부분에 한하여 선박 등과 동일하게 취급되고 있다(자동차 등 특정동산 저당법 제3조 제1호).

이 논문에서는 선박에 대한 권리를 선박소유권, 선박담보물권 및 임차권으로 구분하여 상법을 비롯한 선박법, 어선법, 선박등기법, 자동차 등 특정동산저당법, 동산·채권 등의 담보에 관한 법률(이하 '동산담보법') 등 선박과 관련한 현행법의 내용을 분석하고, 그 문제점을 지적함과 더불어 이에 대한 개선방안을 제안하고자 한다.

II. 현행법상 선박물권변동

1. 선박에 대한 정의 및 유형

(1) 선박에 대한 법적 정의

현행법에서는 선박에 대한 정의를 동일하게 규정하고 있는 것이 아니라 선박법 및 상법 등에서 다르게 규정하고 있다. 물론 각 법에서 규정하고 있는 선박에 대한 정의가 상이하더라도 그 물권변동에 있어서 차이가 없다고 한다면 큰 문제는 없다고 할 수 있지만, 각 법마다 물권변동의 요건 등에 있어서 차이가 있기 때문에 이를 살펴볼 필요가 있다.

먼저, 광범위하게 선박을 정의하고 있는 법은 선박법이며, 동법상 선박은 수상 또는 수중에서 항행용으로 사용하거나 사용할 수 있는 배 종류를 말한다(선박법 제1조의2). 둘째, 선박안전법상 선박은 수상(水上) 또는 수중(水中)에서 항해용으로 사용하거나 사용될 수 있는 것(선외기를 장착한 것을 포함한다)과 이동식 시추선·수상호텔 등 해양수산부령이 정하는 부유식 해상구조물[3]을 말

3) 동법 시행규칙에서 정하고 있는 부유식 해상구조물로는 이동식 시추선[액체상태 또는 가스상태의 탄화수소, 유황이나 소금과 같은 해저 자원을 채취 또는 탐사하는 작업에 종사할 수 있는 해상구조물(항구적으로 해상에 고정된 것은 제외한다)], 수상호텔·수상식당 및 수상공연장 등으로서 소속 직원 외에 13명 이상을 수용할 수 있는 해상구조물(항구적으로 해상에 고정된 것은 제외한다), 「해양환경관리법」 제2조에 따른 기름·「폐기물관리법」 제2조에 따른 폐기물·「하수도법」 제2조에 따른 하수, 분뇨 및 하수도·공공하수도·하수처리구역의 유지·관리와 관련하여 발생되는 준설물질 및 오니류(오염 침전물류)·「물환경보전법」 제2조 제4호에 따른 폐수·「가축분뇨의 관리 및 이용에 관한 법률」 제2조에 따른 가축분뇨·선박 및 해양시설에서 사람의 일상적인 활동에 따라 발생하는 분뇨를 산적하여 저장하는 해상구조물, 선박안전법 제41조에 따른 위험물을 산적

한다(동법 제2조 제1호).[4] 셋째, 상법상 선박은 상행위나 그 밖의 영리를 목적으로 항해에 사용하는 선박을 말한다. 따라서 선박법상 선박이라고 하더라도 비영리 목적으로 사용되는 선박은 상법상 선박에 해당하지 않는다. 그러나 국유 또는 공유의 선박 중 군함·경찰용 선박·어업지도선·밀수감시선·그 밖에 영리행위에 사용되지 아니하는 선박으로서 비상용·인명구조용 선박 등 사실상 공용(公用)으로 사용되는 선박을 제외하고, 항해용 선박에 대하여는 비영리 목적으로 사용되더라도 상법의 적용을 받는다(동법 제740조, 제741조).

(2) 선박의 종류

선박법상 선박은 선박·소형선박 및 최소형선박 등으로 구분하고 된다. 첫째, 선박은 기선[5]·범선[6] 및 부선[7]으로 구분된다. 둘째, 소형선박은 총톤수 20톤 미만의 기선 및 범선과 총톤수 100톤 미만의 부선이다(동법 제1조의2). 셋째, 최소형 소형선박 등으로는 군함·경찰용 선박, 총톤수 5톤 미만인 범선 중 기관을 설치하지 아니한 범선, 총톤수 20톤 미만인 부선, 총톤수 20톤 이상인 부선 중 선박계류용·저장용 등으로 사용하기 위하여 수상에 고정하여 설치하는 부선(공유수면관리법 제5조에 따른 점용 또는 사용 허가나 하천법 제33조에 따른 점용허가를 받은 수상호텔, 수상식당 또는 수상공연장 등 부유식 수상구조물형 부선은 제외), 노와 상앗대만으로 운전하는 선박, 어선법 제2조 제1호 각 목의 어선,

하여 저장하는 해상구조물을 말한다(동 시행규칙 제3조).

4) 선박안전법에서는 수상호텔 등 부유식 해상구조물에 대하여 선박으로 인정하고 있으나, 수상가옥 또는 고정된 해상호텔 등과 같은 고정식 해상구조물에 대하여는 언급이 없다. 이러한 수상건축물은 토지위의 정착물이 아니기 때문에 민법상 부동산이 아니며, 상법 및 선박법상 선박에 해당하지 않는다. 따라서 민법상 동산에 불과하다. 따라서 그 공시방법은 점유이며, 소유권 또는 담보물권 역시 동산물권의 설정방식에 따라 이루어져야 한다. 그러나 이를 동산으로 파악하여 그 물권변동을 정하는 것이 과연 타당한 것인가에 대하여는 의문이 제기되지만, 현행법하에서는 이를 부동산에 유사하게 처리할 수 없기 때문에 입법적 조치가 필요하다.

5) 기선은 기관(機關)을 사용하여 추진하는 선박[선체 밖에 기관을 붙인 선박으로서 그 기관을 선체로부터 분리할 수 있는 선박 및 기관과 돛을 모두 사용하는 경우로서 주로 기관을 사용하는 선박을 포함한다]과 수면비행선박(표면효과 작용을 이용하여 수면에 근접하여 비행하는 선박을 말한다)을 말한다(선박법 제1조의2 제1호).

6) 범선은 돛을 사용하여 추진하는 선박(기관과 돛을 모두 사용하는 경우로서 주로 돛을 사용하는 것을 포함한다)을 말한다(선박법 제1조의2 제2호).

7) 부선은 자력항행능력(自力航行能力)이 없어 다른 선박에 의하여 끌리거나 밀려서 항행되는 선박을 말한다(선박법 제1조의2 제3호).

건설기계관리법 제3조에 따라 건설기계로 등록된 준설선(浚渫船), 수상레저안전법 제2조 제4호에 따른 동력수상레저기구 중 수상레저기구의 등록 및 검사에 관한 법률 제6조에 따라 수상레저기구로 등록된 수상오토바이·모터보트·고무보트 및 세일링요트가 있다(동법 제26조). 또한 동법상 선박은 선적에 따라 한국선박과 외국선박으로 구분할 수 있으며, 한국선박은 국유 또는 공유의 선박·대한민국 국민이 소유하는 선박·대한민국의 법률에 따라 설립된 상사법인(商事法人)이 소유하는 선박·대한민국에 주된 사무소를 둔 상기의 상사법인 외의 법인으로서 그 대표자(공동대표인 경우에는 그 전원)가 대한민국 국민인 경우에 그 법인이 소유하는 선박을 말한다(동법 제2조). 상법상 선박은 영리목적형 선박, 비영리 목적형 선박, 단정(短艇) 또는 주로 노 또는 상앗대로 운전하는 선박, 등기 및 등록할 수 있는 선박과 이에 해당하지 않은 선박 등으로 구분할 수 있다(동법 제740조, 제741조, 제743조, 제744조).

2. 선박소유권

(1) 상법상 선박소유권의 변동

상법상 선박에 대한 소유권변동은 부동산물권변동과 달리 대항요건주의를 취하고 있다. 따라서 선박에 대한 소유권변동은 당사자 사이의 합의만으로 그 효력이 생기지만, 제3자에게 대항하기 위해서는 소유권이전등기를 하고 선박국적증서에 기재하여야 한다(동법 제743조). 다만, 이러한 방식에 의하여 선박소유권이 변동되는 선박은 등기 및 등록할 수 있는 선박[8]에 국한된다. 또한 단정 또는 주로 노 또는 상앗대로 운전하는 선박에 대하여도 상법이 적용되지 않기 때문에 이러한 선박에 대한 소유권이전은 당사자간의 합의만이 아닌 소유권이전에 대한 합의와 점유의 이전(인도)에 의해서 이루어진다(동법 제741조 제2항).

8) 선박등기법상 등기할 수 있는 선박은 총톤수 20톤 이상의 기선(機船)과 범선(帆船) 및 총톤수 100톤 이상의 부선(艀船)에 국한되며, 총톤수 20톤 이상인 부선 중 선박계류용·저장용 등으로 사용하기 위하여 수상에 고정하여 설치하는 부선은 배제된다(동법 제2조).

(2) 선박법상 선박소유권의 변동

선박법에서 규정하고 있는 소유권이전방식은 소형선박에 국한하여 적용되며, 대항요건주의를 취하고 있는 상법과 달리 효력발생요건주의를 취하고 있다. 즉, 소형선박에 대한 소유권이전은 당사자간의 합의가 아닌 소유권이전등록을 하여야 만이 그 효력이 발생한다(동법 제8조의2). 다만, 군함·경찰용 선박, 총톤수 5톤 미만인 범선 중 기관을 설치하지 아니한 범선, 총톤수 20톤 미만인 부선, 총톤수 20톤 이상인 부선 중 선박계류용·저장용 등으로 사용하기 위하여 수상에 고정하여 설치하는 부선(「공유수면관리법」 제5조에 따른 점용 또는 사용 허가나 「하천법」 제33조에 따른 점용허가를 받은 수상호텔, 수상식당 또는 수상공연장 등 부유식 수상구조물형 부선은 제외), 노와 상앗대만으로 운전하는 선박, 「어선법」 제2조 제1호 각 목의 어선, 「건설기계관리법」 제3조에 따라 건설기계로 등록된 준설선(浚渫船), 「수상레저안전법」 제2조 제4호에 따른 동력수상레저기구 중 「수상레저기구의 등록 및 검사에 관한 법률」 제6조에 따라 수상레저기구로 등록된 수상오토바이·모터보트·고무보트 및 세일링요트에 대하여는 동법 제8조의2가 적용되지 않는다(동법 제26조). 그렇다면 이러한 선박에 대한 소유권이전은 어떠한 방식에 따라 이루어지는가? 물론 소형선박에 해당하지 않은 선박은 상법상 선박에 해당하기 때문에 당사자간의 합의에 따라 소유권이 이전된다고 할 수 있지만, 상법상 소유권이전규정이 적용되는 선박은 등기 및 등록할 수 있는 선박에 국한된다. 그러나 상기의 선박에 대하여는 선박의 등기 및 등록을 규정하고 있는 선박법 제8조가 적용되지 않기 때문에 상법 제743조가 적용되지 않는다. 따라서 상기의 선박은 준부동산에 해당하는 것이 아닌 민법상 동산에 해당하기 때문에 소유권이전에 대한 합의와 선박에 대한 점유의 이전에 따라 소유권이 변동한다.[9]

9) 어선법 제2조 제1호 각 목의 어선 중 소형어선과 수상레저기구의 등록 및 검사에 관한 법률 제6조에 따라 수상레저기구로 등록된 수상오토바이·모터보트·고무보트 및 세일링요트에 대해서는 후술하는 바와 같이 선박법과 수상레저기구의 등록 및 검사에 관한 법률에 따라 그 소유권변동은 등록하여야 하기 때문에 일반 동산에 관한 물권변동방식에 의해 소유권변동이 이루어지지 않는다.

(3) 어선법상 어선소유권의 변동

선박법 제26조[10]에서는 어선에 대하여 선박의 등기 및 등록을 규정하고 있는 선박법 제8조의 적용을 배제하고 있다(동법 제26조 제6호). 다만, 어선법 제13조에서는 어선에 대한 등기 및 등록에 대하여는 규정하고 있기 때문에 어선의 경우 선박법이 아닌 어선법에 따라 등기 및 등록을 하여야 한다. 그렇다면 어선에 대한 소유권변동은 어떠한 방식으로 이루어지는가? 어선법에서는 20톤 미만의 소형어선에 대한 소유권 변동에 대하여 선박법과 같이 등록을 효력발생요건으로 규정하고 있다(동법 제13조의2). 그러나 총톤수 20톤 이상의 기선과 범선을 비롯하여 총톤수 100톤 이상의 부선에 해당하는 어선에 대하여는 어선법에서 규정하고 있지 않기 때문에 상법에 따라 당사자간의 합의만으로 소유권변동의 효력이 발생한다(동법 제743조).

3. 선박에 대한 담보물권

(1) 상법상 선박의 담보물권

선박은 원칙적으로 민법상 부동산이 아닌 동산에 해당한다. 따라서 선박에 대한 담보물권 역시 저당권이 아닌 질권이 설정되어야 한다. 그러나 질권의 경우 질권설정자의 대리점유가 금지되어 있기 때문에 선박을 사용하면서 이를 담보로 제공하고자 하는 선박소유자는 사실상 질권을 설정할 수 없다(민법 제332조). 이러한 점을 감안하여 상법에서는 선박에 대한 담보물권의 설정에 있어서 질권설정을 금지하고, 저당권에 의한 담보물권설정을 규정하고 있다(동법 제787조 제1항, 제789조).[11] 다만, 상법이 적용되는 모든 선박에 대하여 질권설정이 금지되는 것이 아닌 등기된 선박으로 제한된다. 그렇다면 등기하여

10) 어선법상 어선은 어업, 어획물운반업 또는 수산물가공업에 종사하는 선박, 수산업에 관한 시험·조사·지도·단속 또는 교습에 종사하는 선박, 동법에 따른 건조허가를 받아 건조 중이거나 건조한 선박, 동법에 따라 어선의 등록을 한 선박을 말한다(동법 제2조 제1호).

11) 등기선박에 대하여 질권이 아닌 저당권을 설정하는 이유로 그 특정성 및 동일성의 인식이 용이하고, 등기라고 하는 공시방법을 갖추고 있으므로 동산이지만, 저당권의 목적이 된다고 하더라도 거래의 안전을 해하지 않는다는 점을 제시하고 있다(김인유, "선박저당권에 관한 법적 연구", 「해사법연구」, 제17권 제1호(2005·3), 5면).

야 하지만, 아직 등기하지 않은 선박에 대하여 저당권이 아닌 질권을 설정하여야 하는가의 문제가 제기된다. 일반적으로 선박은 등록하여야 하며, 등록하기 위하여는 먼저 등기가 이루어져야 한다(선박법 제8조). 그러나 이는 공법상 의무이기 때문에 미등기 선박이 존재할 수 있다. 일반적으로 미등기 선박에 대한 담보물권을 설정하고자 하는 자는 선박소유자에게 등기할 것을 요구하고, 등기한 후 저당권을 설정한다. 그러나 미등기 선박의 소유자에 대한 채권자가 우선변제적 효력을 갖기 위하여 선박에 담보물권을 설정하고자 하는 경우도 존재할 수 있다. 이러한 경우 채권자는 선박에 저당권을 설정할 수 없으므로 질권만을 설정하여야 한다. 물론 상법에서는 선박에 질권설정을 금지하고 있지만, 이는 등기된 선박에 국한되는 것이기 때문에 미등기 선박에 대하여는 적용되지 않는다. 따라서 상법상 선박에 대한 담보물권은 등기 여부에 따라 저당권 또는 질권이 존재하게 된다. 그러나 건조중인 선박의 경우 상법에서는 특칙을 규정하고 있다. 즉, 건조중인 선박의 경우 선박의 요건을 갖추지 않고 있기 때문에 상법상 선박에 해당하지 않는다. 그럼에도 불구하고 상법에서는 건조중인 선박에 대한 담보물권의 설정에 있어서 질권설정을 금지하고 저당권설정만을 인정하고 있다(상법 제790조). 물론 건조중인 선박이기 때문에 소유권보존등기가 존재하지 않지만, 저당권설정등기를 먼저 행한 다음 건조가 완료된 후 소유권보존등기를 하게 된다(선박등기규칙 제23조, 제24조).

(2) 소형선박에 대한 담보물권

소형선박에 대한 담보물권의 설정에 대하여는 상법이 아닌 특정동산저당법이 적용된다. 따라서 채권자는 소형선박에 대한 담보물권으로 질권을 설정할 수 없으며, 저당권만을 설정하여야 한다(동법 제3조 제2호, 제9조). 그러나 다른 법에서 규정하고 있는 경우를 제외하고, 선박법 제26조 각 호에서 규정하고 있는 선박에 대하여는 저당권을 설정할 수 없다(동법 제3조 제2호 가목). 따라서 이에 해당하는 선박에 대하여는 민법상 질권, 동산담보법상 동산담보권 또는 양도담보를 설정하여야 한다. 또한 저당권의 대상인 선박에 대한 저당권의 득실변경은 선박원부, 어선원부 또는 수상레저기구 등록원부에 등록하여야 그 효력이 생긴다(동법 제5조 제1항).

(3) 동산담보법상 동산담보권

상법 및 특정동산저당법이 적용되지 않는 선박에 대하여 소유자는 저당권이 아닌 질권을 설정하여야 한다. 그러나 질권의 경우 점유개정의 방식으로 설정할 수 없기 때문에 질물을 계속 사용수익하고자 하는 채무자(또는 물상보증인)는 이를 통하여 담보권을 설정할 수 없다. 물론 후술하는 양도담보의 방식으로 설정할 수 있지만, 질권설정자가 질물을 제3자에게 처분하였을 경우 질권자는 우선변제적 효력을 상실하게 된다. 따라서 동산의 경우 채무자가 계속하여 사용수익하면서 이를 담보로 제공할 수 있는 방안에 대한 모색이 요구되었으며, 이에 따라 제정된 법이 동산담보법이다. 동법은 질권설정의 대상이 되는 동산에 대하여도 점유이전의 방식이 아닌 등기방식으로 담보권을 설정할 수 있도록 민법에 대한 특례를 정하고 있다. 따라서 동법에 따라 담보등기를 할 수 있는 선박은 저당권의 대상인 선박등기법상 등기된 선박이 아닌 미등기 선박, 선박법 제26조 각 호에서 규정하고 있는 선박이다. 그렇다면 이러한 선박은 반드시 동법에 따른 동산담보권만을 설정하여야 하는가? 그러나 동법상 동산담보권은 설정자 및 동산담보권자의 편의를 위하여 동산임에도 불구하고 부동산과 같이 등기를 통한 동산담보권의 설정을 인정하는 것이며, 민법상 질권설정 등을 금지하는 것은 아니다. 따라서 이에 해당하는 선박소유자가 동법에 따른 동산담보권의 설정 또는 민법상 질권의 설정 중 어느 하나를 채권자와의 협의를 통하여 결정할 수 있다. 또한 양자 중 어느 하나의 담보물권을 설정하였다고 하여 후순위 담보물권을 설정함에 있어서 반드시 기존의 담보물권과 동일한 담보물권을 설정하여야 하는 것은 아니다. 따라서 질권이 설정된 선박에 대하여 후순위 담보권으로 동법상 동산담보권을 설정할 수 있으며, 그 반대의 방식도 가능하다.

(4) 선박에 대한 양도담보

민법상 약정담보물권은 저당권과 질권이다. 그 객체는 저당권의 경우 부동산 또는 부동산을 사용수익하는 것을 내용으로 하는 권리이며, 질권은 동산과 저당권의 적용을 받지 않는 권리이다. 이러한 담보물권은 소유권의 권능 중

처분권능을 지배한다. 물론 질권의 경우 질권설정자의 대리점유가 금지되어 있기 때문에 질권설정자는 질물을 사용수익할 수 없다는 단점이 존재한다. 그 결과 담보권설정자가 담보물에 대하여 계속 사용수익하면서 담보로 제공할 수 있는 방안이 필요하게 되었으며, 이에 따라 등장한 제도가 양도담보이다. 즉, 목적물에 대하여 소유권이전의 형식을 취하지만, 그 실질은 채권담보를 목적으로 한다. 부동산에 대한 양도담보는 가등기 담보 등에 관한 법률의 적용을 받으며, 동법에서는 부동산양도담보권에 대하여 담보권으로 명시하고 있다(동법 제2조 제1호). 또한 동법은 부동산에 대하여만 적용되는 것이 아닌 등기 또는 등록에 의하여 그 권리관계가 공시되는 다른 동산 등에 대하여도 적용되기 때문에 등기 또는 등록할 수 있는 선박에 대한 양도담보 등도 동법의 적용을 받는다(동법 제18조). 그러나 5톤 미만의 최소형 선박은 동법의 적용대상이 되지 않기 때문에 동산양도담보를 통하여 담보권을 설정할 수 있다.[12] 동산양도담보의 법적 성질에 대하여는 신탁적 양도설[13]과 담보물권설[14]로 대립하고 있다. 신탁적 양도설에 따르면 양도담보물에 대한 소유권은 대내관계에서 채무자가 보유하지만, 대외관계에서는 채권자이다.[15] 담보물권설에 따르면 대내·외관계를 구분하지 않고 소유자는 채무자이며, 채권자는 담보권자에

12) 김인유, “선박담보물권에 관한 연구”, 「해사법연구」, 제12권 제1호(2000·6), 395면.

13) 제철웅, 담보법, 율곡출판사, 2009, 431면; 김준호, 물권법, 법문사, 2011, 490면; 이영준, 물권법, 박영사, 2009, 1010면; 김인유, 특수한 양도담보 효성출판사, 2000, 29면; 양창수, “내용이 변동하는 집합적 동산의 양도담보와 그 산출물에 대한 효력”, 「저스티스」, 제43호(1997·3), 110면; 명순구, “점유개정에 의한 동산의 이중양도담보－대법원 2000.6.23. 99다65066 판결에 대한 비판적 평가－”, 「민사법학」, 제23호(2003·3), 546면; 김형석, “강제집행·파산절차에서 양도담보권자의 지위”, 「저스티스」, 제111호(2009·6), 81면; 박운길, “양도담보의 법리 재구성”, 「기업법연구」, 제15집(2003·12), 498－499면; 박영우, “양도담보 법리구성에 관한 연구”, 「법학연구」, 제9권 제1호(1998·10), 22면 등.

14) 곽윤직, 앞의 책, 409면; 이은영, 물권법, 박영사, 2006, 737면; 소성규, 물권법, 동방문화사, 2009, 575면; 신봉근, “동산양도담보의 법적 이론”, 「법학연구」, 제20집(2005·11), 284면; 이명환, “양도담보의 법리적 고찰”, 「법학연구」, 제26권 제2호(1983·12), 346면.

15) 판례는 신탁적 양도설에 따라 동산양도담보의 법률관계를 구성하고 있다. 즉, 금전채무를 담보하기 위하여 채무자가 그 소유의 동산을 채권자에게 양도하되 점유개정에 의하여 채무자가 이를 계속 점유하기로 한 경우, 특별한 사정이 없는 한 동산의 소유권은 신탁적으로 이전되고, 채권자와 채무자 사이의 대내적 관계에서 채무자는 의연히 소유권을 보유하나 대외적인 관계에 있어서 채무자는 동산의 소유권을 이미 채권자에게 양도한 무권리자가 된다. 따라서 동산에 관하여 양도담보계약이 이루어지고 채권자가 점유개정의 방법으로 인도를 받았다면, 그 정산절차를 마치기 전이라도 양도담보권자인 채권자는 제3자에 대한 관계에 있어서는 담보목적물의 소유자로서 그 권리를 행사할 수 있다(대판 2008.11.27, 2006도4263).

불과하다. 그러나 이는 동산담보법이 제정되기 이전의 학설의 대립이다. 즉, 동법에서는 담보약정에 대하여 양도담보 등 명목을 묻지 아니하고 이 법에 따라 동산·채권·지식재산권을 담보로 제공하기로 하는 약정으로 정의하고 있으며(동법 제2조 제1호), 동법상 동산담보권과 다른 담보물권과의 관계(우선순위)에 대하여 동일한 동산에 관하여 담보등기부의 등기와 인도(민법에 규정된 간이인도, 점유개정, 목적물반환청구권의 양도를 포함한다)가 행하여진 경우에 그에 따른 권리 사이의 순위는 법률에 다른 규정이 없으면 그 선후(先後)에 따른다고 규정하고 있다(동법 제7조 제3항).[16] 이러한 동법의 내용은 신탁적 양도설에 따라 해결할 수 없다. 즉, 신탁적 양도설에 따르면 제3자와의 관계에서 목적물에 대한 소유자는 채권자이기 때문에 무권리자인 채무자로부터 담보권을 설정할 수 없다. 물론 이 경우 제3자는 민법 제249조에 따라 선의취득을 할 수 있다. 그러나 이 경우에 양도담보권자는 소유자이며, 선의취득에 따라 동산담보권을 취득한 자는 제한물권자이기 때문에 양자간 우선순위의 문제가 발생하지 않고 항상 담보권자가 우선한다. 그럼에도 불구하고 동법상 동산담보권자와 양도담보권자간의 우선순위문제를 규정하고 있는 동법 제7조 제3항은 동산양도담보를 신탁적 소유권이전설로 파악할 수 없게 된다.[17] 물론 담보물권설에 따르면 동 규정은 당연한 결과를 입법한 것이며, 이는 주의적 규정에 불과하다. 그렇다면 저당권의 대상이 되지 않은 선박에 대하여 양도담보를 설정할 수 있는가? 이 문제는 동산양도담보의 법적 성질을 담보물권으로 보는 이상 질물에 대한 대리점유를 금지하고 있는 민법 제332조와의 관계가 규명되어야 한다. 즉, 담보물권설에 따르면 동산양도담보는 약정담보물권이기 때문에 실질적으로 질권에 해당한다고 보아야 한다. 물론 당사자가 소유권이전의 형식의 합의를 하였더라도 동 학설에서는 이를 소유권이전에 대한 합의가 아닌 담보권설정의 합의로 인정하기 때문에 질권이 아닌 다른 동산담보물권으

16) 동산담보법은 기존 동산담보제도와 다른 별도의 동산담보권이기 때문에 민법상 질권 및 동산양도담보에 대하여 영향을 미치지 않는다고 한다(김재형, "동산·채권 등의 담보에 관한 법률 제정안의 구성과 내용", 「법조」, 제638호(2009·11), 13-14면; 안형준, 동산·채권 등의 담보에 관한 법률, 법무부, 2010, 25면).

17) 고형석, "동산 및 채권 등의 담보에 관한 법률상 동산담보제도에 관한 연구", 「외법논집」, 제35권 제3호(2011·8), 114-115면.

로 파악하기 곤란하다. 따라서 동산양도담보는 민법 제332조에 반하기 때문에 그 효력이 인정되지 않는다. 그러나 동산담보법에서 정하고 있는 양도담보 및 점유개정의 내용을 감안하여야 한다. 즉, 동법에서는 담보약정에 대하여 양도담보를 포함하고 있으며, 동법상 동산담보권과 점유이전방식에 의한 동산담보권간의 우선순위에서 점유개정을 포함하고 있다(동법 제2조 제1호, 제7조 제3항). 그 결과, 동산양도담보는 약정담보물권이기 때문에 민법 제332조에 위반하지만, 민법에 대한 특별법인 동산담보법에서 양도담보 또는 점유개정에 의한 동산담보권설정을 인정하고 있기 때문에 그 효력이 인정된다고 할 것이다. 따라서 저당권의 대상이 되지 않은 선박에 대하여는 동산담보법에 따른 동산담보권을 설정할 수 있음과 더불어 양도담보의 방식에 따라 담보권을 설정할 수 있다.

4. 선박에 대한 임차권

(1) 용선계약의 법적 성질

선박의 소유자가 아니면서 선박을 사용수익하고자 하는 자는 선박에 대한 사용수익에 관한 권리를 취득하기 위한 계약을 체결하여야 한다. 다만, 선박에 대한 사용수익은 용익물권계약이 아닌 채권계약으로 이루어져야 한다. 즉, 민법상 용익물권은 부동산에 한정되며, 준부동산인 선박은 그 대상이 아니기 때문이다. 상법에서는 선박에 대한 사용수익적 채권관계를 용선으로 규정하고 있으며, 이는 항해용선·정기용선 및 선체용선으로 구분된다. 그렇다면 이러한 용선계약들은 선박임대차계약에 해당하는가? 상법에서는 선체용선계약에 대하여만 그 성질에 반하지 아니하는 한 민법상 임대차에 관한 규정을 준용한다고 규정하고 있다. 따라서 선체용선계약의 경우 선박임대차에 해당하지만, 정기용선계약에 대하여는 운송계약에 해당한다는 견해[18], 선박임대차와 노무공

18) 이균성, 해상법 대계, 한국해양수산개발원, 2010, 216－217면; 채이식, 상법강의(하), 박영사, 2003, 643면; 강남호, 해상법의 법률지식, 청림출판, 1997, 165면; 이기수·최병규·김인현, 보험·해상법, 박영사, 2008, 417면; 최준선, 보험법·해상법·항공운송법, 삼영사, 2012, 499면. 정기용선계약이 운송계약이지만, 선박임대차계약의 성질도 일부 있음을 부인할 수 없다는 견해도 있다(정찬

급계약과의 혼합계약에 해당한다는 견해[19] 및 선박임대차에 해당한다는 견해[20]로 대립하고 있다. 이를 구체적으로 살펴보면 다음과 같다.

먼저, 항해용선계약은 특정한 항해를 할 목적으로 선박소유자가 용선자에게 선원이 승무하고 항해장비를 갖춘 선박의 전부 또는 일부를 물건의 운송에 제공하기로 약정하고 용선자가 이에 대하여 운임을 지급하기로 약정함으로써 그 효력이 생긴다(상법 제827조 제1항). 이와 같이 항해용선계약 역시 선박소유자가 용선자에게 선박을 이용할 수 있도록 하는 것으로 정의하고 있지만, 용선자에게 선박을 제공하는 것이 아닌 선박소유자의 선박으로 용선자의 물건을 운송하는 것을 주된 내용으로 한다. 이러한 점은 용선자가 부담하는 반대급부의 내용이 용선료가 아닌 운임지급이라는 점을 통하여도 알 수 있다. 따라서 항해용선계약은 선박임대차가 아닌 포괄적 물건운송계약이라고 할 것이다. 둘째, 정기용선계약은 선박소유자가 용선자에게 선원이 승무하고 항해장비를 갖춘 선박을 일정한 기간동안 항해에 사용하게 할 것을 약정하고 용선자가 이에 대하여 기간으로 정한 용선료를 지급하기로 약정함으로써 그 효력이 생기는 계약이다(상법 제842조). 판례는 정기용선계약을 용선자가 선주에 의해 선임된 선장 및 선원의 행위를 통하여 선주가 제공하는 서비스를 받는 것을 요소로 하는바, 선박의 점유, 선장 및 선원에 대한 임면권, 그리고 선박에 대한 전반적인 지배관리권이 모두 선주에게 있는 점에서, 선박 자체의 이용이 계약이 목적이 되어 선주로부터 인노받은 선박에 통상 자기의 선장 및 선원을 탑승시켜 마치 그 선박을 자기 소유의 선박과 마찬가지로 이용할 수 있는 지배관리권을 가진 채 운항하는 선박임대차(선체용선)계약과는 본질적으로 차이가 있다고 판시하고 있다.[21] 따라서 판례의 입장에서 본다면 정기용선계약은 선주의 서비스를 이용하는 계약에 해당하는 것이며, 선박 그 자체에 대한 이용을 주된 내용으로 하는 계약이 아니다. 그러나 정기용선계약은 항해용선계약과 달리 물건의 운송을 내용으로 하지 않으며, 그 주된 내용은 선원이 승무하고 항해장비를 갖춘 선박을 용선자가 일정한 기간동안 항해에 사용할 수 있

형, 상법강의(하), 박영사, 2007, 781면).

19) 송상현·김현, 해상법원론, 박영사, 2005, 365면; 정동윤, 상법(하), 법문사, 2003, 735면

20) 김인현, 해상법, 법문사, 2007, 129-130면.

21) 대판 2010.4.29, 2009다99754.

도록 제공하는 것이다. 즉, 선주는 항해서비스를 제공하는 것이 아닌 선원이 승무하고, 항해능력을 갖춘 선박을 용선자에게 제공하는 것이다. 또한 판례는 선장 및 선원에 대한 임면권과 선박에 대한 전반적인 지배관리권이 선장에 있다는 점을 근거로 용선자가 이러한 권리를 보유하는 선박임대차와 다르다고 한다. 그러나 정기용선자는 약정한 범위 내에서 선박의 사용을 위하여 선장을 지휘할 권리가 있으며, 선장·해원, 그 밖의 선박사용인이 정기용선자의 정당한 지시를 위반하여 정기용선자에게 손해가 발생한 경우에는 선박소유자가 이를 배상할 책임이 있다(상법 제843조). 따라서 정기용선자도 선주와 별도로 선박사용권을 가지며, 선장 등을 지휘 또는 지시할 권리를 가지고 있다. 그 결과, 정기용선계약은 선주의 항해서비스를 주된 목적으로 하는 것이 아닌 선박에 대한 이용을 주된 내용으로 하기 때문에 선박임대차의 일종이라고 할 수 있다.

(2) 선박임차권의 대항요건

선박임차권은 채권이기 때문에 임차인은 임대인인 선박소유자 외 제3자에게 임차권을 주장할 수 없다. 따라서 선박소유자가 임차선박을 제3자에게 양도하였지만, 임대인의 지위를 양도하지 않은 경우에 선박임차인은 양수인의 인도청구에 거절할 수 없다. 이러한 문제점을 해결하기 위하여 상법에서는 선체용선의 경우에 등기할 수 있도록 규정하였으며, 등기한 경우에 제3자에게 그 임차권을 주장할 수 있도록 규정하고 있다(상법 제849조). 그러나 정기용선계약에 대하여는 등기에 관한 규정이 존재하지 않는다. 물론 판례의 입장에 따르면 정기용선계약은 선박임대차에 해당하지 않기 때문에 당연히 선박임차권등기의 문제는 발생하지 않는다. 그러나 앞에서 살펴본 바와 같이 정기용선계약도 선박임대차의 특수한 형태이다. 그렇다면 선체용선에 있어서 등기규정을 정기용선에도 유추적용할 수 있는가? 물권과 달리 채권은 채무자에게만 효력이 있지만, 예외적으로 채권자를 보호하기 위하여 대항요건으로 등기를 규정하고 있다. 이는 예외적인 규정이기 때문에 이를 확대적용하는 것은 곤란하다. 또한 선박임차권등기는 단지 임대인과 임차인사이의 문제뿐만 아니라 국가와의 문제이다. 즉, 단지 사법적인 문제뿐만 아니라 공법적인 문제도 결부

되어 있다. 따라서 선체용선에 대한 등기에 관한 규정을 정기용선에 유추적용할 수 없다고 할 것이다. 물론 정기용선에 있어서 선박소유자가 해당 선박을 제3자에게 양도한 경우 양수인이 임대인의 지위를 승계하지 않은 경우 정기용선자는 양수인의 인도청구에 거절할 수 없다는 문제점이 제기된다. 그러나 이는 입법론적으로 해결할 문제이며, 유추해석을 통하여 해결할 문제는 아니다.

III. 선박물권변동 등에 대한 법제 개선방안

1. 선박소유권변동에 있어 개선방안

(1) 등기 또는 등록의 이원주의에서 등록 일원주의로의 전환

선박소유권의 변동은 부동산 또는 다른 특정동산과 달리 등기 또는 등록을 통하여 이루어지는 것이 아닌 선박의 종류에 따라 그 요건이 상이하다. 즉, 선박의 경우 선적항을 관할하는 지방해양항만청장에게 등록을 하여야 하지만, 이를 위해서는 먼저 해당 선박에 대하여 등기하여야 한다. 그러나 선박소유권변동에 있어서 등기는 효력발생요건이 아닌 대항요건 중 하나이다. 소형선박의 경우 선박과 달리 소유권변동에 있어서 등록은 대항요건이 아닌 효력발생요건이기 때문에 변경등록을 완료하여야 만이 소형선박에 대한 소유권이 이전된다. 마지막으로 소형선박 중 최소형 선박의 경우 준부동산으로 인정되지 않고 단순히 동산으로 인정되기 때문에 동산물권변동의 원칙에 따라 소유권이전의 합의와 인도에 의하여 소유권이 이전된다.

이 중에서 논란이 되는 것은 선박이며, 선박의 경우 등기 및 등록을 요구하고 있기 때문에 학계에서는 이를 하나로 통일하자는 주장이 지속적으로 제기되고 있다. 물론 선박에 있어서 공시방법은 등기이지만, 반드시 등록을 하여야 한다. 이를 학계에서는 선박공시방법에 있어서 이원주의라고 하고 있다.[22)]

---

22) 이규호 · 한정희 · 송호영 · 정소민, 국가경쟁력 제고를 위한 등기 · 등록 일원화 방안 연구, 법무부, 2009, 227면; 이윤철 · 김인유, "소형선박 공시제도에 관한 연구", 「해사법연구」, 제17권 제2호(2005 · 9), 141면 등.

그러나 선박에 대하여 등기 및 등록을 요구하고 있다고 하여 선박공시방법의 이원주의라고 칭하는 것은 타당하지 않다. 즉, 공시제도는 해당 목적물에 대한 물권관계를 외부에 알리는 것을 말한다. 이러한 공시방법이 물권변동에 있어서 어떠한 역할을 하는가에 대하여는 효력발생요건주의와 대항요건주의로 구분된다. 우리의 경우 부동산을 비롯하여 부동산으로 취급되는 특정동산의 공시방법(등기 또는 등록)에 대하여 효력발생요건주의를 취하고 있지만, 선박의 등기에 대하여는 대항요건주의를 취하고 있다. 그렇다면 선박등록제도가 선박소유권변동에 있어서 어떠한 역할을 하는가? 그러나 선박소유권변동에 관하여 규정하고 있는 상법에서는 대항요건으로 등기와 선박국적증서에의 기재만을 요구하고 있을 뿐 등록을 요구하고 있지 않다. 물론 선박에 대한 등록사항에는 소유자의 성명, 주민등록번호 등을 기재하도록 규정하고 있으며(선박법 시행규칙 제11조 제1항 제20호), 그 사항이 변경된 경우 소유자는 그 사실을 안 날로부터 30일 이내에 변경등록을 신청하여야 한다(동법 제18조). 그러나 이는 행정규제적 목적에서 등록의무를 규정한 것이며, 그 사항이 변경된 경우 변경등록을 하도록 한 것이다.[23] 따라서 선박등록은 물권변동에 있어서 아무런 역할을 담당하지 않는다. 그 결과, 선박에 대한 공시방법은 등기밖에 없기 때문에 등기 및 등록이라는 이원주의를 취하고 있다는 주장은 타당하지 않다.[24]

그러나 필자가 여기에서 말하는 이원주의는 선박과 소형선박에 대한 공시방법이 동일하지 않고 선박의 경우 등기, 소형선박의 경우 등록을 취하고 있기 때문에 이를 이원주의라고 칭한다. 그렇다면 선박의 크기에 따라 그 공시방법을 상이하게 정하는 것이 과연 타당한 것인가? 그러나 소형선박을 비롯하여 항공기 등의 특정동산의 경우 그 공시방법을 등록만으로 정하고 있음에도 불구하고 선박의 경우 이와 달리 등기를 공시방법으로 정하는 이유가 불명하

23) 선박의 공시제도에 있어서 이원주의를 주장하는 견해도 이와 동일하게 등기는 사법적 목적이지만, 등록은 공법적 목적이라고 하고 있다(이윤철·김인유, 위의 글, 141면). 이러한 견해와 같이 행정목적의 등록을 공시라고 한다면 공법적 목적하에 이루어지는 신고 등에 의한 공부상의 기재 역시 공시라고 하여야 한다. 그러나 이를 공시방법이라고 하지 않기 때문에 선박에 대한 등록 역시 단지 행정상 의무일 뿐 공시는 아니다.

24) 부동산(건축물)에 대하여도 건축법상 건축물대장에 등록하여야 하며, 그 등록사항이 변경된 경우 변경등록을 하여야 한다. 그러나 이를 공시방법이라고 하지 않으며, 공시방법은 등기만을 의미한다.

지 않다. 물론 압류 등의 절차가 법원에 의하여 이루어지기 때문에 법원이 관장하는 등기를 공시방법으로 정하였다고 할 수 있다. 그러나 항공기 등에 대한 압류도 이루어지고 있지만, 그 공시방법은 등록만이다. 따라서 이러한 근거는 타당하지 않다. 물론 등기를 선박의 공시방법으로 할 수 있다. 그러나 선박의 안전성 확보를 위하여 행정청의 감독 및 규제는 반드시 필요하며, 이를 위해서는 행정청에의 등록은 필수적이다. 그렇다고 한다면 선박에 대한 공시방법을 등록으로 전환하는 것은 선박소유자에게 이중의 의무를 단일화하는 것이며, 선박을 거래하는 자도 등록부만으로 양도인의 소유권 유무를 확인할 수 있다는 점에서 선박거래의 편의성을 제공할 수 있다. 또한 선박거래의 당사자에게 단일의 절차만을 요구하게 됨으로 인하여 선박소유권 이전에 소요되는 시간과 비용을 절감할 수 있는 장점도 있다. 따라서 소형선박 및 항공기 등의 특정동산과 동일하게 선박에 대한 공시방법도 등록으로 전환하고, 선박등기제도는 폐지하는 것이 바람직할 것이다.[25]

(2) 대항요건주의에서 효력요건주의로의 전환(일원화)

선박 소유권의 변동요건으로 선박의 크기에 따라 대항요건주의를 취하는 경우와 성립요건을 취하는 경우로 구분된다. 물론 소형선박이 아닌 선박의 경우 영업상의 이유에 의하거나 전쟁위험에 처하여 항해 중에 있거나 외국에 있는 선박을 응급처분하기 위하여 선박소유권의 변동에 있어서 대항요건주의를 취하고 있다고 한다.[26] 그러나 이러한 선박소유권변동에 있어서 우리의 법체계와 다른 대항요건주의를 유지하는 것이 과연 타당한 것인가에 대하여는 재고가 필요하다. 그 이유로는 다음과 같이 네 가지를 제시할 수 있다. 첫째, 대항요건주의를 취하여야만이 항해중인 선박에 대하여 용이하게 처분할 수 있는가이다. 물론 선박은 민법상 부동산이 아닌 동산이기 때문에 인도에 의하여 소유권이 이전되어야 한다. 따라서 항해중인 선박에 대하여는 이 방식으로 처

25) 현행 선박에 대하여 등기 및 등록을 요구하는 것에 대한 비판으로 다른 특정동산과 동일하게 등기제도를 폐지하고 등록제도만을 유지하자는 주장이 계속적으로 제기되고 있다(정소민, "등기·등록 일원화에 관한 연구", 「한양법학」, 제22권 제1집(2011 · 2), 628면; 박영도 · 강현철 · 이세정 · 윤석진 · 김승렬, 수상레저관광 활성화관련 법제개선 연구, 한국법제연구원, 2012, 324면 등).

26) 손주찬, "선박과 그 권리의 이전", 「법정」, 제17권 제9호(1962), 33면.

분할 수 없다. 그러나 선박에 대하여는 부동산에 준한 물건으로 취급하며, 그 공시방법에 있어서 점유가 아닌 등기를 취하고 있다. 따라서 선박에 대한 소유권변동은 점유의 이전에 의하여 이루어지는 것이 아니다. 또한 선박의 경우 대항요건주의를 취하여야만이 간이하게 소유권이 이전되는 것은 아니다. 즉, 등기를 효력발생요건으로 규정하더라도 점유의 이전이 요구되지 않기 때문에 간이하게 선박소유권이 이전될 수 있다. 물론 등기를 하여야 하기 때문에 대항요건주의보다는 절차가 복잡하다고 할 수 있지만, 대항요건주의를 취한 이유가 항해중인 선박에 대한 소유권을 이전하기 위함이라고 한다면 공시방법의 효력을 효력발생요건으로 전환하더라도 항해중인 선박에 대한 인도가 불필요하기 때문에 이러한 선박에 대하여도 간편하게 소유권을 이전할 수 있다. 둘째, 선박소유권에 대한 공시방법의 효력의 상이성이다. 선박에 따라 그 공시방법도 다르지만, 그 효력도 다르다. 즉, 선박의 경우 등기는 대항요건이지만, 소형선박의 경우 등록이 효력발생요건이다. 만일, 선박의 특수성을 감안하여 그 공시방법의 효력을 대항요건으로 정하였다고 한다면 소형선박도 대항요건으로 규정하는 것이 통일적 규율임에도 불구하고 양자의 공시방법의 효력을 달리 정하고 있음은 문제점으로 지적된다. 셋째, 선박의 물권별 공시방법의 효력에 있어서 상이성이다. 즉, 선박에 대하여 소유권의 경우 등기는 대항요건임에도 불구하고, 저당권은 효력발생요건이다.[27] 동일한 객체에 대하여는 그 공시방법의 효력을 통일하는 것이 일반인의 법 감정에도 맞을 뿐만 아니라 법 체계성 등의 면에서도 타당하다. 그럼에도 불구하고 선박의 경우 소유권에 대한 등기에는 대항요건으로 정하고, 저당권에 대하여는 효력발생요건으로 규정함은 선박이라는 특수성을 감안하더라도 이해하기 어려운 점이다.[28] 마지막으로 다른 특정동산의 공시방법과의 관계이다. 동산임에도 불구하고 부동산처럼 취급되는 동산은 단지 선박만이 존재하는 것이 아닌 자동차 및 항공

27) 제정 상법에서는 선박에 관한 권리의 이전이라는 표제하에 "선박에 관한 권리의 이전은 당사자간의 합의만으로써 효력이 생긴다. 그러나 이를 등기하고 선박국적증서에 기재하지 아니하면 제삼자에게 대항하지 못한다"고 규정하였다(제정 상법 제743조). 따라서 제정 상법상 대항요건주의는 선박소유권변동에 국한하는 것이 아닌 선박에 관한 모든 권리변동이 그 대상이었다.

28) 일본의 경우 선박 및 소형선박의 소유권변동에 대하여는 모두 대항요건주의를 취하고 있다(商法 제687조, 小型船舶の登録等に関する法律 제4조).

기도 있다. 그러나 이러한 특정동산의 공시방법에는 등록만이 존재하며, 그 효력도 효력발생요건만으로 규정하고 있다. 물론 선박의 경우 항해라는 요소가 있기 때문에 이러한 특정동산과 동일하게 취급하는 것이 타당하지 않다고 할 수 있다. 그러나 항공기의 경우 선박과 동일하게 외국에 소재하고 있는 경우가 다반사임에도 불구하고 대항요건주의가 아닌 효력요건주의를 취하고 있다는 점은 항해중인 선박에 대하여 간이하게 소유권을 이전하기 위하여 대항요건주의를 취하여야 한다는 주장에 대한 타당성을 의심하게 한다. 이상에서 살펴본 바와 같이 선박의 소유권변동에 있어서 그 공시방법의 효력을 대항요건으로 유지하는 것에 대한 타당성은 충분하지 않다. 따라서 선박에 대하여 부동산과 같이 취급하고자 한다면 그 공시방법의 효력 역시 대항요건이 아닌 효력발생요건으로 전환하는 것이 타당할 것이다.[29)]

(3) 등기(등록)에 대한 공신력의 부여

동산의 점유에 대하여는 공신력이 인정되지만, 부동산의 등기에 대하여는 공신력이 인정되지 않는다.[30)] 따라서 선박의 등기 또는 소형선박의 등록도 공신력은 인정되지 않는다. 그 결과 선박의 등기 또는 소형선박의 등록을 신뢰

29) 선박의 공시방법의 효력에 대하여 효력발생요건주의로 일원화하자는 필자의 견해와 달리 상법에서 대항요건주의를 취하고 있기 때문에 소형선박도 대항요건주의를 취하여 일원화하자는 주장도 있다(이윤철·김인유, 앞의 논문, 159면). 그러나 선박에 대하여 다른 특정동산과 동일하게 부동산에 준하여 취급하고 있으며, 부동산 및 다른 특정동산에 대하여 등기 또는 등록이 물권변동에 있어서 효력발생요건이라는 점을 감안한다면 효력발생요건주의로 일원화하는 것이 더 타당할 것이다.

30) 부동산 실권리자명의 등기에 관한 법률(이하 '부동산실명법'이라 한다) 제4조 제3항에서 "제3자"라고 함은 명의신탁 약정의 당사자 및 포괄승계인 이외의 자로서 명의수탁자가 물권자임을 기초로 그와의 사이에 직접 새로운 이해관계를 맺은 사람을 말한다고 할 것이므로, 명의수탁자로부터 명의신탁된 부동산의 소유명의를 이어받은 사람이 위 규정에 정한 제3자에 해당하지 아니한다면 그러한 자로서는 부동산실명법 제4조 제3항의 규정을 들어 무효인 명의신탁등기에 터 잡아 마쳐진 자신의 등기의 유효를 주장할 수 없고, 따라서 그 명의의 등기는 실체관계에 부합하여 유효라고 하는 등의 특별한 사정이 없는 한 무효라고 할 것이고, 등기부상 명의수탁자로부터 소유권이전등기를 이어받은 자의 등기가 무효인 이상, 부동산등기에 관하여 공신력이 인정되지 아니하는 우리 법제 아래서는 그 무효인 등기에 기초하여 새로운 법률원인으로 이해관계를 맺은 자가 다시 등기를 이어받았다면 그 명의의 등기 역시 특별한 사정이 없는 한 무효임을 면할 수 없다고 할 것이므로, 이렇게 명의수탁자와 직접 이해관계를 맺은 것이 아니라 부동산실명법 제4조 제3항에 정한 제3자가 아닌 자와 사이에서 무효인 등기를 기초로 다시 이해관계를 맺은 데 불과한 자는 위 조항이 규정하는 제3자에 해당하지 않는다고 보아야 한다(대법원 2005. 11. 10. 선고 2005다34667,34674 판결).

하더라도 무권리자로부터 선박의 소유권을 이전받은 자는 선박의 소유권을 취득할 수 없으며, 진정한 권리자가 반환을 청구할 경우에 이를 거절할 수 없다. 그러나 소형선박에 대하여 등록을 효력발생요건으로 전환한 것은 2007년에 개정된 선박법부터이며, 그 이전에는 민법상 동산으로 인정되기 때문에 선박의 인도에 따라 소유권 이전의 효과가 발생하였다. 따라서 그 이전의 소형선박의 점유에 대하여는 공신력이 인정되기 때문에 무권리자로부터 소형선박의 소유권을 인정받은 자는 선의취득에 따라 소유권을 취득하였다. 그러나 현행 선박법에서는 소형선박의 등록에 대하여 공신력을 인정하지 않기 때문에 선의취득은 인정되지 않으며, 선박의 등기에 대해서도 동일하다.

그렇다면 선박에 대한 공시방법을 등록으로 전환하고, 그 효력을 효력발생요건으로 변경하였을 경우 그 등록에 대해 공신력을 부여할 것인가에 대해 검토할 필요가 있다. 물론 부동산을 비롯하여 다른 특정동산의 경우에 있어서 등기 또는 등록에 대하여 공신력을 인정하지 않음에도 불구하고 선박에 한하여 공신력을 부여하자는 것은 형평성의 문제를 야기할 수 있다. 그러나 등기 또는 등록을 국가가 담당함에도 불구하고 이에 대한 신뢰성을 인정하지 않는 것은 문제이며, 부동산 등에 대하여 공신력이 인정되지 않기 때문에 선박에 대한 등록에 대하여도 공신력을 인정하지 않아야 한다는 것은 타당하지 않다. 또한 부동산과 달리 선박의 경우 등록상 소유자와 실질 소유자를 일치시키기가 용이하다. 즉, 선박을 운항하기 위하여는 행정청의 감독을 받아야 하기 때문에 부동산과 달리 공부상 소유자와 실질 소유자를 일치시키기가 용이하다는 특징이 있다. 물론 선박에 대한 공시방법을 등록으로 일원화하였다고 하여 바로 그 공시방법인 등록에 대하여 공신력을 인정하는 것은 타당하지 않다. 즉, 현행법상 선박에 대한 공시방법은 등기이며, 특히 그 효력이 효력발생요건이 아닌 대항요건이기 때문에 실질소유자와 등기상 소유자가 상이할 수 있다. 이러한 점을 간과하고 그 공시방법을 등록으로 전환하였다고 하여 즉시 공신력을 부여하는 것은 진정한 소유자가 희생될 가능성이 높기 때문에 점진적인 변화가 필요하다. 입법적으로는 선박에 대한 물권변동을 규정하고 있는 상법 등을 개정하여 그 공시방법을 등록으로 전환하고, 그 등록에 대해 공신력을 부여한다. 다만, 그 규정의 시행시기를 달리하여 공시방법의 등록전환에 관한 규정을 먼저 시행하고, 그로부터 일정기간이 도과한 후에 공신력에 관한 규정의 시행시기를 정하는 것이 변경된 제도의 연착륙에 적합할 것이다.

(4) 소형선박의 소유권변동에 있어서 원인

소형선박에 대한 소유권변동은 등록하여야 그 효력이 발생한다. 그렇다면 소유권변동의 원인에 관계없이 등록하여야 그 효력이 발생하는가? 부동산의 경우 법률행위에 기한 물권변동과 법률행위에 기하지 않은 물권변동으로 그 원인을 구분하고, 전자에 대하여는 등기를 하여야 그 효력이 발생함으로 규정한 반면에 후자에 대하여는 등기를 요하지 않는다고 규정하고 있다(민법 제186조, 제187조). 그러나 선박법에서는 소형선박에 대하여 소유권변동의 효력발생요건으로 등록을 요구하면서도 그 원인에 대하여는 규정하고 있지 않다. 따라서 법률행위에 기한 선박소유권의 변동 외에 상속, 경매, 공용징수, 판결 기타 법률의 규정에 의한 선박소유권변동에 있어서도 소형선박의 경우 등록을 하여야 그 효력이 발생하는가의 문제가 제기된다. 그러나 이 문제에 대하여는 소형선박에 대한 소유권변동효력을 규정하고 있는 선박법 제8조의2에 대한 입법취지를 감안하여 해석할 필요가 있다. 즉, 선박은 민법상 동산임에도 불구하고 부동산과 같이 등록이라는 공시방법을 취하고 있다. 따라서 선박법 제8조의2는 동산물권변동의 효력발생요건을 규정하고 있는 민법 제188조부터 제190조까지에 대한 특칙이다. 또한 민법 제188조부터 제190조까지는 법률행위에 기한 동산물권변동에 관한 규정이다. 그 결과 소형선박의 소유권변동의 효력발생요건을 규정하고 있는 선박법 제8조의2는 민법 제188조부터 제190조까지에 대한 특칙이기 때문에 당연히 법률행위에 기한 물권변동만을 대상으로 하며, 그 외의 물권변동에 대하여는 적용되지 않는다. 그러므로 소형선박에 대한 소유권변동 원인이 상속 등인 경우에 그 효력은 피상속인의 사망 등의 시점에 발생하기 때문에 등록을 요하지 않는다.[31] 물론 상속 등에 따른 소형선박의 소유권변동은 등록을 요하지 않는다고 해석되지만, 이를 보다 명확하게 하기 위하여는 선박법에서 명시적으로 규정하는 것이 바람직할 것이다.

31) 김동인, "선박소유권의 변경이 선원근로관계에 미치는 영향에 관한 연구", 「해사법연구」, 제14권 제1호(2002 · 6), 51－54면.

즉, 소형선박에 대한 소유권변동효력을 규정하고 있는 선박법 제8조의2의 내용을 현행과 같이 규정하는 것은 상기에서 제시한 논란이 제기될 수 있기 때문에 당해 조문을 제1항과 제2항으로 구분하고, 제1항에서는 법률행위에 기한 소형선박의 소유권변동을 규정하고, 제2항에서는 법률행위 외의 원인에 기한 소형선박의 소유권변동을 규정하는 것이 바람직할 것이다. 또한 법률행위 외의 원인에 의한 선박소유권 등의 변동에 있어서 등록을 요하지 않더라도 민법 제187조와 같이 이를 처분하기 위하여는 등록하여야 한다고 규정할 필요가 있다. 물론 이는 현행법 체계에서의 개선방안이며, 소형선박뿐만 아니라 일반선박에 대하여 등록을 효력발생요건으로 전환할 경우에 최소형선박을 제외한 모든 선박에 대한 물권변동요건을 선박법에서 규정할 필요가 있으며, 그 방식은 민법 제186조와 제187조와 같이 규정하는 것이 바람직하다.

(5) 어선에 대한 소유권변동과 선박등기법의 적용여부

(가) 소형어선에 대한 소유권이전

어선에 대한 소유권변동에 대하여는 상법 및 어선법에서 규정하고 있다. 즉, 어선은 상법에 따라 당사자의 합의에 따라 소유권이 이전되지만, 제3자에게 대항하기 위해서는 이를 등기하고, 선박국적증서에 기재하여야 한다. 또한 어선법상 소형어선은 등록하여야 소유권변동의 효력이 발생한다. 이와 관련하여 제기할 수 있는 문제점은 100톤 미만이지만 20톤 이상의 부선인 어선과 5톤 미만의 기관을 설치하지 않은 범선인 어선과 노와 상앗대만으로 운전하는 어선의 경우에 소유권변경의 요건이다.

전자의 경우 선박법상 소형선박에 해당하지만, 그 소유권변동에 관한 규정인 제8조의2가 적용되지 않음으로 인해 이러한 선박은 어떠한 방식에 의해 소유권이 변동되는가의 문제가 제기된다. 즉, 상법의 적용대상인 어선은 등기와 선박국적증서에의 기재가 대항요건이다. 반면에 상법의 적용을 받지 않는 소형어선의 경우에 선박법 제8조의2가 적용되지 않지만, 어선법에서는 소형어선에 대해 등록을 효력발생요건으로 규정하고 있다(동법 제13조의2). 그러나 소형어선은 총톤수 20톤 미만의 어선이기 때문에 100톤 미만이지만 20톤 이상의 부선인 어선은 이에 포함되지 않는다. 따라서 이는 민법상 동산으로 인정되어 소유권이전의 합의와 점유의 이전만으로 소유권이 이전된다. 그러나 이러한 크기의 소형선박의 경우에 등록을 효력발생요건으로 정하고 있음에도 불구하고, 어선이라는 이유만으로 일반 동산과 같이 취급하는 것이 타당하지 않다고 할 것이다.

후자의 어선에 대해 어선법에서는 등록을 소유권변동의 효력발생요건으로 정하고 있나. 물론 선박법상 선박의 경우 최소형 선박에 대하여는 등록의무가 면제되지만, 어선법상 어선은 최소형어선이라 할지라도 등록의무가 면제되지 않기 때문에 등록하여야 한다. 따라서 그 소유권변동 역시 등록하여야 효력이 발생한 것으로 규정한 것이다. 그러나 최소형어선에 대하여 일반어선 또는 소형어선과 동일하게 등록을 요구하는 것이 타당한 것인가에 대하여는 의문이다. 물론 어선의 안전사고를 예방하기 위한 조치로써 등록을 요구할 수 있지만, 이는 어선법에서 규정하고 있는 어선의 검사만을 적용하면 해결될 문제이다. 그러나 어선법에서는 검사면제대상인 어선에 대하여 총톤수 5톤 미만의 무동력어선, 내수면어업법 제6조, 제9조 또는 제11조에 따른 면허어업, 허가어업 또는 신고어업에 사용되는 어선으로 최초의 정기검사를 받은 어선, 어선검사증서를 발급받은 자가 일정기간 동안 운항하지 아니할 목적으로 그 증서를 해양수산부장관에게 반납한 후 해당 어선을 계류한 어선으로 규정하고 있다(동법 제21조 제1항, 동 시행규칙 제49조 제1항). 그렇다면 최소형어선에 대하여는 검사가 면제되기 때문에 어선안전을 위하여 등록을 요구한다는 점은 타당하지 않다. 물론 어선법에서는 등록하지 않은 어선에 대하여 어선으로 사용할 수 없다고 규정하여 어선에 대한 등록의무를 부과하고 있으며(동법 제13조 제2항), 이를 위반하여 미등록 어선을 어선으로 사용한 자에 대해 3년 이하의 징역 또는 3천만원 이하의 벌금을 부과하고 있다(동법 제43조 제2호).[32] 그러나 최소형어선에 대하여 등록의무를 부과하는 것이 타당한 것인가의 문제에 대한 검토가 필요하다. 이에 대하여는 어선법 그 자체에서 논할 수 없기 때문에 선박법을 기초로 이를 검토할 필요가 있다. 선박법에서는 선박소유자에게 선

32) 2017년 어선법이 개정되기 전에는 등록지 않은 어선을 어선으로 사용한 자에 대한 벌칙규정이 없었지만, 2017년 어선법 개정에 따라 이를 위반한 자에 대한 벌칙규정이 신설되었다.

박의 등록의무를 부과하고 있으면서도 최소형선박에 대하여는 그 의무를 면제하고 있다. 이는 최소형선박에까지 등록의무를 부과하는 것은 소유자에게 과도한 의무부과이자 동시에 의무를 부과하더라도 실효성이 없다는 점을 감안하였다고 볼 수 있다. 그렇다면 이는 선박에 국한될 뿐 어선에 대하여는 달리 적용할 필요가 있어 최소형어선이라고 하더라도 등록할 필요가 있는가? 그러나 최소형어선에 대하여 최소형선박과 달리 취급할 필요는 없다고 할 것이다. 특히, 안전이라는 문제를 염두에 두었다고 한다면 더욱더 타당하지 않다. 즉, 어선안전확보를 위하여는 어선에 대한 검사가 필수적으로 이루어져야 함에도 불구하고 5톤 미만의 어선에 대하여 검사를 면제하고 있기 때문이다. 따라서 최소형어선에 대하여 등록의무를 부과하는 것은 그 소유자에 대한 과중한 의무부과일 뿐만 아니라 실효성도 없다. 즉, 최소형어선, 특히 노와 상앗대로만 운전하는 어선의 경우 등록을 하고 있은 경우가 그리 많지 않다. 그럼에도 불구하고 최소형어선에까지 등록의무를 부과하는 것은 그 타당성을 찾기 어렵다. 따라서 어선법상 최소형어선에 대하여 등록의무를 부과하는 것이 타당하지 않다.

이와 같이 소형어선 및 최소형 어선과 관련한 문제에 대하여 검토하였지만, 어선법 등에서는 이에 대한 면밀한 검토없이 규정하고 있기 때문에 문제점으로 지적된다. 그렇다면 이 문제를 입법론적으로 어떻게 해결하여야 하는가? 물론 첫 번째의 문제만을 본다면 어선법 제13조의2를 삭제하는 것으로 제시할 수 있지만, 두 번째의 문제까지 일괄적으로 해결하기 위하여는 어선법 제13조의2를 삭제하기 보다는 소형어선의 범주에 100톤 미만이지만 20톤 이상의 부선인 어선을 추가하고, 최소형어선(총톤수 5톤 미만의 어선 또는 해양수산부령으로 정하는 어선)에 대하여는 이를 적용하지 않는다는 규정을 신설할 필요가 있다.

(나) 어선에 대한 선박등기법의 적용여부

어선도 선박의 일종이지만, 그 용도의 특수성 때문에 어선법이라는 특별법의 적용을 받는다. 이러한 점은 선박법 중 일부 규정에 대하여 어선이 적용되지 않은 점에서 알 수 있다. 물론 어선에 대하여 어선법이 적용된다고 하여 등기 및 등록 그 자체를 부정한 것은 아니며, 어선에 대한 등기 및 등록에 대하여는 어선법 제13조에서 별도로 규정하고 있다. 물론 소형어선의 경우 등록만 가능하고 등기는 불가능하기 때문에 어선법의 규정만으로 충분히 등록문제를 해결할 수 있다. 그러나 소형어선이 아닌 일반 어선의 경우 등록하기 위하여는 먼저 등기하여야 한다. 그렇다면 어선에 대한 등기는 어느 법에서 규정하고 있는가? 어선법 제13조 제1항 후문에서 "선박등기법 제2조에 해당하는 어선은 선박등기를 한 후 어선의 등록을 하여야 한다"고 규정하고 있기 때문에 어선법만을 본다면 어선도 선박등기법에 따라 등기하여야 하는 것으로 해석된다. 그러나 선박등기법은 선박법 제8조 제4항에 따라 선박의 등기에 관한 사항을 정함을 목적으로 하고 있으며, 어선의 경우 선박법 제8조가 적용되지 않는다(선박법 제26조 제6호). 그 결과 선박등기법은 어선이 아닌 선박의 등기에 관한 사항만을 규율한다. 따라서 어선법에서는 어선에 대하여 등기를 한 후 등록을 하도록 규정하고 있지만, 선박등기법의 목적규정에서 어선을 배제하고 있기 때문에 선박등기법에 따라 어선에 대한 등기를 할 수 없다. 이와 달리 어선에 대하여 선박등기법을 적용할 수 있다고 주장할 수도 있다. 즉, 선박등기법의 적용범위를 규정하고 있는 제2조 단서에서는 "선박법 제26조 제4호 본문에 따른 부선에 대하여는 적용하지 아니한다"고 규정하고 있다. 그러나 선박법 제26조 제4호 본문에서 정한 부선은 같은 법 제8조의 적용을 받지 않는다. 따라서 선박법 제8조 제4항에 따라 선박의 등기에 관한 사항을 정함을 목적으로 하는 선박등기법은 선박법 제26조 제4호 본문에 따른 부선에 대하여 적용되지 않는다. 그럼에도 불구하고 선박등기법 제2조 단서에서 이를 규정하는 것에 대해 어떻게 해석하여야 하는가의 문제가 제기된다. 이에 대하여는 선박법 제26조 제4호 본문의 선박은 동법 제8조가 적용되지 않기 때문에 당연히 선박등기법의 적용대상이 아니며, 이를 재확인하기 위하여 선박등기법 제2조 단서에서 규정한 것이라고 해석할 수 있다. 반면에 선박등기법 제1조에도 불구하고 선박등기법은 소형선박 등을 제외한 모든 선박에 대한 등기를 규정한 것이기 때문에 등기 대상인 100톤 이상의 부선 중 선박법 제26조 제4호 본문의 부선 역시 등기의 대상이지만, 선박등기법 제2조 단서에 의하여 등기가 배제된다고 해석하는 것이다. 전자의 방식에 의한 해석에 따르면 어선에 대하여 선박등기법이 적용되지 않는 것은 당연하다. 반면에 후자의 해석에 따르면 어선에 대하여 선박법 제8조가 적용되지 않더라도 선박등기법 제2조에 의하여 적용대상이 되기 때문에 동법 제2조에서 적용을 배제하지 않은 이상 어선도 동법에 따라 등기할 수 있게 된다. 그러나 후자의 방식으로 해석하는 것은 선박등기법 제1조를 무의미한 규정으로 인정하는 결과가 된다. 즉, 동법 제1조에서 동법의 목적을 규정하고 있음에도 불구하고 동법 제2조만을 가지고 그 적용대상을 결정하는 것이다. 그렇다면 법의 목적 조항은 법의 적용범위를 결정함에 있어서 어떠한 역할을 하는가라는 질문이 제기된다. 만일 목적조항이 법의 적용범위와는 무관하다고 한다면 후자의 방식으로 해석하는 것이 타당하다. 그러나 목적조항은 해당 법의 존재의의이며, 그 법의 규율대상을 포괄적으로 제시하는 역할을 한다. 따라서 법의 목적에서 벗어나는 사항을 해당 법에서 규율하는 것은 타당하지 않다. 그렇다고 한다면 적용범위에 관한 규정이 다의적으로 해석할 수 있을 때에는 목적조항을 초월하여 해석하는 것이 아닌 목적조항의 범주내에서 해석하는 것이 타당하다. 그 결과 선박등기법의 적용범위를 규정하고 있는 제2조는 제1조의 취지를 벗어나지 않는 범위내에서 해석하여야 하며, 선박법 제8조가 적용되는 선박에 한하여 선박등기법은 적용된다고 해석하여야 한다. 그러므로 어선은 선박법 제8조가 적용되지 않기 때문에 선박등기법이 적용되지 않게 된다. 그럼에도 불구하고 어선법에서 등기를 요구하고 있기 때문에 어선도 등기를 하여야 하지만, 선박등기법에 따라 어선에 대해 등기를 할 수 없다. 이 문제는 선박등기법의 해석을 통하여 해결할 수 없기 때문에 입법을 통하여 해결하여야 한다. 그 방식으로는 어선법 제13조 제5항을 신설하여 '어선에 대한 등기에 관하여는 따로 법률로 정한다'고 규정하여야 하며, 선박등기법 제1조에서 '어선법 제13조 제5항'을 추가하여야 할 것이다.

이러한 점은 현행법 하에서의 어선에 대한 등기문제이다. 그러나 앞에서 언급한 바와 같이 필자는 선박에 대한 공시방법을 등기에서 등록으로 전환할 것을 주장하였다. 이러한 점은 어선에 대하여도 동일하게 적용되며, 그 공시방법을 등록으로 전환할 경우 당연히 선박등기법은 폐지될 것이다. 따라서 어선에 대한 공시방법도 등록으로 전환된다고 한다면 상기에서 언급한 제 문제점은 자연스럽게 해결될 수 있다.

2. 선박담보물권의 개선방안

(1) 상법상 미등기 선박에 대한 담보물권

선박에 대한 담보물권은 질권, 저당권, 양도담보 및 동산담보권으로 구분할 수 있다. 물론 질권설정의 대상인 최소형선박에 대하여는 등기에 의하여 공시되는 동산담보권을 설정할 수 있지만, 이를 설정할 수 있는 자는 법인 또는 상업등기법에 따라 상호등기를 한 자에 국한되기 때문에 최소형선박의 소유자라 하더라도 상업등기법에 따라 상호등기를 하지 않은 자는 질권만을 설정하여야 한다.

선박담보물권과 관련하여 문제가 되는 것은 상법상 선박저당권의 객체이다. 즉, 상법에서는 선박에 대한 담보권으로 저당권을 인정하고, 질권설정을 금지하고 있다. 그러나 그 객체에 대하여 등기된 선박과 건조 중인 선박에 한하고 있다. 그 결과 건조한 선박 중 미등기 선박에 대하여는 저당권을 설정할 수 없다. 그렇다면 특정동산저당법상 저당권을 설정하거나 동산담보법상 동산담보권을 설정할 수 있는가? 그러나 특정동산저당법은 소형선박에 한정되기 때문에 소형선박이 아닌 선박 중 미등기 선박에 대하여는 동법이 적용되지 않는다. 반면에 동산담보법에서는 그 적용배제대상의 선박에 대하여 등기된 선박이라고 규정하고 있기 때문에 미등기 선박에 대하여는 적용가능성을 두고 있다. 그렇다면 미등기 선박에 대하여 민법상 질권을 설정하거나 동산담보법상 동산담보권을 설정하는 것이 타당한 것인가? 물론 상법 등에서는 등기된 선박으로 한정하고 있으며, 미등기선박에 대하여는 저당권을 설정할 수 없기 때문에 민법상 질권을 설정하여야 한다고 할 수 있다. 그러나 상법상 저당권의 대상에 대하여 등기된 선박으로 국한하는 것은 타당하지 않다. 물론 저당권을 설정하기 위하여는 소유권보전등기가 전제되어야 한다. 따라서 저당권의 객체를 등기된 선박으로 한정하는 것은 어느 정도 타당하다고 할 수 있다. 그러나 상법상 저당권의 객체는 등기된 선박뿐만 아니라 건조중인 선박을 포함한다. 즉, 아직 선박의 요건을 갖추지 못한 건조 중인 선박까지 저당권의 객체로 인정하면서 미등기 선박에 대하여 이를 인정하지 않는 것은 타당하지 않다. 물론 선박에 대한 점유를 계속하면서 담보권을 설정하고자 하는 선박소유자는 등기를 하여야 하기 때문에 이러한 문제가 현실적으로 발생하는 경우는 극히 예외라고 할 수 있다. 물론 미등기 선박에 대하여 저당권의 객체로 인정하지 않은 것은 조속한 등기경료를 요구하는 측면도 있다. 그러나 건조 중인 선박까지 저당권의 객체로 인정하면서 이미 건조된 미등기 선박을 그 대상에 포함시키지 않는 것은 타당하지 않다. 따라서 상법상 저당권의 객체에 대하여 등기된 선박으로 규정할 것이 아니라 선박등기법상 등기대상인 선박으로 개정할 필요가 있다.[33] 이러한 점은 동산담보법상 적용배제대상에서도 동일하게 개정될 필요가 있다.

(2) 어선에 대한 담보물권

어선에 대한 담보물권에 관한 문제점은 선박법상 소형선박과 어선법상 소형어선의 범주에 있어서 차이에서 비롯되며, 구체적으로 다음의 두 가지로 요약할 수 있다. 첫째는 20톤 이상 100톤 미만의 부선인 어선은 소형어선에 해당하지 않지만, 소형선박에는 해당한다. 그렇다면 이러한 어선에 대하여 저당권을 설정할 수 있는가? 소형선박에 대한 저당권설정을 규정하고 있는 특정동산저당법에서는 이를 배제하고 있기 때문에 동법에 따라 저당권을 설정하지 못한다. 물론 동산담보법상 동산담보권을 설정할 수 있지만, 이에 의하지 않을 경우 질권을 설정하여야 한다. 그러나 20톤 미만의 부선인 어선에 대하여는 특정동산저당법에 따라 저당권을 설정할 수 있음에도 불구하고 이 보다 더 큰 어선에 대하여 동법에 따라 저당권을 설정할 수 없음은 입법적 미비라고 할 것이다. 이러한 문제점이 발생하게 된 근본적인 원인은 어선법에서 소형어선을 선박법과 달리 정의하고 있기 때문이며, 이 문제를 해결하기 위하여는 앞에서 언급한 바와 같이 어선법상 소형어선에 대한 정의를 선박법과 동일하게 규정할 필요가 있다. 둘째는 5톤 미만의 최소형 어선, 주로 노 또는 상앗대

33) 선박에 대한 저당권은 현재 상법과 특정동산담보법에서 규정하고 있다. 이는 양법의 규율대상인 선박이 상이하기 때문이다. 그러나 선박에 대한 물권변동요건을 등록으로 단일화한다면 이를 양법에서 별도로 규정할 필요가 없다. 즉, 자동차 또는 항공기와 같이 선박소유권변동에 대하여는 선박법에서 규정하고, 선박저당권에 대하여는 특정동산담보법에서 일괄하여 규율하는 것이 법 체계성을 확보하면서 일반인의 이해를 쉽게 하는 방안이 될 것이다.

로 운전하는 어선 역시 어선법상 소형어선이기 때문에 이에 대한 담보물권 역시 특정동산저당법에 따라 저당권을 설정하여야 한다. 그러나 이러한 최소형어선에 대하여 저당권을 설정하도록 하는 것이 타당한 것인가에 대하여는 의문이다. 즉, 최소형어선의 경우 담보가치가 낮기 때문에 피담보채권도 그리 크지 않는 금액일 것이다. 그러나 최소형어선에 대하여 담보권은 질권이 아닌 저당권을 설정하여야 하기 때문에 그 등록비용 등은 채권자 또는 채무자에게 부담이 된다. 또한 최소형이신에 내하여 실질적으로 등록이 이루어지고 있는지도 의문이며, 최소형어선이라고 하더라도 소형어선에 해당하기 때문에 저당권 등록에 의하여 담보권을 설정하도록 하는 것은 현실을 도외시한 법 규정이라고 할 수 있다. 따라서 최소형어선에 대하여는 소형어선과 달리 취급하여야 할 것이며, 이에 대하여는 특정동산저당법의 적용을 배제하여야 할 것이다. 그렇다고 한다면 최소형어선을 사용하면서 담보물로 제공하고자 하는 자는 질권을 설정하여야 하기 때문에 담보물인 어선을 사용할 수 없다는 문제를 제기할 수 있다. 그러나 최소형어선에 대하여는 동산담보법에 따라 동산담보권을 설정할 수 있으며, 양도담보를 설정할 수 있다. 따라서 담보권설정자가 계속하여 소형선박을 점유하면서도 담보물로 제공할 수 있기 때문에 이러한 문제점은 발생하지 않는다.

3. 선박임차권의 개선방안

선박소유자가 아닌 자가 선박을 사용수익할 수 있는 것에 대하여 상법에서는 용선이라고 칭하고 있으며, 이에는 항해용선·정기용선·선체용선으로 구분된다. 물론 항해용선은 선박임대차가 아닌 운송계약의 일종이며, 선체용선은 선박임대차에 해당한다. 문제가 되는 것은 정기용선이며, 학설은 운송계약의 일종으로 보는 견해와 혼합계약으로 보는 견해로 대별하고 있다. 앞에서 살펴본 바와 같이 정기용선은 선박임대차에 해당한다. 그러나 선체용선과 달리 정기용선에 대하여는 제3자에게 대항할 수 있는 방법이 존재하지 않음으로 인하여 정기용선기간 도중에 선박소유자가 변경된 경우 정기용선자는 선박양수인에게 대항할 수 없다는 문제점이 제기된다. 특히, 정기용선계약은 1년 이상의 기간동안 선박의 사용을 내용으로 하기 때문에 계약기간 중 선박소유자가 변경된 경우에는 선박양수인에게 선박사용권을 주장할 수 없게 된다. 물론 양도인에 대하여 계약해제 또는 해지와 더불어 손해배상을 청구할 수 있지만, 정기용선자의 경우 선박의 사용을 통한 물건의 운송이라는 계약의 본질적인 목적을 달성할 수 없게 되는 문제점이 발생하게 된다. 따라서 정기용선의 경우에도 선체용선과 동일하게 용선계약기간 도중에 선박소유자가 변경된 경우 선박양수인에게 이를 주장할 수 있도록 정기용선권을 등기할 수 있음을 규정하여야 할 것이다.[34]

IV. 결론

선박은 민법상 동산임에도 불구하고, 그 경제적 가치 등을 고려하여 부동산에 준하여 취급하고 있다. 그러나 다른 특정동산과 달리 선박은 관련법마다 그 물권변동의 요건 등에 대하여 달리 정하고 있다. 그 결과 선박물권변동에 대하여는 그 기준이 통일되어 있는 것이 아니라 선박의 크기 또는 용도에 따라 상이하며, 이는 법 체계적인 면을 비롯하여 선박에 대한 다양한 이해관계인에게 혼란과 불편을 야기하고 있다. 따라서 선박물권변동의 요건 등에 대하여는 전반적으로 재검토가 요구되며, 이를 요약하면 다음과 같다.

첫째, 선박소유권변동에 있어서 공시방법은 등기 또는 등록으로 이원화되어 있다. 그러나 선박임에도 불구하고 그 크기에 따라 공시방법을 달리하는 것은 법체계적인 면을 비롯하여 일반인에게 혼란을 야기할 수 있다. 따라서 선박에 대한 공시방법은 그 크기와 관계없이 등록으로 통일하는 것이 바람직할 것이다. 둘째, 선박에 대한 공시방법의 효력도 통일적이지 않고, 대항요건인 경우(등기선의 경우 등기)와 효력발생요건인 경우(소형선박의 경우 등록)로 구분된다.

34) 선박임차권에 대한 대항요건으로 상법에서는 등기를 규정하고 있지만, 선박물권변동에 있어서 공시방법을 등록으로 전환한다면 선박임차권에 대한 대항요건 역시 등기가 아닌 등록으로 변경되어야 할 것이다.

물론 항해중인 선박에 대하여 간이하게 양도할 수 있도록 하기 위하여 대항요건주의를 취하고 있다고 하지만, 효력발생요건주의를 취하더라도 점유의 이전 없이 간이하게 소유권을 이전할 수 있다. 또한 선박임에도 불구하고 그 크기에 따라 공시방법의 효력을 달리 정하는 것을 비롯하여 다른 특정동산의 경우 등록이 효력발생요건이라는 점, 부동산에 준하여 취급하면서도 부동산물권변동과 다르게 공시방법의 효력을 정하는 것은 바람직하지 않다. 따라서 선박에 대한 공시빙법은 등록으로 통일하고, 그 효력도 효력발생요건으로 통일하여야 할 것이다. 셋째, 어선의 경우 등기하여야 하지만, 선박등기법 제1조는 선박법 제8조에 의한 사항만을 대상으로 한다. 그 결과 선박법 제8조가 적용되지 않는 어선에 대하여 선박등기법에 따라 등기한다는 것은 타당하지 않다. 이 문제를 해결하기 위하여 선박등기법 제1조의 내용을 개정하여야 하겠지만, 앞에서 언급한 바와 같이 선박의 공시방법을 등록으로 통일한다면 선박등기법은 폐지될 것이므로 이 문제는 자연스럽게 해결될 것이다. 넷째, 어선법상 소형어선은 선박법의 소형선박과 상이하다. 그 결과 양자간 차이가 존재하며, 이에 따라 그 차이에 해당하는 선박의 소유권은 어떻게 이전되는가의 문제가 제기되며, 담보물권에 관하여도 동일하다. 이러한 문제의 근본적인 원인은 어선법에서 소형어선을 선박법의 소형선박과 다르게 정함으로써 발생한 문제이기 때문에 어선법상 소형어선의 정의를 선박법상 소형선박과 일치하게 개정하고, 최소형어선에 대한 직용배세를 규성함으로써 이 문제를 해결하여야 할 것이다. 다섯째, 선박담보물권의 설정에 있어서 상법은 등기된 선박에 한하여 저당권의 객체로 인정하고 있다. 그러나 건조 중인 선박에 대하여도 저당권만의 설정을 인정하면서 미등기선박에 대하여 이를 부정하는 것은 타당하지 않다. 따라서 상법상 저당권의 객체를 '등기된 선박'이 아닌 등기대상인 선박(등록으로 통일한다면 등록 대상인 선박)으로 개정하여야 할 것이다. 마지막으로 정기용선에 대하여 학설은 대립하고 있지만, 선박임대차의 일종이다. 그러나 선체용선과 달리 이를 제3자에게 주장할 수 있는 방안이 마련되어 있지 않기 때문에 정기용선자의 피해가 발생할 수 있다. 따라서 정기용선에 대하여는 선체용선과 동일하게 등기할 수 있음을 규정하여 정기용선자가 자신의 용선권을 제3자에게 주장할 수 있도록 하여야 할 것이다.

참고문헌

강남호, 해상법의 법률지식, 청림출판, 1997.

곽윤직, 물권법, 박영사, 2008.

김인유, 특수한 양도담보, 효성출판사, 2000.

김인현, 해상법, 법문사, 2007.

김준호, 물권법, 법문사, 2011.

박영도·강현철·이세정·운석진·김승렬, 수상레저관광 활성화관련 법제개선 연구, 한국법제연구원, 2012.

소성규, 물권법, 동방문화사, 2009.

송상현·김현, 해상법원론, 박영사, 2005.

안형준, 동산·채권 등의 담보에 관한 법률, 법무부, 2010.

이균성, 해상법 대계, 한국해양수산개발원, 2010.

이규호·한정희·송호영·정소민, 국가경쟁력 제고를 위한 등기·등록 일원화 방안 연구, 법무부, 2009.

이기수·최병규·김인현, 보험·해상법, 박영사, 2008.

이영준, 물권법, 박영사, 2009.

이은영, 물권법, 박영사, 2006.

제철웅, 담보법, 율곡출판사, 2009.

채이식, 상법강의(하), 박영사, 2003.

정동윤, 상법(하), 법문사, 2003.

정찬형, 상법강의(하), 박영사, 2007.

최준선, 보험법·해상법·항공운송법, 삼영사, 2012.

고형석, “동산 및 채권 등의 담보에 관한 법률상 동산담보제도에 관한 연구”, 「외법논집」 제35권 제3호(2011·8).

김동인, “선박소유권의 변경이 선원근로관계에 미치는 영향에 관한 연구”, 「해사법연구」 제14권 제1호(2002·6).

김인유, “선박저당권에 관한 법적 연구”, 「해사법연구」 제17권 제1호(2005·3).

김인유, “선박담보물권에 관한 연구”, 「해사법연구」 제12권 제1호(2000·6).

김재형, “동산·채권 등의 담보에 관한 법률 제정안의 구성과 내용”, 「법조」 제638호(2009·11).

김형석, "강제집행 · 파산절차에서 양도담보권자의 지위", 「저스티스」 제111호(2009 · 6).

명순구, "점유개정에 의한 동산의 이중양도담보 – 대법원 2000.6.23. 99다65066 판결에 대한 비판적 평가 –", 「민사법학」 제23호(2003 · 3).

박영우, "양도담보 법리구성에 관한 연구", 「법학연구」 제9권 제1호(1998 · 10).

박운길, "양도담보의 법리 재구성", 「기업법연구」 제15집(2003 · 12).

손주찬, "선박과 그 권리의 이전", 「법정」 제17권 제9호(1962).

신봉근, "동산양도담보의 법적 이론", 「법학연구」 제20집(2005 · 11).

양창수, "내용이 변동하는 집합적 동산의 양도담보와 그 산출물에 대한 효력", 「저스티스」 제43호(1997 · 3).

이명환, "양도담보의 법리적 고찰", 「법학연구」 제26권 제2호(1983 · 12).

이윤철 · 김인유, "소형선박 공시제도에 관한 연구", 「해사법연구」 제17권 제2호(2005 · 9).

이윤철 · 김진권, "소형선박 등록제도에 관한 비교법적 고찰", 「한국해법학회지」 제27권 제1호(2005 · 4).

정소민, "등기 · 등록 일원화에 관한 연구", 「한양법학」 제22권 제1집(2011 · 2).

자율운항선박의 해상법상의 쟁점

정 영 석*

I. 머리말

2016년 3월 9일부터 15일까지 진행된 이세돌과 알파고의 바둑 대결[1]은 우리 인류에게 큰 충격을 주면서 인공지능의 시대가 성큼 다가왔음을 인식하게 해준 계기가 되었다. 최근에는 미국의 OpenAI라는 회사에 의하여 개발된 Chat-GPT가 선풍을 일으키며 인공지능을 실생활에 활용하는 단계에 이르게 되었다. 나날이 발달하는 인공지능 기술과 빅데이터의 활용, 블록체인 기술 등 소위 4차 산업혁명은 인류의 생활방식을 근본적으로 바꾸고 있다.

해운 분야에서도 4차 산업혁명은 자율운항선박과 블록체인 기술을 이용한 전자선하증권과 물류관리 등 기술혁신의 시대로 다가가고 있다. 특히, 최근에는 기업의 투자 의사 결정 시 비재무적 요소인 환경(environment)·사회(social)·지배구조(governance)를 함께 고려한다는 ESG가 2000년 영국을 시작으로 연기금을 중심으로 ESG 공시의무제도를 도입한 이후 2006년 유엔이 유엔책임투자원칙(UNPRI)을 통해 ESG 이슈를 고려한 사회책임투자를 장려하고 있다. 우리나라도 2005년부터 유가증권시장 상장사의 ESG 공시 의무화가 도입되고 2030년부터는 모든 코스피 상장사로 확대되게 되었다. ESG 경영은 제도적으로도 2023년부터 「중대재해처벌등에 관한 법률」을 시행함으로써 사업장에서의 안전이 최우선으로 고려되게 되어 사업주의 형사처벌과 막대한 징벌적 손해배상으로 이어지게 되었다.[2] 「중대재해처벌등에 관한 법률」에서 알 수 있듯이 ESG 경

* 한국해양대학교 해사법학부 교수, 대한상사중재원/아시아태평양해사중재센터 중재인, 한국해법학회 부회장

1) "이세돌, 이번엔 현존 최강 '바둑 인공지능'과 자존심 대결", 연합뉴스, (2016.01.28).

2) 「중대재해 처벌 등에 관한 법률」에 의하면, 중대 산업재해 또는 중대시민재해가 발생하는 경

영은 인명사고가 원천적으로 발생하지 않을 정도로 관리가 되어야 해서 결국 제조업 분야에서의 스마트 팩토리(smart factory), 해운 분야에서는 자율운항선박의 도입은 피할 수 없게 되었다.

노르웨이에서 2021년 11월 18일 항해사가 탑승하지 않는 자율운항 컨테이너선인 야라 버클랜드 호(YARA Birkeland)[3]가 성공적으로 첫 운항을 마쳤다. 또 일본의 최대 선박회사인 미쓰이 OSK 라인은 2022년 1월 194TEU급 컨테이너선인 미카게 호를 완전 무인 상태로 약 300㎞의 바닷길을 운항하는 자율운항에 성공하였다. 노르웨이와 일본에서 이미 자율운항선박의 시험운항이 성공함으로써 기술적으로도 자율운항선박은 거의 완성단계에 이르렀다. 우리나라를 비롯한 전 세계의 주요 조선국은 이미 자율운항 선박 시대의 도래는 기정사실로 되었다고 보고 기술개발과 데이터의 축적에 상당한 노력을 기울이고 있다.

현재의 선박은 사람이 승선하여 항해를 지휘하고 화물을 관리하는 방식으로 운항이 되고 있지만, 자율운항선박은 인공지능이 선박을 조종하는 시스템이라는 점에서 선원이 승선하지 않는 것을 전제로 개발이 되고 있다. 현존 선박의 경우 선원의 탑승을 전제로 건조하고 운항하도록 제도화되어 있는데, 이러한 제도는 포지티브 규제에 해당하여 법정 자격을 갖춘 선원이 승선하지 않고는 운항할 수 없다. 이러한 규제는 항해사가 없이 선박이 자율운항할 수 있는 기술이 검증되어 있지 않기 때문에 생긴 것이지 무인 운항 선박이 원천적으로 불가능한 것은 아니다. 자율운항선박의 운항방식이 검증되어 각국의 국내법과 IMO에서 채택되느냐의 여부에 따라 제도가 바뀌게 될 것이다. 현행

우, 그러한 재해가 사업주와 경영책임자 등이 안전 및 보건 확보 의무를 다하지 못하여 발생하였다면 강도 높은 형법에 따라 처벌(사망의 경우 1년 이상의 징역 또는 10억 원 이하의 벌금)을 받고, 민법상 손해액의 최대 5배의 범위에서 징벌적 손해배상책임을 지게 된다.

3) 야라 버클랜드(YARA Birkeland)호는 노르웨이의 미네랄 비료 회사인 야라 인터내셔널(Yara International)이 민간·군수용 유도 시스템을 제작하는 콩스베르그(Kongsberg)와 손잡고 개발한 자율운항 컨테이너 선박(autonomous container ship)이다. 전기로만 운항하는 무인 전기선으로, 탄소 배출량 제로를 목표로 하고 있다. 야라 버클랜드호는 화물선으로 제작됐으며, 100개 컨테이너를 적재할 수 있다. 개발 비용은 미화 2,500만 달러로 건조 당시 동급 재래식 컨테이너선보다 건조 비용이 3배 높다. 그러나 연료와 인건비를 감안하면, 연간 90% 비용 절감 효과를 거둘 수 있다고 회사 측은 설명했다; 네이버 지식백과, 야라 버클랜드 [YARA Birkeland] , (ICT 시사상식 2019).

제도를 기준으로 자율운항선박의 운항이 불가능하다고 판단할 이유는 없다. 따라서 해사공법 분야에서는 자율운항선박의 기술적으로 검증된 최소안전기준이 채택되면 이에 따라 법령의 제·개정이 이루어 지면 될 일이고, 해상법 분야에서도 자율운항선박의 운항 특성을 반영하여 법령의 제·개정이 이루어 지면 될 일이다.

이 논문에서는 먼저 IMO에서 분류한 자율운항 선박의 4단계 분류를 중심으로 자율운항 선박의 개념과 그 특징을 고찰한다. 이어 해상법의 관점에서 현존선에 대한 자율운항선박의 본질적 차이점을 도출하고 이에 따라 제·개정이 논의되어야 할 쟁점을 도출하고자 한다. 다만, 자율운항선박이 도입된다고 하더라도 당장 선원이 선박을 운항하는 현존선이 사라질 수는 없다는 점에서 자율운항선박과 현존선의 병종이 불가피하다는 점에서 현행 해상법의 해석을 통해서 해결할 수 있는 부분도 함께 다루고자 한다.

II. 자율운항선박의 개념과 분류

1. 자율운항선박의 개념

국제적으로 자율운항 선박에 대한 논의는 제98차 IMO 해사안전위원회(MSC)에서 MASS(Maritime Autonomous Surface Ship)를 규정함으로써 본격적으로 시작되었다.[4] MASS의 개념은 제99차 MSC(2018.5.16.－25)에서 "다양한 수준으로 사람의 간섭 없이 독립적으로 운항할 수 있는 선박"으로 정의되었다.[5] 다만, MASS(Maritime Autonomous Surface Ship)라는 용어에서 짐작할 수 있듯이 IMO는 잠수함, 해저탐사선 등과 같이 수면 아래에서 운항하는 선박은 IMO의 권한 밖이라고 하여 논의의 대상에 포함하지 않았다.[6]

4) 김인유, "자율운항선박과 민사책임", 「법학연구」, 제20권 제3호(통권 제79호), (한국법학회, 2020), 78쪽.

5) 박혜리·박한선·김보람, 「자율운항선박 도입 관련 대응정책 방향 연구」, (해양수산개발원, 2018.8) 12쪽.

6) 박혜리·박한선·김보람, 위의 보고서, 11~12쪽.

한편, 유럽연합 집행기관(European Commission)이 설립한 유럽 해상기술 연구단(Waterborne Technology Platform : 이하 'WPT'라 한다)은 "자율운항선박을 육상 운항관리자의 감독 및 지시를 받지 않고, 독립적으로 운항하는 하이브리드형 스마트 선박"으로 정의하고 있다.[7] 또, 미국 선급협회(American Bureau of Shipping : 이하 'ABS'라 한다)는 "인적인 중재 없이 업무계획 실행, 해양환경 감지, 환경을 위한 업무조정 및 운항을 결정하는 논리를 가지고 센서, 자동화된 항법장치, 추진 및 보조 시스템을 가지고 있는 해양 선박"으로 정의하고 있고,[8] 프랑스 선급(BUREAU VERITAS : 이하 'BV'라 한다)은 "스마트 선박과 같은 기능을 가지며, 인적 여부와 관계없이 의사결정 및 행동을 수행할 수 있는 자율 시스템을 포함하는 선박"으로 정의하고 있다.[9]

자율운항선박에 대한 각각의 정의로부터 공통적인 개념을 찾아보면 "인적 요소의 여부와 관계없이 자율적 결정 시스템을 가지고 운항하는 선박"으로 정의할 수 있을 것이다.[10]

한편, IMO에서 자율운항선박에 해당하는 용어를 MASS로 통일하고 그 개념을 정의할 때까지 자율운항선박의 구상이 다양하게 시도되면서 스마트 선박(Smart ship), 디지털 선박(Digital ship), 무인선박(Unmanned ship), 원격조종 선박(Remote ship), 자동화선박(Automated ship)과 같은 다양한 용어가 사용되었다. 이들 용어는 IMO에서 자율운항선박(MASS)이라는 용어와 개념을 채택하기에 이르기까지 구상되어 온 자율운항선박의 구상과 그 개발 방향을 이해하고 자율운항선박의 개념을 정확하게 이해하는 데 도움이 될 수 있다. 이들 용어와 개념을 살펴보면 다음과 같다.

첫째, 스마트 선박(Smart ship)에 대하여 우리나라 산업통상자원부와 산업기술평가관리원은 스마트 선박을 "이해당사자와 연결되어 정보 및 서비스를 제공하고, 자율적 또는 원격에 의한 조종으로 진단하고 관리함으로써 최적의 에너지 효율로 안전하게 운항하는 선박과 이를 위한 ICT 인프라"로 정의하였다.[11] 또 ABS는 "시스템, 시스템 모니터링 및 관리, 데이터 통신에 대한 상당

7) 윤익로, 「자율운항선박 기술영향평가 결과」, (해양수산과학기술진흥원, 2018.9), 7쪽.
8) John Jorgensen, Autonomous Vessels: ABS' Classification Perspective, (ABS, 2016), p. 3.
9) BUREAU VERITAS, Guidelines for Autonomous Shipping, (2017. 12), p. 5.
10) 박혜리 · 박한선 · 김보람, 위의 보고서, 13쪽.

한 자동화 수준을 갖춘 해양 자산"으로,[12] BV는 "의사결정 과정에서 감지 장치로부터 수집된 데이터를 수용하고 선원을 지원하기 위한 많은 데이터를 처리하는 능력을 갖추는 상호연결 선박"으로 각각 정의하고 있다.[13]

둘째, 디지털 선박(Digital ship)에 대하여 산업통상자원부와 한국해양과학기술원은 "디지털-IT 기반의 통합제어 시스템을 통해 센서에서 계측된 정보를 처리하고, 전문가 시스템(Expert System)의 정보 이용 및 결과를 판단하여 효율적인 선박 운항이 가능하게 하는 차세대 선박"으로 정의하고 있다.[14]

셋째, 무인선박(Unmmaned ship)에 대하여 WPT는 "'선박과 육상에 설치된 무선장비와 통합제어시스템에 의해 선박운항자의 별도 조종 없이 선박 조종 제어시스템에 의해 운항하는 선박"으로 정의하고, 기술 수준에 따라 원격조종선박, 자동화선박, 자율운항선박으로 분류할 수 있다고 설명한다.[15] 또 BV는 "물리적으로 사람을 포함하지 않고 움직임이 조종될 수 있는 선박"으로 정의하고 있다.[16]

넷째, 원격조종선박(Remote ship)에 대하여 WPT는 술 연구단은 원격조종선박에 대해 "육상의 운항관리자의 직접적 통제를 지시받아 운항하는 선박"으로 정의하고 있다.[17]

다섯째, 자동화 선박(Automated ship)에 대해서 WPT는 "육상의 운항관리자 또는 컴퓨터가 입력한 동작 신호를 받아 운항하는 선박"으로 정의하고 있다.[18]

11) 산업통상자원부, "친환경 · 스마트 선박, 위기의 한국 조선산업에 새로운 기회", 「보도참고자료」, (2017. 2. 1).

12) John Jorgensen, op. cit., p. 3.

13) BUREAU VERITAS, op. cit., p. 6.

14) 임용곤 · 박종원, "지능형 디지털 선박의 구현방안", 「대한조선학회 논문집」, 제45권 제5호, (2008.10), 555~556쪽.

15) MUNIN project, http://www. Unmanned ship.org; 김성현 외 3인, 「국제해사기구 환경/안전 규제 동향 파악 및 대응 방안」, (한국조선해양플랜트협회, 2017. 12), 161쪽.

16) 박혜리 · 박한선 · 김보람, 위의 보고서, 25쪽.

17) 김성현 외 3인, 위의 보고서, 161쪽.

18) http://www.unmanned-ship.org/munin/about/the-autonomus-ship/.

〈표 1〉 자율운항선박과 유사 용어의 개념 비교

구분	영문명	정의
자율운항선박	Autonomous Ships	인적 요소 여부와 관계없이 자율적 결정 시스템을 가지고 운항하는 선박(IMO, EU, ABS, BV, Ramboll-Core의 자율운항선박의 정의에서 공통적 개념 정리)
스마트 선박	Smart ship	이해당사자와 연결되어 정보 및 서비스를 제공하고, 자율적 또는 원격에 의한 조종으로 진단하고 관리함으로써 최적의 에너지 효율로 안전하게 운항하는 선박과 이를 위한 ICT 인프라
디지털 선박	Digital ship	디지털-IT 기반의 정보 처리를 토대로 안전하고 효율적 선박 운항이 가능한 선박
무인선박	Unmanned ship	선박과 육상에 설치된 무선장비와 통합제어 시스템에 의해 선박운항자의 별도 조종 없이 선박 조종 제어시스템에 의해 운항하는 선박
자동화선박	Automated ship	육상의 운항관리자 또는 컴퓨터가 입력한 동작 신호를 받아 운항하는 선박
원격조종선박	Remote ship	육상의 운항관리자의 직접적 통제를 지시받아 운항하는 선박

자료 : 박혜리·박한선·김보람, 「자율운항선박 도입 관련 대응정책 방향 연구」, (해양수산개발원, 2018.8), 13쪽 <표 2-1> 자율운항선박에 대한 개념 비교와 27쪽의 <표 2-9> 자율운항선박과 유사 용어의 비교에서 필자 정리

2. 자율화 등급별 분류

IMO에서 정의한 자율운항선박(Maritime Autonomous Surface Ships)이라는 용어 외에도 무인선박(Unmanned ship), 디지털 선박(Digital ship), 스마트 선박(Smart ship), 자동화 선박(Automated ship) 등 다양한 용어가 사용됐다.[19] IMO는 제98차 MSC 회의에서 임시 정의를 제공하고,[20] 제99차 MSC 회의에서 자율화

19) 박혜리·박한선·김보람, 위의 보고서, 20~27쪽 참조.

20) For the purpose of the regulatory scoping exercise, Maritime Autonomous Surface Ship (MASS) is defined as a ship which, to a varying degree, can operate independent of human interaction. ; IMO, Report of the Working Group on Maritime Autonomous Surface Ship (MASS), MSC 99/WP.9

등급을 4단계로 분류하였다. IMO의 자율화 등급은 선원의 승선과 미 승선, 원격제어, 완전자율운항으로 구분하고 있다.

IMO의 자율화 등급 중 1단계(M)는 자동화된 프로세스 및 결정 지원 시스템을 갖춘 선박, 2단계(R)는 원격제어가 가능하며 선원이 승선하는 선박, 3단계(RU)는 원격제어가 가능하며 선원이 승선하지 않는 선박, 4단계(A)는 완전자율운항이 가능한 선박이다.[21)]

〈표 2〉 IMO의 자율화 등급 정의

자율화 등급		정의
1	자동화된 프로세스 및 결정 지원 시스템을 갖춘 선박	일부 기능에 대해 자동화 운용이 가능 선원이 승선하여 운용 및 시스템과 기능을 제어
2	원격제어가 가능하며 선상의 선원이 승선하는 선박	선박이 선박 외의 다른 장소로부터 제어 및 운영 선원은 승선
3	원격제어가 가능하며 선상에 선원이 승선하지 않는 선박	선박이 다른 장소로부터 제어 및 운영 선원이 승선하지 않음
4	완전자율운항이 가능한 선박	선내 운용시스템으로 자체적 결정 및 조치가 가능

자료 : IMO, “FRAMEWORK FOR THE REGULATORY SCOPING EXERCISE, MSC 99/WP. 9”, 2018. 5. 23.

IMO의 자율운항선박의 자율화 등급별 주요 특징은 다음과 같다. :

① 원격운항자 및 원격운항시스템의 등장이다.[22)] 자율화 등급 2단계(R)와 3

(2018).

21) IMO, Framework for the Regulatory Scoping Exercise, MSC 99/WP.9 (2018. 5. 23), Annex 1, p.1.
Degree 1 Ship with automated processes and decision support: Seafarers are on board to operate and control shipboard systems and functions. Some operations may be automated.
Degree 2 Remotely controlled ship with seafarers on board: The ship is controlled and operated from another location, but seafarers are on board.
Degree 3 Remotely controlled ship without seafarers on board: The ship is controlled and operated from another location. There are no seafarers on board.
Degree 4 Fully autonomous ship: The operating system of the ship is able to make decisions and determine actions by itself.

22) 최정환 · 유진호 · 이상일, “자율운항선박 원격운항자의 역할과 법적 지위에 관한 소고”, 「해사법연구」 제30권 제2호, (한국해사법학회, 2018.7), 160~163쪽.

단계(RU)에서는 육상의 원격운항자가 선박의 운항에 책임을 진다. 2단계(R)에서는 약 4~6명의 선원이 승선할 예정이지만, 이들은 비상조치에 관한 업무를 수행하게 되고 실질적인 선박의 운항은 육상의 원격운항자가 수행하게 된다. 3단계(RU)에서는 선원이 승선하지 않고 전적으로 원격운항자의 책임하에 선박이 운항한다.

② 인공지능 선박의 등장이다. 자율화 등급 4단계(A)에서는 선원, 육상의 원격운항자 등 사람의 개입이 없이 인공지능에 의해서 완전자율운항이 이루어진다.

IMO 이외에 자율화 등급을 구분한 곳은 프랑스 선급(BV), 영국 선급(LR), 노르웨이 자율운항선박 포럼(NFAS), 람볼-코어가 있다. IMO와 람볼-코어는 4등급, BV는 5등급, NFAS는 6등급, LR은 7등급으로 구분하고 있다. BV와 LR은 현재와 같은 운항시스템인 수동제어를 0단계로 구분하고 있으나, 자율운항선박의 등급으로는 이론적인 분류에 불과하여 특별히 의미를 부여할 필요는 없다고 본다. 이들 각각의 주체가 정의한 자율화 등급을 정리하면 <표 2>와 같다.

〈표 3〉 자율운항선박 자율화 등급 정의 비교

자율화 등급	IMO	BV	LR	NFAS	람볼-코어
0	-	수동제어	수동제어	-	-
1	일부 자동화 및 의사결정 지원 선박	사람이 지시함	선내 의사결정 지원	결정 지원	M(수동)
2	선원승선 원격제어 선박	사람이 위임함	선내 또는 육상의 의사결정 지원	자동화 선교	R(원격)
3	선원 미 승선 원격제어 선박	사람이 감독함	감독 및 조치 승인 운항자에 의한 실행	원격제어	RU(원격, 무인)
4	완전 자율운항선박	완전한 자율	감독 및 개입할 수 있는 운항자에 의한 실행	자동 선박	A(자율운항)

5	–	–	감독받는 자율	제한적인 자율운항	–
6	–	–	완전한 자율	완전 자율운항	–
비고		시스템 권한에 따라 분류	사이버 접근 등급 및 선상의 조치 여부에 따라 분류	선박의 자동화와 무인화 등급에 따라 분류	제어 위치 및 사람의 개입 등급에 따라 분류

자료 : 박혜리 · 박한선 · 김보람, "자율운항선박 도입 관련 대응정책 방향 연구", 「KMI 현안 연구보고서」, 한국해양수산개발원 (2018.8)

자율운항선박의 자율화 단계를 분류하고 있는 주체별로 4~7단계로 등급을 부여하고 있지만, 운항시스템을 기준으로 자동화선박, 육상 원격운항 시스템, 완전자율운항시스템으로 구분할 수 있고, 선원의 승선 여부에 따라 유인 선박과 무인선박으로 구분할 수 있다. 이들 분류에 의하면 자율운항은 항해사가 선상에서 선박 조종을 하느냐 육상에서 선박 조종을 하느냐, 항해사의 역할을 사람이 하느냐 인공지능이 하느냐가 핵심이기 때문에 IMO의 MASS 4등급으로도 충분히 그 본질을 이해할 수 있을 것으로 보인다.

Ⅲ. 해상법상의 쟁점

1. 선박의 기능과 해상법의 지배원리

해상법은 해상기업의 생활 관계를 규율하는 법규 전체를 말하는 것으로 「상법」의 한 분야를 이루는 것으로 정의된다(실질적 의의의 해상법).[23] 「상법」 제5편과 함께 조약, 특별법령, 관습법 등의 형식으로 존재한다.[24] 해상법은 해상기업활동을 규율하는 법인데, 해상기업활동은 해상운송이 중심에 있으므로 「상법」 제5편은 해상운송을 중심으로 규정되어 있다.[25] 한편, 상법 제5편(형식

23) 정영석, 「해상법강의」, (퍼플, 2022), 4쪽.
24) 정영석, 위의 책, 4쪽.

적 의의의 해상법)은 선박이라는 해상기업의 물적 설비를 이용한 기업활동에 관한 법이라는 점에서 상법의 다른 편과 근본적으로 다르다.[26] 해상기업의 활동은 선박을 수단으로 하여 행하여지므로 해상기업에 관한 법률관계도 선박을 중심으로 이루어진다. 해상법이 사법의 다른 분야에 차별화되는 규범적 특이성도 선박을 수단으로 하는 생활 관계를 규율하는 법이라는 점에서 발생하는 것이기 때문에 자율운항선박의 등장은 해상법의 해석이나 입법론에 영향을 미칠 수밖에 없을 것이다.

해상법의 규범적 특이성은 해상기업 주체의 책임을 면제하거나 제한하는 제도가 발달해 있다는 점이다. 손해 발생의 원인자에 대한 책임을 강화하는 현대 사법의 경향과는 정반대되는 것으로 비판의 대상이 되기도 한다. 이러한 비판에도 불구하고 책임제한이나 면책제도가 유지되는 것은 해상기업 활동이 육상기업 활동과는 확연하게 다른 특이성을 가지고 있기 때문인데, 이러한 특이성을 해상법의 지배원리라고 할 수 있다.[27]

해상법의 지배원리는 해상기업의 활동이 선박을 이용한 항행 활동을 통하여 수행된다는 점, 선박의 항행 활동에는 해상위험이 존재한다는 점, 해상기업의 활동은 선장 등의 선박사용인에 의하여 실행된다는 점에서 비롯된 것이다.[28]

첫째, 해상기업은 선박을 이용하여 영리활동을 수행하기 때문에 육지로부터 멀리 떨어진 바다에서 해상위험을 극복하면서 그의 기업활동을 수행한다는 점에서 육상기업과는 기업활동의 환경이 전혀 다르다. 해상법 규정도 이러한 해상기업활동의 특이성을 반영하고 있으므로 무조건 해상기업 주체의 책임을 제한하거나 면제하는 것이 아니라, 육상기업활동과 확연히 구분되는 위험으로 인하여 발생한 손해만 그 책임을 제한하거나 면제하고 있다.[29] 이는 해상기업의 물적 조직인 선박의 기능으로부터 이해할 수 있다.

선박의 기능은 장소이동기능과 창고기능으로 구분해 볼 수 있는데, 해상법

25) 정영석, 위의 책, 4쪽.
26) 정영석, 위의 책, 75쪽.
27) 정영석, 위의 책, 12쪽.
28) 이하 정영석, 위의 책, 12~13쪽.
29) 해상위험과 관련해서는 항해 기술과 일기 예측의 발전을 통하여 바다를 운항하는 것이 점차 안전해지고 있어서 해상운송의 특수성을 주장할 여지가 점차 줄어들고 있다는 견해도 있다; 송옥렬, 「상법강의」, (홍문사, 2022), 352쪽.

은 해상기업 주체가 장소이동기능을 수행함에는 해상위험과 직접적인 연관성이 있다고 보고 있다. 선박의 장소이동기능으로부터 나오는 활동은 협의의 선박 운항(항해)이라고 하는데, 이러한 활동은 육지로부터 멀리 떨어진 바다에서 해기사의 전문적인 지식과 경험에 전적으로 의존하여 수행되기 때문에 육상의 기업활동과는 확연히 구별된다. 반면, 창고기능(여객선에서는 호텔 기능)은 육상창고에서 화물을 임치(여객선에서는 숙박 기능)하는 것과 굳이 구별할 이유가 없다.[30]

해상법은 ① 선상 및 선박의 운항과 직접 관련된 손해만 선박소유자책임제한(법 제769조), ② 감항능력주의의무 규정(법 제794조), ③ 해기과실면책(법 제795조, 제796조)을 규정하고 있다.

둘째, 선박 운항은 선장 등 해기사의 전문적인 지식과 경험에 전적으로 의존하여 수행되는데 이들의 사소한 과실로도 손해는 매우 클 수가 있다. 해상항행 활동은 육지로부터의 고립성, 해상위험 등으로 인한 해상항행의 기술성 등에 비추어 선장 등 선박 운항을 보조하는 자(선박사용인)의 지식과 판단에 전적으로 의존하여 수행되기 때문에 해상기업의 주체가 직접적으로 개입할 여지가 거의 없다. 이러한 특수성이 해상법에 반영되어 해상기업 주체 자신의 과실에 대하여는 선박소유자 책임제한의 배제(법 제796조 본문 단서), 운송인 자신의 과실에 대하여는 운송인 책임제한의 배제(법 제797조 제1항 단서)를 규정하고 있지만, 선박사용인의 해기과실, 선박사용인의 과실로 인한 선상의 화재 등에 대하여는 면책(법 제795조)을 규정하는 등 해상기업 주체·운송인 자신의 과실과 선박사용인의 과실을 구별하고 있다.[31]

2. 해상법의 내용

실질적 내용으로 구분하면 해상법은 ① 해상기업조직법, ② 해상기업활동법, ③ 해상기업위험관리법, ④ 선박담보물권법으로 구성되어 있다.[32]

30) 정영석, 위의 책, 13쪽.
31) 정영석, 위의 책, 13쪽.
32) 정영석, 「해상법원론」, (텍스트북스, 2009), 12쪽.

① 해상기업조직법은 해상기업의 물적 조직인 선박(법 제740조~제744조)에 관한 규정과 해상기업의 인적 조직에 관한 규정으로 구성되어 있다. 인적 조직에 관한 규정은 선박소유자 등의 책임제한(법 제769조~제776조), 선박공유(법 제756조~제768조), 선체용선(법 제847조~제851조) 등과 같은 선박 운항의 주체(선박운항자)[33]에 관한 규정과 선박운항자의 보조자인 선장에 관한 규정(법 제745조~제755조)을 말한다.

② 해상기업활동법은 개품운송에 관한 규정(법 제791조~제816조),[34] 해상여객운송에 관한 규정(법 제817조~제826조), 항해용선에 관한 규정(법 제827조~제841조), 정기용선에 관한 규정(법 제842조~제846조), 운송증서에 관한 규정(법 제852조~제864조)을 말한다.

③ 해상기업위험관리법은 해상위험을 극복하기 위한 해상법 특유의 제도인 공동해손에 관한 규정(법 제865조~제875조), 선박충돌에 관한 규정(법 제876조~제881조), 해난구조에 관한 규정(법 제882조 내지 895)을 말한다.

④ 선박담보물권법은 선박우선특권과 선박저당권에 관한 규정(법 제777조~제790조)을 말한다. 실질적 의의의 선박담보물권법에는 선박유치권과 선박질권에 관한 「민법」의 규정(민법 제329조~ 344조, 제356조~제372조)도 포함한다.

3. 자율운항선박의 해상법상 쟁점

해상법은 선박을 이용한 항행 활동과 관련하여 책임제한과 면책제도가 발달해 있다. 이는 육상기업과 구별되는 선박의 장소이동기능에 기인한 것으로 선박의 장소이동기능을 실제로 수행하는 선장 등 이행보조자의 과실에 대한 면책이나 책임제한제도의 발달로 해상법의 특이성을 설명할 수 있다.

33) 대부분의 해상법 교재에서는 해상기업의 주체라는 표현을 사용한다. 해상법상 책임의 주체는 선박운항자와 운송인으로 구분할 수 있다. 따라서 광의의 해상기업 주체는 선박운항자와 운송인, 협의의 해상기업 주체는 선박운항자로 해석할 수 있다.

34) 「상법」 제816조는 복합운송인의 책임에 관한 규정인데, 복합운송도 개품운송의 일종으로 볼 수 있다.

IMO가 정의한 MASS의 등급별로 항해사의 승선 조종(1단계), 항해사의 육상 원격조종(2~3단계), 완전자율운항(4단계)의 3단계로 구분할 수 있고, 항해사의 승선 여부에 따라 유인 선박과 무인선박으로 구분할 수 있다. 자율운항선박은 결국 선박 조종의 문제와 항해사의 승선 여부 어느 기준으로 보더라도 선박의 항해(선박 관리 및 항해)와 직접 관련된 법적 쟁점과 항해사의 판단·과실이 영향을 미치는 법적 쟁점에 한하여 해상법의 해석론이나 입법론에 영향을 미칠 것으로 본다.

그러나 자율운항선박 시대가 도래하더라도 항해사가 선박을 조종하는 유인 선박이 완전히 사라지고 전 세계 모든 선박이 완전자율운항선박으로만 운항한다고는 예상하기 어렵다. 현존선과 같은 운항시스템 또는 MASS 1단계~3단계 수준의 해상 또는 육상의 항해사가 선박을 조종하는 방식이 병존할 수밖에 없을 것으로 보인다. 따라서 해상법의 영역에서도 여전히 항해사가 조종하는 유인 운항 선박을 병존한다는 전제하에 합리적 해석론을 확립하고 최소한의 법률 제·개정을 통해서 법적 안정성을 도모할 필요가 있다.

상법 제5편의 각 장·절의 주요 내용에 대하여 선박의 항해와 관련성 있는 내용과 항해사의 판단·과실이 영향을 미치는 내용을 법적 쟁점이라고 할 수 있는데, 그 내용은 다음과 같다(<표 4> 참고).[35)]

첫째, 선박의 항해(선박의 관리 및 선박 운항)와 관련된 내용은 제1장 해상기업 중 제4절 선박소유자 등의 책임제한, 제2장 운송과 용선 중 제1절 개품운송의 운송인의 항해에 관한 의무, 운송인의 손해배상책임, 제3장 해상위험 중 제1절의 공동해손, 제2절 선박충돌, 제3절 해난구조를 들 수 있다.

둘째, 항해사의 판단·과실이 영향을 미치는 내용은 제2장 운송과 용선 중 제1절의 운송인의 항해에 관한 의무, 운송인의 손해배상책임, 제3장 해상위험 중 제1절 공동해손, 제2절 선박충돌, 제3절 해난구조를 들 수 있다.

이러한 쟁점에 대해서는 1~4단계로 구분된 IMO의 MASS의 단계별로 선박 관리·항해 관련성, 항해사의 판단·과실이 영향을 미치는가를 각각 분석해서 해석론적 관점과 입법론적 관점에서 검토해 볼 필요가 있다.

35) 상법 제5편의 장별 주요 내용은 정영석, 위의 책(해상법강의), 7~10쪽 참고.

〈표 4〉 해상법의 주요 내용과 자율운항선박에 관한 쟁점

<table>
<tr><th colspan="5">현행 「상법」(2007년 8월 3일 개정)</th></tr>
<tr><th>구분</th><th colspan="2">내용</th><th colspan="2">자율운항선박 관련성</th></tr>
<tr><td rowspan="14">제1장
해상기업</td><td rowspan="2">제1절
선박</td><td rowspan="2">개념
소유권의 취득과 상실
건조 중인 선박의 특칙</td><td>선박 관리·항해 관련성</td><td></td></tr>
<tr><td>항해사의 판단·과실의 영향</td><td></td></tr>
<tr><td rowspan="2">제2절
선장</td><td rowspan="2">선임과 종임
대리권</td><td>선박 관리·항해 관련성</td><td></td></tr>
<tr><td>항해사의 판단·과실의 영향</td><td></td></tr>
<tr><td rowspan="2">제3절
선박공유</td><td rowspan="2">내부적 법률관계
외부적 법률관계
동시선장</td><td>선박 관리·항해 관련성</td><td></td></tr>
<tr><td>항해사의 판단·과실의 영향</td><td></td></tr>
<tr><td rowspan="4">제4절
선박소유자
등의
책임제한</td><td rowspan="2">선박운항자의 책임제한</td><td>선박 관리·항해 관련성</td><td>○</td></tr>
<tr><td>항해사의 판단·과실의 영향</td><td></td></tr>
<tr><td rowspan="2">구조자의 책임제한</td><td>선박 관리·항해 관련성</td><td></td></tr>
<tr><td>항해사의 판단·과실의 영향</td><td></td></tr>
<tr><td rowspan="2">제5절
선박 담보</td><td rowspan="2">선박우선특권</td><td>선박 관리·항해 관련성</td><td></td></tr>
<tr><td>항해사의 판단·과실의 영향</td><td></td></tr>
<tr><td rowspan="6"></td><td rowspan="6">제1절
개품운송</td><td rowspan="2">계약의 성립과 종료</td><td>항해사의 판단·과실의 영향</td><td></td></tr>
<tr><td>항해사의 판단·과실의 영향</td><td></td></tr>
<tr><td rowspan="2">송하인의 의무
-운송물 제공 의무
-운송서류 제공 의무</td><td>선박 관리·항해 관련성</td><td></td></tr>
<tr><td>항해사의 판단·과실의 영향</td><td></td></tr>
<tr><td rowspan="2">운송인의 수령·선적·적부 의무
선박 제공 의무
-운송물 수령의무
-운송물 선적·적부 의무
-선하증권 교부 의무</td><td>선박 관리·항해 관련성</td><td></td></tr>
<tr><td>항해사의 판단·과실의 영향</td><td></td></tr>
</table>

제2장 운송과 용선		운송인의 항해에 관한 의무 -감항능력 주의의무 -직항의무 -운송물 관리의무	선박 관리·항해 관련성	○
			항해사의 판단·과실의 영향	○
		운송인의 양륙 및 인도에 관한 의무 -입항 및 운송물 도착 통지의무 -양륙의무 -인도 의무	선박 관리·항해 관련성	
			항해사의 판단·과실의 영향	
		운송인의 손해배상책임 -법정면책사유(항해과실 면책, 화재면책, 기타 면책사유) -운송인책임제한	선박 관리·항해 관련성	○
			항해사의 판단·과실의 영향	○
		운송인의 권리 -운임 청구권 -부수비용 등의 청구권 -해상유치권과 경매권 -공탁권	선박 관리·항해 관련성	
			항해사의 판단·과실의 영향	
		복합운송계약	선박 관리·항해 관련성	
			항해사의 판단·과실의 영향	
	제2절 해상여객 운송	계약의 성립과 종료	선박 관리·항해 관련성	
			항해사의 판단·과실의 영향	
		운송인의 권리	선박 관리·항해 관련성	
			항해사의 판단·과실의 영향	

<table>
<tr><td rowspan="24">제2장
운송과
용선</td><td rowspan="4"></td><td rowspan="2">운송인의 의무</td><td>선박 관리·항해 관련성</td><td></td></tr>
<tr><td>항해사의 판단·과실의 영향</td><td></td></tr>
<tr><td rowspan="2">운송인의 책임</td><td>선박 관리·항해 관련성</td><td></td></tr>
<tr><td>항해사의 판단·과실의 영향</td><td></td></tr>
<tr><td rowspan="6">제3절
항해용선</td><td rowspan="2">계약의 성립</td><td>선박 관리·항해 관련성</td><td></td></tr>
<tr><td>항해사의 판단·과실의 영향</td><td></td></tr>
<tr><td rowspan="2">효력</td><td>선박 관리·항해 관련성</td><td></td></tr>
<tr><td>항해사의 판단·과실의 영향</td><td></td></tr>
<tr><td rowspan="2">계약의 종료</td><td>선박 관리·항해 관련성</td><td></td></tr>
<tr><td>항해사의 판단·과실의 영향</td><td></td></tr>
<tr><td rowspan="4">제4절
정기용선</td><td rowspan="2">내부적 법률관계</td><td>선박 관리·항해 관련성</td><td></td></tr>
<tr><td>항해사의 판단·과실의 영향</td><td></td></tr>
<tr><td rowspan="2">외부적 법률관계</td><td>선박 관리·항해 관련성</td><td></td></tr>
<tr><td>항해사의 판단·과실의 영향</td><td></td></tr>
<tr><td rowspan="4">제5절
선체용선</td><td rowspan="2">내부적 법률관계</td><td>선박 관리·항해 관련성</td><td></td></tr>
<tr><td>항해사의 판단·과실의 영향</td><td></td></tr>
<tr><td rowspan="2">외부적 법률관계</td><td>선박 관리·항해 관련성</td><td></td></tr>
<tr><td>항해사의 판단·과실의 영향</td><td></td></tr>
<tr><td rowspan="6">제6절
운송증서</td><td rowspan="2">선하증권</td><td>선박 관리·항해 관련성</td><td></td></tr>
<tr><td>항해사의 판단·과실의 영향</td><td></td></tr>
<tr><td rowspan="2">해상화물운송장</td><td>선박 관리·항해 관련성</td><td></td></tr>
<tr><td>항해사의 판단·과실의 영향</td><td></td></tr>
<tr><td rowspan="2">전자선하증권</td><td>선박 관리·항해 관련성</td><td></td></tr>
<tr><td>항해사의 판단·과실의 영향</td><td></td></tr>
</table>

<table>
<tr><td rowspan="6">제3장
해상위험</td><td rowspan="2">제1절
공동해손</td><td rowspan="2">선장의 판단</td><td>선박 관리·항해 관련성</td><td>○</td></tr>
<tr><td>항해사의 판단·과실의 영향</td><td>○</td></tr>
<tr><td rowspan="2">제2절
선박충돌</td><td rowspan="2">선박운항자의 책임</td><td>선박 관리·항해 관련성</td><td>○</td></tr>
<tr><td>항해사의 판단·과실의 영향</td><td>○</td></tr>
<tr><td rowspan="2">제3절
해난구조</td><td rowspan="2">구조료</td><td>선박 관리·항해 관련성</td><td>○</td></tr>
<tr><td>항해사이 판단·과실의 영향</td><td>○</td></tr>
</table>

Ⅳ. 결론

해운산업에서 4차 산업혁명의 핵심은 자율운항선박으로 대표된다고 할 수 있다. 일찍이 사람이 조종하지 않는 선박을 상상하지 못했지만, 4차 산업혁명은 인공지능에 의한 자율운항선박의 취항을 눈앞에 두고 있다. 자율운항선박의 등장은 항해사의 전문적 지식과 경험에 의존한 선박 운항을 기준으로 제정된 해사공법과 해사사법의 영역에서도 큰 변화를 가져올 수밖에 없다.

완전한 자율운항선박은 인간의 항해술이 아니라 사람의 영향을 전혀 받지 않고 인공지능에 의한 자율운항시스템에 의해서만 운항하는 선박을 의미한다. 그러나 이러한 시스템의 개발과 정착에 이르기까지는 많은 시행착오가 개선이 필요하므로 IMO는 자율운항선박을 MASS로 정의하면서 자동화선박에 해당하는 1단계에서부터 인간이 육상에서 조종하는 2~3단계와 완전자율운항시스템으로 운항하는 4단계에 이르기까지 4단계로 구분하고 있다. 한편, 무인선박과 자율운항선박의 개념은 서로 구별될 필요가 있다. 무인선박은 선원이 승선하지 않는 선박으로 정의될 수 있지만, 자율운항선박은 육상에서 항해사가 선박을 조종하거나 인공지능에 의한 자율운항시스템으로 선박을 조종하는 선박을 의미한다. MASS의 4단계는 선박의 조종에 인간이 개입 여부와 개입 방식 및 개입 정도에 따라 구분이 된다. 따라서 해상법에서는 선박의 관리 및 항해와 직접 관련성이 있는 규정과 항해사의 판단·과실이 영향을 미치는 제도와 조항이 자율운항선박의 도입에 따라 해석론적으로나 입법론적으로 영향을 받게 될 것으로 판단된다.

자율운항선박과 관련된 법적 이슈는 이미 여러 문헌에서 다루고 있으나 무인선박이라는 관점에서 다루고 있거나[36] 선박의 제조물 책임의 관점에서 다루거나,[37] 선박의 조종과는 관계없는 선하증권과 관련된 이슈를 다루는 등[38] 자율운항선박의 본질적 문제에서 다소 벗어난 문제를 다루고 있는 듯하다.

자율운항선박과 관련된 해상법상의 쟁점을 선박 조종의 자율화 단계에 초점을 맞추어서 살펴보면 현행 상법 제5편의 해상 편의 제 규정상 선박공유에 있어서 선박소유자 등의 책임제한제도, 개품운송에서 운송인의 항해에 관한 의무, 운송인의 손해배상책임, 공동해손, 선박충돌, 해난구조에 관한 규정이 자율운항선박의 도입 때 해상법상 쟁점이 판단되기 때문에 이들 규정에 대한 해석론적·입법론적 검토가 필요하다고 본다.

36) 김인현, “21세기 전반기 해운 환경의 변화에 따른 해상법의 제 문제－컨테이너, SPC, 무인선박－”, 「상사법연구」, 제35권, (2016), 128~148쪽 ; 이리나·이홍훈·임정빈·정재용·김철승, “무인선박 개발 동향 및 예상되는 해운 환경의 변화에 대한 고찰”, 「해양환경안전학회 학술발표대회 논문집」, (2015.4), 284쪽; 이정원, “무인선박과 감항능력주의의무”. 「홍익법학」, 제19권 제4호, (2018), 313~335쪽; 이정원, “해상운송 법제상 상업용 무인선박의 법적 지위에 관한 연구”, 「저스티스」, 통권 제173호, (2019~291쪽; 최정환, “상업용 무인선박에 대한 유럽 지역의 법 제도적 연구 현황”, 「대한조선학회지」, 제55권 제3호, (2018), 15~20쪽; 최정환·이상일, “상업용 무인선박의 법적 쟁점 사항에 관한 연구”, 「해사법연구」, 제28권 제3호, (2016.11), 291~ 321쪽.

37) 김인유, “자율운항선박과 민사책임”, 「법학연구」, 제20권 제3호(통권 제79호), (한국법학회, 2020), 75~109쪽.

38) 이현균·이언호, “자율운항선박의 도입에 따른 선하증권의 개선방안에 관한 연구”, 「선진상사법률연구」, 통권 제87호, (2019.9), 119~123쪽.

참고문헌

[네이버 지식백과] 야라 버클랜드 [YARA Birkeland], (ICT 시사상식 2019).

"이세돌, 이번엔 현존 최강 '바둑 인공지능'과 자존심 대결", 연합뉴스, (2016. 01.28).

김성현 외 3인, 「국제해사기구 환경/안전 규제 동향 파악 및 대응 방안」, (한국조선해양플랜트협회, 2017. 12).

김인유, "자율운항선박과 빈사책임", 「법학연구」, 제20권 제3호(통권 제79호), (한국법학회, 2020).

김인유, "자율운항선박과 민사책임", 「법학연구」, 제20권 제3호(통권 제79호), (한국법학회, 2020).

김인현, "21세기 전반기 해운 환경의 변화에 따른 해상법의 제 문제-컨테이너, SPC, 無人船舶-", 「상사법연구」, 제35권, (2016).

박혜리 · 박한선 · 김보람, 「자율운항선박 도입 관련 대응정책 방향 연구」, (해양수산개발원, 2018.8).

산업통상자원부, "친환경 · 스마트 선박, 위기의 한국 조선산업에 새로운 기회", 「보도참고자료」, (2017. 2. 1).

송옥렬, 「상법강의」, (홍문사, 2022).

윤익로, 「자율운항선박 기술영향평가 결과」, (해양수산과학기술진흥원, 2018.9).

이리나 · 이홍훈 · 임정빈 · 정재용 · 김철승, "무인선박 개발 동향 및 예상되는 해운 환경의 변화에 대한 고찰", 「해양환경안전학회 학술발표대회 논문집」, (2015.4.).

이정원, "무인선박과 감항능력주의의무". 「홍익법학」, 제19권 제4호, (2018).

이정원, "해상운송 법제상 상업용 무인선박의 법적 지위에 관한 연구", 「저스티스」, 통권 제173호, (2019).

이현균 · 이언호, "자율운항선박의 도입에 따른 선하증권의 개선방안에 관한 연구", 「선진상사법률연구」, 통권 제87호, (2019.9).

임용곤 · 박종원, "지능형 디지털 선박의 구현방안", 「대한조선학회 논문집」, 제45권 제5호, (2008.10).

정영석, 「해상법강의」, (퍼플, 2022).

정영석, 「해상법원론」, (텍스트북스, 2009).

최정환, “상업용 무인선박에 대한 유럽 지역의 법 제도적 연구 현황”, 「대한조선학회지」, 제55권 제3호, (2018).

최정환 · 유진호 · 이상일, “자율운항선박 원격운항자의 역할과 법적 지위에 관한 소고”, 「해사법연구」 제30권 제2호, (한국해사법학회, 2018.7).

최정환 · 이상일, “상업용 무인선박의 법적 쟁점 사항에 관한 연구”, 「해사법연구」, 제28권 제3호, (2016.11).

BUREAU VERITAS, Guidelines for Autonomous Shipping, (2017. 12).

http://www.unmanned-ship.org/munin/about/the-autonomus-ship/.

IMO, Framework for the Regulatory Scoping Exercise, MSC 99/WP.9 (2018. 5. 23), Annex 1.

IMO, Report of the Working Group on Maritime Autonomous Surface Ship (MASS), MSC 99/WP.9 (2018).

John Jorgensen, Autonomous Vessels: ABS' Classification Perspective, (ABS, 2016).

MUNIN project, http://www. Unmanned ship.org.

제 2 장

해양수산정책의 법적 쟁점

≫ 자연재해로 인한 어업피해 전보방안에 관한 연구_김인유
≫ 항만공사의 운영·관리상의 문제점에 관한 연구_지상규

자연재해로 인한 어업피해 전보방안에 관한 연구*

김 인 유

Ⅰ. 머리말

2012년 한해는 100년만의 가뭄, 40도에 육박하는 폭염, 덴빈과 볼라벤, 산바로 이어지는 태풍, 적조 등 기상이변의 속출로 양식어민들은 엄청난 피해를 입었다. 특히 언론보도 사례를 접하면 그 피해의 심각성을 가늠하기에 충분하다. 예컨대 "전남 진도에서 어류 종묘를 배양하는 조씨는 2012년 태풍으로 출하를 앞둔 치어 190만마리를 전부 잃었다. 시설피해까지 합하면 피해액은 4억 8천만원에 이른다. 그는 2011년에도 태풍 무이파로 270만마리의 치어가 폐사하는 피해를 입었다. 그가 2011년에 받은 보상은 재난지원금 5천만원과 융자지원 6,400만원이 전부였다. 여기에 1억원의 빚을 내 겨우 재기하였지만 희망은 1년만에 사라졌다"라는 것이다.

수산양식산업은 양식기술의 발달에 따라 그 규모 및 경제적 영향력이 커지고 있으나, 여름에는 적조와 고수온으로, 가을에는 태풍으로, 겨울에는 폭설·한파 등으로 인한 자연재해에 그대로 노출되어 큰 피해를 입고 있으며 이로 인한 피해는 양식장 경영에 심각한 영향을 미치고 있다.

이에 정부는 「재난 및 안전관리기본법」과 「농어업재해대책법」 등을 제정하여 피해 어업인에 대한 피해복구를 지원하고 있다. 그러나 이 지원에 의한 어업피해구제는 시장친화적 정책기조와 예산집행의 효율성 등의 이유로 재난지

* 이 논문은 「수산해양교육연구」 제26권 제5호(2014.10. 통권 71호)에 게재된 내용을 바탕으로 수정·보완하여 작성한 것임.

원금 지원한도가 2006년 3억원에서 2007~2009년 2억원으로, 2010년에는 5000만원으로 축소되기에 이르렀다. 그리하여 자연재해 발생시 정부가 지원하는 재난지원금은 실제 피해비용에 턱없이 못 미치는 수준이다.

기상이변이 잦을수록 자연재해도 늘어날 것이지만, 국가의 예산이 한정되어 있기 때문에 정부의 개별적인 복구비 지원은 상대적으로 축소될 수 밖에 없는 것이 현실이므로 어업인들이 요구하는 실제 피해에 대한 보상수준과 국가의 최소 복구지원 수준의 괴리는 필연적이다. 이러한 괴리를 메울 수 있는 방안 중의 하나가 보험제도이다. 이러한 취지에서 2007년 12월에 「양식재해보험법」이 제정되었는데, 2008년 7월 1일에 육상수조식 넙치를 대상으로 양식수산물 재해보험 시범사업이 실시되었으며, 2010년 1월부터 본사업으로 전환하여 시행하고 있다. 이외에도 전복(2010.5), 조피볼락(2011.5)[1], 굴 · 김(2011.11)양식수산물재해보험 시범사업을 시행하여 대상품목을 확대하고 있다. 35개 품목에 이르는 농작물 재해보험 품목에 비해 양식수산물 재해보험의 대상품목은 불과 11개 품목(넙치(광어), 전복, 조피볼락(우럭), 김, 굴 5개품목과 2012년 추가한 참돔, 돌돔, 감성돔, 농어, 쥐치, 기타볼락)에 지나지 않는 등 농업에 비해 여전히 불균형의 문제가 발생하고 있다.[2] 다만 농림수산식품부 재해보상팀에 따르면 2013년에 신규로 민물장어, 숭어, 멍게, 미역 등 4품목을 추가 선정하였으며[3], 최근에는 대상품목을 더 확대하고 있기는 하다. 즉 해양수산부에 따르면 2014년 강도다리 · 홍합 · 다시마, 2015년 송어 · 가리비 · 톳, 2016년 능성어 · 미더덕 · 오만둥이, 2017년 터봇 · 메기 · 향어에 이어 2018년 전복종자가 추가되어 현재는 본사업 품목17개, 시범사업 품목 11개로 총 28개의 보험상품이 판매되고 있다. 나아가 해양수산부는 2027년까지 28개에서 35개로 양식수산물재해보험 대상 품목을 확대해 나갈 예정이라고 한다.[4] 이 중 민물장어의 선정은 그 동안 천해양식(바다양식) 품목 위주로만 가능하던 양식수산물재해보험이 내수면

1) 전남 여수, 순천, 광양, 장흥, 보성, 고흥지역, 경남 통영, 사천, 하동, 남해 고성 지역이 시범대상 지역임.
2) http://www.headlinejeju.co.kr/news/articleView.html?idxno=159341.
3) http://blog.naver.com/PostView.nhn?blogId=hsgcap&logNo=150142829931. 다만 현재는 행정조직의 개편으로 양식수산물재해보험은 해양수산부의 관할이다.
4) 해양수산부, 제1차 양식수산물 재해보험발전 기본계획(2023~2027)수립, 보도자료, 2023.6.20.

어종에까지 확대되었다는 데에 큰 의의가 있다고 하겠지만, 자연재해로 인한 어업피해 대비책으로서는 여전히 부족한 것이 현실이다.

이러한 인식하에 이하에서는 자연재해로 인한 어업피해 어민들에 대한 손해전보와 관련하여 먼저 어업피해의 의의 및 피해현황을 살펴보고, 그 전보방안으로서 국가지원을 통한 어업피해 전보방안과 양식수산물재해보험을 통한 어업피해 전보방안에 대해 비교·고찰한 다음 그 문제점 및 개선방안을 제시한다.

다만 연구의 범위와 관련하여, 자연재해로 인한 피해는 양식어류 등의 피해 외에도 어선이나 어선원의 물적·인적 피해도 있지만, 어선이나 어선원의 물적·인적피해는 수협공제제도[5]에 의해 어느 정도 해결되기에 이 연구에서는 주로 자연재해로 인한 양식어류 등의 피해전보에 대한 논의로 그 범위를 한정하고자 한다.

II. 자연재해의 의의 및 어업피해의 현황

1. 자연재해의 의의 및 관련법령

가.「재닌 및 인진괸리기본법」

「재난 및 안전관리기본법」상 재난이라 함은 국민의 생명·신체·재산과 국가에 피해를 주거나 줄 수 있는 것으로서, 태풍, 홍수, 호우(豪雨), 강풍, 풍랑, 해일(海溢), 대설, 낙뢰, 가뭄, 지진, 황사(黃砂), 적조(赤潮), 조수(潮水), 그 밖에 이에 준하는 자연현상으로 인하여 발생하는 재해와 화재, 붕괴, 폭발, 교통사고, 화생방사고, 환경오염사고, 그 밖에 이와 유사한 사고로 발생하는 대통령령으로 정하는 규모 이상의 피해 및 에너지, 통신, 교통, 금융, 의료, 수도 등 국가기반체계의 마비와 「감염병의 예방 및 관리에 관한 법률」에 따른 감염병,

5) 자세한 내용은 차철표·박용섭, “수협공제의 보상제도에 관한 법적 연구”, 수산해양교육연구(5-2), 1993, 98면 이하 참조.

「가축전염병예방법」에 따른 가축전염병 확산 등으로 인한 피해를 말한다(동법 제3조 1호).

나. 「자연재해대책법」

「자연재해대책법」상 재해라 함은 「재난 및 안전관리 기본법」제3조제1호에 따른 재난으로 인하여 발생하는 피해를 말한다(동법 제2조 제1호)". 그리고 동법상 자연재해라 함은 전술한 재해 중 「재난 및 안전관리 기본법」 제3조 제1호 가목에 따른 자연현상으로 인하여 발생하는 재해를 말한다(동법 제2조 제2호). 따라서 동법상 자연재해라 함은태풍, 홍수, 호우(豪雨), 강풍, 풍랑, 해일(海溢), 대설, 낙뢰, 가뭄, 지진, 황사(黃砂), 적조(赤潮), 조수(潮水), 그 밖에 이에 준하는 자연현상으로 인하여 발생하는 재해를 말한다고 정의할 수 있다.

다. 「농어업재해대책법」

「농어업재해대책법」에서 어업재해라 함은 이상조류(異常潮流), 적조현상(赤潮現象), 해파리의 대량발생, 이상수온(異常水溫), 그 밖에 제5조에 따른 농어업재해대책 심의위원회가 인정하는 자연현상으로 인하여 발생하는 수산양식물 및 어업용 시설의 피해를 말한다(동법 제2조 제3호).

라. 「농어업재해보험법」

「농어업재해보험법」에서 농어업재해라 함은 농작물·임산물·양식수산물·가축 및 농어업용 시설물에 발생하는 자연재해, 병충해, 조수해(鳥獸害), 질병 또는 화재를 말한다(동법 제2조 제1호). 그리고 동법 시행령 별표1에서 재해보험에서 보상하는 범위를 정하고 있는데, 보상하는 재해의 범위에는 자연재해, 화재 및 보험목적물로별로 해양수산부장관이 정하여 고시하는 수산질병이다.

마. 소결

이상에서 보는 바와 같이 수산업분야의 자연재해로는 태풍, 홍수, 호우(豪雨), 강풍, 풍랑, 해일(海溢), 대설, 낙뢰, 가뭄, 지진, 황사(黃砂), 적조(赤潮), 조

수(潮水) 등이 있으며, 어업재해로는 이상조류(異常潮流)[6], 적조현상(赤潮現象), 해파리의 대량발생, 태풍, 해일, 이상수온(異常水溫) 등이 있다.

2. 어업재해의 특성

어업과 관련된 재해는 동시다발성, 불가항력성, 발생지역에 따라 피해정도가 다르다는 점, 계절별로 재해의 종류가 다르다는 특성을 지니고 있다.[7] 물론 자연을 상대로 생산활동이 일어나는 1차산업의 경우 대부분이 해당되는 비슷한 특성이다.

가. 동시다발성

수산업과 같이 자연에 크게 의존하는 1차산업상 자연재해로 인한 피해는 불시에 광범위한 지역에서 동시다발적으로 발생한다. 기상관측기술이 발달함에 따라 어느 정도의 예측은 가능하지만 그 피해가 어느 범위까지 미칠 것인지는 아직까지 알기 어려운 상황이다. 비록 예측이 가능하다고 하더라도 광범위한 지역에서 동시에 발생하기 때문에 이에 대처하는 데는 한계가 있다.

나. 불가항력성

대부분의 자연재해는 불가항력적이다. 기상관측기술의 발달, 각종 생산기반시설 확충, 어업기술의 발달 등으로 어느 정도의 자연재해는 극복할 수 있지만, 이상기상으로 인한 대규모의 재해에 대해 영세 어업인이 통제할 수 없는 자연재해에 자력으로 이에 대응하는 데는 어려움이 많다.

6) 이상조류에는 고수온, 냉수대, 빈산소수괴(貧酸素水塊) 등이 포함된다. 여기서 빈산소수괴(산소부족 물덩어리)란 해수중에 녹아있는 산소농도가 통상 3mg/L 이하인 경우를 말하며, 주로 여름철 해류소통이 원활하지 못한 반폐쇄성 내만의 부영향화된 해역에서 주로 발생한다.

7) 김현용, “정부, 보상비 최대 5,000만원으로 한정 나머지 보험으로 보완 유도”, 현대해양 통권 492호, 협동문화사, 2011.4, 58－59면.

다. 발생지역에 따라 피해정도의 차이성

발생지역에 따라 피해정도의 차이가 있다. 동일한 재해라고 하더라도 지역에 따라 피해가 심한 지역과 피해가 경미한 지역으로 구분된다.

라. 계절별 재해종류의 차이성

여름에는 고온에 따른 적조, 가을에는 태풍, 겨울에는 한파, 폭설 등 계절에 따라 발생하는 자연재해의 종류도 다르다. 따라서 수산물에 미치는 피해도 자연재해의 종류에 따라 달리 나타난다.

3. 어업피해의 현황

가. 태풍 피해현황

2012년 태풍 제14호 "덴빈"과 제15호 "볼라벤"으로 직접 피해를 입은 장흥, 강진, 해남, 영광, 신안 등 전라남도 15개 지역에 대해 정부는 특별재난지역으로 선포하였다. 두 개의 태풍으로 인한 이 지역의 피해현황은 수산시설 4종의 피해액만 69,568백만원이고, 수산양식생물의 피해액을 합하면 그 금액은 상당히 증가할 것이다.

〈표 1〉 Survey Result of the Typhoon Damage

피해유형	피해내용	피해액 (단위 : 백만원)
증양식시설	17개 시군 3,505개소	66,118
어선	312척(전파 137, 반파 175)	2,900
어구·어망	8개시군 92,499통	550
수산양식생물	9개시군 넙치, 우럭, 도미, 전복 등	넙치(7,482미), 우럭(7,407미), 도미(1,336미), 전복(490,874미)

출처 : Jeollanamdo Disaster Countermeasures Headquarters, "No.14 · No.15 Report of the Result on the Typhoon Damage", 2012.9.7.

나. 적조·폭염피해현황

(1) 2003년에서 2007년까지 적조피해규모

〈표 2〉 Survey Result of the Typhoon Damage (unit : one millon won)

구분	2003	2004	2005	2006	2007
기간	8-10월	8-9월	7-9월	8-10월	7-9월
지역	울산, 전남, 경남	전남-경남	전남-경남	전남-경남	전남-경북
피해신고액	21,501	120	1,061	73	11,498

출처 : Agriculture, Food, Rural Affairs, Oceans, and Fisheries Committee, Inspection of the administration Required data(2008, Ministry for Agriculture, Food, Forestry and Fisheries)

(2) 2012년 적조피해규모

2012년 8월 23일 현재 농림수산식품부(현재는 해양수산부)와 보험업계에 따르면 2012년 여름 적조로 인해 돌돔 양식장에서 9억여원, 이상수온의 여파로 전복양식장에서 13억여원 등 총24억원 가량의 피해를 입은 것으로 집계하고 있다[8].

8) 한남일보, '떼죽음 양식수산물 피해보상 '막막', 2012.8.23. (http://www.hannamilbo.com/news/articleView.html?idxno=63688).

다. 지진해일 피해현황

지진·해일로 인한 어업피해 현황은 다음과 같다.

〈표 3〉 Survey Result of the Earthquake · Tsunami Damage

발생연도	발생 현황	피해 규모
1940.8	삼척, 울진, 울릉도 등에서 높이 2m 정도의 지진해일 발생	삼척 어선유실 2척, 침몰 4척
1964.6	부산 32㎝, 울산 32㎝ 해수면 상승	일본은 큰 피해, 한국은 피해 거의 없음
1983.5	울릉도 5m, 울진, 동해시 2m 이상의 파고	어선피해 154척
1993.7	일본에서 10m 이상 파고, 한국에도 영향미침	소형선박 19척 전파, 16척 반파, 어망 및 어구 3,228통 피해

출처 : Ministry of Security and Public Administration, "I would like to know it – Earthquake · Tsunami", 2011.3.29.

Ⅲ. 국가지원을 통한 어업피해 전보방안

1. 의의

자연재해로 인한 어업피해가 발생한 경우, 정부는 "지원"을 한다고 하고, 어업인들은 "보상"을 요구한다고 하여 각자의 입장에서 다른 용어를 사용하고 있는데, 이들 용어의 의미를 어떻게 이해하느냐에 따라 재해지원제도가 가지는 법적 성질이 달라질 수 있다. 즉 보상이라는 의미는 국가 또는 공공 단체가 적법한 행위에 의하여 국민이나 주민에게 가한 재산상의 손해나 손실을 보충하기 위하여 제공하는 대가이다. 달리 말하면 위법성이 없는 행위로 발생하는 피해에 대해 지급받는 정당한 반대급부인 셈이다. 보상이라는 용어를 사용하는 경우, 국가의 입장에서는 재해를 입은 어민에게 반대급부를 이행하는 책임이 있고, 재해를 당한 어민은 정당하게 보상을 청구할 권리를 가진다는 논리로 귀결된다. 따라서 국가는 보상이라는 용어 대신에 국민의 안정적인 생활을 최소한으로 보장해 주고자 하는 책무를 다한다는 차원에서 "지원"이라는 용어를 사용하고 있다.

이와 같이 재해에 대한 지원이라는 형식으로 피해 어민들에게 복구를 지원하고 있지만 실제로 발생한 손해보다 적게 지원되므로 어업인들은 그 피해를 메우기 위해 재해보험을 이용하기도 한다. 그러나 재해보험은 강제보험이 아니므로 재해보험에 가입하지 않은 영세한 어업인들을 위해서는 여전히 정부의 어업재해 지원제도가 필요한 실정이다.

2. 재해지원 근거법령

국가가 시행하고 있는 재해복구비의 지원은 「자연재해대책법」에 근거하고 있다. 동법에서 "국가는 자연재해위험지구 정비 등의 자연재해 예방대책, 자연재해 응급대책 또는 자연재해 복구사업을 원활하게 추진하기 위하여 필요하면 그 비용의 전부 또는 일부를 국고에서 부담하거나 지방자치단체 또는 재난관리책임기관에 보조할 수 있다"고 규정하고 있다(「자연재해대책법」 제70조).

한편 「자연재해대책법」에서 보호하지 못하는 수산생물의 복구지원에 대해서는 「농어업재해대책법」에서 좀 더 구체적으로 규정하고 있다. 즉 동법은 농업 및 어업 생산에 대한 재해(災害)를 예방하고 그 사후대책을 마련함으로써 농업 및 어업의 생산력 향상과 경영 안정을 도모함을 목적으로 하고 있다. 따라서 어업피해에 관한 국가지원의 근거법령은 「자연재해대책법」과 「농어업재해대책법」을 들 수 있다.

3. 재해지원제도의 취지

「헌법」 제34조 제6항에서 "국가는 재해를 예방하고 그 위험으로부터 국민을 보호하기 위하여 노력하여야 한다"고 규정하여 국가는 자연재해에 대해 국민을 보호할 포괄적인 책무를 부담한다. 이와 같이 「헌법」상 국가의 책무에 기인하여 「자연재해대책법」에서는 재해복구비용을 지원하도록 규정하고 있다. 자연재해에 대해서 국가가 지원하는 근본적인 취지는 국민의 생명과 재산을 보호하는 것이 국가의 기본적인 책무이기 때문이다. 각종 위험에 처한 국민이 최소한의 생계유지와 건강한 생활을 영위할 수 있도록 구제하고 보호하는 것은 국가의 국민에 대한 가장 기본적인 책무이며 국가존립의 이유이다. 어업피해에 대한 국가의 지원대책도 헌법이 부여한 국가의 책무를 다하기 위한 일환으로 이해할 수 있다.

어업재해는 불시에 광범위한 지역에 동시다발적으로 발생하기 때문에 어업인 개개인이 자연재해에 대처하고 이를 극복하기에는 어려운 점이 있으므로 국가의 지원책이 필요한 이유이기도 하다.

4. 지원내용

가. 보조 및 지원내용(「농어업재해대책법」 제4조 제3항)

(1) 어업재해로 인한 수산양식물의 피해가 있는 경우

① 종묘대금 또는 치어대금(稚魚代金)

② 죽은 양식물의 철거비

(2) 유실되거나 파손된 어업용 시설을 복구하는 경우: 시설비 및 철거비

(3) 재해를 입은 어가의 생계 안정과 경영 유지를 위하여 지원하는 경우

① 이재민의 구호

② 중학생과 고등학생의 학자금 면제

③ 영어자금(營漁資金)의 상환기한 연기 및 그 이자의 감면

④ 정부 양곡의 지급 등

⑤ 적조현상으로 수산양식물 중 어류를 긴급 방류한 경우: 입식비(入殖費)

나. 이중수혜 배제

국가와 지방자치단체는 재해대책에 드는 비용을 전부 또는 최대한 보조하고 재해를 입은 농가와 어가에 대한 지원을 하여야 하지만, 「자연재해대책법」, 「야생생물 보호 및 관리에 관한 법률」, 그 밖의 법령에 따라 재해의 예방, 피해의 경감, 재해의 복구 및 지원 조치를 받은 농가와 어가는 이 법에 따른 보조 및 지원 대상에서 제외한다(「농어업재해대책법」 제4조 제1항)고 규정하여 이중수혜를 배제하고 있다.

5. 재해지원제도의 개선방안

수산양식의 경우 어업경영의 위험을 스스로 관리하는 수단으로 양식수산물재해보험 확대가 필수적이지만, 강제보험이 아닌 점, 재해보험 대상품목이 아닌 경우 등에는 여전히 국가 지원제도가 어업피해 전보방안으로서 주요 수단으로 운용되어야 한다. 다만 「농어업재해대책법」에서는 어업피해에 대하여 동법 제2조 제3호에서 "어업재해란 이상조류(異常潮流), 적조현상(赤潮現象), 해파리의 대량발생, 태풍, 해일, 이상수온(異常水溫), 그 밖에 제5조에 따른 농어업재해대책 심의위원회가 인정하는 자연현상으로 인하여 발생하는 수산양식물 및 어업용 시설의 피해를 말한다"고 규정하고 있다. 물론 상기 열거한 사유 이외에도 농어업재해대책 심의위원회가 인정하는 자연현상에 대한 피해는 지원이 가능하지만, 인정여부는 농어업재해대책 심의위원회의 결정에 따라 달라질 수 있다. 농업재해에 포함된 병충해와 유사한 재해인 어병, 갯병 등 각종 병해도 어업재해로 인정되어야 한다.[9] 이런 측면에서 농업분야와 비교하여 형평성 제고가 요구된다. 그리고 국가 지원제도가 어업인의 도덕적 해이를 유발하지 않도록 집행상의 배려도 필요하다.

---

9) 김현용, 전게논문, 61면.

Ⅳ. 양식수산물재해보험을 통한 어업피해 전보방안

1. 서설

가. 양식수산물재해보험의 의의

양식수산물재해보험은 보험원리를 이용하여 자연재해를 입은 양식수산 어업인에게 손해를 보전해 줌으로써 어업인들의 경영불안 요소를 해소하고 안정적인 양식 재생산활동을 보장해 주는 제도라고 할 수 있다[10]. 이 보험은 지난 2007년 1월 1일 제정되어 2008년 7월 1일부터 시행된 「양식수산물재해보험법」에 근거하고 있으며, 동 법에 의해 2008년 7월부터 2년간 육상넙치양식을 대상으로 양식재해보험 시범사업이 실시되었다. 2009년 3월 5일에는 기존의 「농작물 재해보험법」과 「양식수산물 재해보험법」을 통합하여 「농어업재해보험법」이 제정되면서 농작물과 수산물이 동법에 의해 통합운영되고 있다.

이러한 양식재해보험이 필요한 이유는 첫째, 태풍, 적조 등 자연재해로 인한 피해가 많이 발생하고 있다는 점이다. 둘째, 자연재해로 피해를 입은 어업인들에 대한 국가의 지원이 턱없이 부족하다는 점 등이다.

나. 양식수산물재해보험의 특성

(1) 정책보험성

"정부는 예산의 범위에서 재해보험가입자가 부담하는 보험료의 일부와 재해보험사업자의 재해보험의 운영 및 관리에 필요한 비용(이하 "운영비"라 한다)의 전부 또는 일부를 지원할 수 있다. 이 경우 지방자치단체는 예산의 범위에서 재해보험가입자가 부담하는 보험료의 일부를 추가로 지원할 수 있다" (「농어업재해보험법」 제19조)고 규정하고 있고, 동법 시행령 제15조에 따르면 보험료 또는 운영비의 지원금액을 지급받으려는 재해보험사업자는 해양수산부장

10) 류정곤, "자연재해 보상범위 가능한 한 확대 가두리 등 양식방법별 상품도 개발해야", 월간 수산양식 제23권 통권 259호, 2011.4, 51면.

관이 정하는 바에 따라 재해보험 가입현황서나 운영비 사용계획서를 해양수산부장관에게 제출하여야 하고, 이들을 제출받은 해양수산부장관은 보험료 또는 운영비의 지원금액을 결정·지급한다고 하고 있다.

이와 같이 양식수산물재해보험제도는 국가가 보험료 및 운영비를 지원하는 정책성 보험의 특성을 지니고 있다. 보험료를 국가가 일정부분 지원하는 이유는 재해보험의 특성상 위험률이 높아 보험료가 상승할 경우 어업인들이 보험가입을 꺼려할 수 있기 때문이다.

현재 순보험료의 50%와 사업운영비 100%를 국고에서 지원하고 있으며, 지자체에서도 자부담 보험료의 30−80% 내외에서 지원하고 있다. 수산물의 경우 보장수준은 52.5−90% 수준이다.[11]

(2) 국가재보험제도 도입

[그림 1] Procedures on the aquaculture Fisheries disaster Insurance

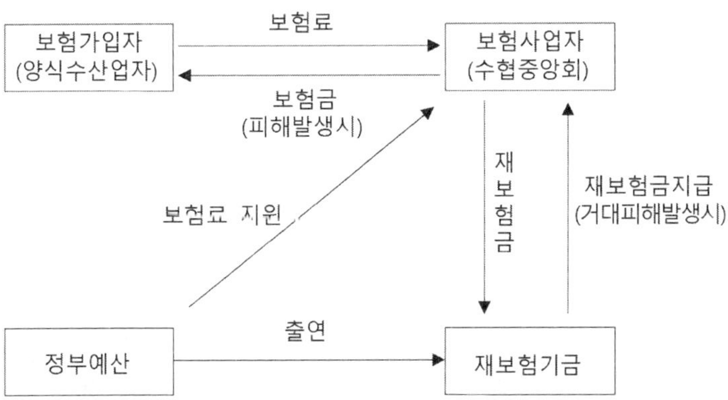

양식수산물재해보험을 도입하면서 국가재보험제도를 동시에 도입했다. 여기서 국가재보험이란 어업재해중 피해가 극심한 경우 재보험사업자가 부담하는 위험의 일부를 정부가 인수하는 제도로서 손해율이 일정수준(양식수산물의 경우 140%)을 초과했을 경우 재보험기금으로 피해를 전보해 주는 것을 말한다. 이 제

11) 해양수산부, "양식수산물 재해보험개요", 2014.7.1 보도자료 참조.

도를 도입하게 된 이유는 어업재해보험은 자연재해 등 사고의 위험성이 높은 재해를 보험대상으로 하고 있어 손해발생 가능성과 손해율이 매우 높아 보험사업자가 사업추진에 소극적이거나 사업참여를 기피하는 경향을 보이기 때문이다[12)]

2. 양식수산물재해보험의 종류

가. 넙치양식보험

태풍(강풍), 해일, 적조, 호우, 홍수, 대설, 동해, 낙뢰 등 자연재해로 인하여 발생하는 양식수산물(넙치)과 양식시설물 피해를 보상하는 보험으로서, 보험가입기간은 1년이고, 만기환급금이 없는 소멸성 보험이다. 2008－2009년 시범사업을 거쳐 2010년부터 보험가입 가능지역을 전국으로 확대한 본사업이다.

보험대상 목적물은 양식수산물인 넙치로서 부화후 5개월 이후의 것 또는 무게 100g이상의 것에 한하고, 양식시설물(육상수조식)은 양식시설 일체(단, 비닐 및 보온덮개 제외)를 대상으로 한다.

〈표 4〉 Insurance limit & Deductible

<table>
<tr><th>구분</th><th>가입선택</th><th>가입한도</th><th>자기부담금</th></tr>
<tr><td>주계약</td><td>의무가입</td><td>양식수산물(넙치)의 보험기간 중 최대보유량 범위내에서 가입자가 결정 (단, 최저50%이상)</td><td rowspan="3">손해액의 10%, 15%, 20%, 25%, 30% 중 선택
(자기부담금 최저액 : 500만원과 보험가입금액의 2% 중 큰 금액)</td></tr>
<tr><td>자연재해원인</td><td>선택가입</td><td>주계약 보험가입금액과 같게 가입</td></tr>
<tr><td>전기적장치위험보장특약</td><td>선택가입</td><td>주계약 보험가입금액과 같게 가입</td></tr>
<tr><td>양식시설물손해담보특약</td><td>선택가입</td><td>양식시설물의 가입당시 가액 범위내에서 가입자가 결정</td><td>매 사고당 50만원</td></tr>
</table>

출처 : http://www.suhyup－bank.com/index.jsp

12) 류정곤, 전게논문, 51면.

나. 전복양식보험

태풍(강풍), 해일, 풍랑, 적조, 호우, 홍수, 대설, 동해 등 자연재해로 인하여 발생하는 양식수산물(전복)과 양식시설물 피해를 보상하는 보험으로서, 보험가입기간은 1년이고, 만기환급금이 없는 소멸성 보험이다. 보험가입 가능지역은 전남(진도, 해남, 완도, 강진, 신안, 여수, 고흥), 충남(태안) 등의 지역을 대상으로 하는 시범사업이다. 2010－2011년 동안 시범사업을 거쳐 2012년 10월 29일부터는 본 사업으로 전환하였다.

보험대상 목적물은 양식수산물인 전복으로서 각장 3cm이상 또는 무게 5g이상인 것에 한하며, 양식시설물은 해상 가두리 양식시설 일체(닻, 닻줄, 셀타, 로프는 제외)를 대상으로 한다.

다. 해상가두리어류양식보험

태풍(강풍), 해일, 풍랑, 적조, 호우, 홍수, 대설, 동해 등 자연재해로 인하여 발생하는 양식수산물(조피볼락, 참돔, 돌돔, 감성돔, 농어, 쥐치, 기타볼락)과 양식시설물 피해를 보상하는 보험으로서, 보험가입기간은 1년이고, 만기환급금이 없는 소멸성 보험이다. 보험가입 가능지역은 전남(순천, 여수, 장흥, 강진, 신안, 여수, 고흥), 경남(사천, 통영, 하동, 남해, 고성), 충남(서산, 보령, 서천, 태안, 홍성) 등의 지역을 대상으로 하는 시범사업이다. 다만 조피볼락과 참돔은 2014년 4월 22일부터는 전국을 대상으로 하는 본 사업으로 전환하였다.[13)]

보험대상 목적물은 양식수산물 : (조피볼락, 참돔, 감성돔) 전장 13cm이상 또는 무게 40g이상, (기타볼락) 전장 8cm이상 또는 무게 20g이상, (돌돔) 전장 10cm이상 또는 무게 30g이상, (쥐치) 전장 10cm이상 또는 무게 50g이상, (농어) 전장 13cm이상 또는 무게 15g이상인 것에 한하며, 양식시설물 : 해상 가두리 양식시설 일체(닻, 닻줄, 로프는 제외)를 대상으로 한다.

라. 굴양식보험

태풍(강풍), 해일, 풍랑, 적조, 호우, 홍수, 대설, 동해, 이상조류 등 자연재해

13) 해양수산부, “양식수산물 재해보험 개요”, 2014.4.14일 보도자료 참조.

로 인하여 발생하는 양식수산물(굴)과 양식시설물 피해를 보상하는 보험으로서, 보험가입기간은 6월~9월이고, 만기환급금이 없는 소멸성 보험이다. 보험가입가능지역은 보험가입 가능지역은 전남 여수, 경남 통영 등의 지역을 대상으로 하는 시범사업이다. 2011－2013년 동안 시범사업을 거쳐 2014년 4월 22일부터는 전국을 대상으로 하는 본 사업 대상품목이다.

보험대상 목적물은 양식수산물(굴)로서 연승수하식 양식굴로서 수하이후 30일이 경과된 것에 한하며(단, 월하굴은 보상대상에서 제외), 양식시설물은 연승수하식 굴양식시설 일체(단, 콜렉터 및 이동가능한 닻 및 부대시설은 제외)를 대상으로 한다.

마. 김양식보험

태풍(강풍), 해일, 풍랑, 호우, 홍수, 대설, 동해, 이상조류 등 자연재해로 인하여 발생하는 양식수산물(김)과 양식시설물 피해를 보상하는 보험으로서, 보험가입기간은 매년 7월~10월이고, 만기환급금이 없는 소멸성 보험이다. 보험가입 가능지역은 전남 해남을 대상으로 하는 시범사업이다. 2011년부터 지금까지 시범사업으로 남아 있다.

보험대상 목적물은 양식수산물(김)으로서 양성단계에 있는 돌김, 일반김, 잇바디돌김으로 양성시설 설치이후 30일이 경과된 것에 한하며, 양식시설물은 지주식, 부류식 양식시설 일체(단, 김채취선 등 부대시설은 제외)를 대상으로 한다.

3. 양식수산물재해보험 담보범위와 보상절차

양식수산물재해보험의 재해범위는 「농어업재해보험법」 시행령 제8조 [별표 1]에서 정하고 있는데, 본사업인 넙치·전복·조피볼락·굴 및 참돔 보험의 경우 그 대상인 이들에 대한 재해범위는 자연재해, 화재 및 보험목적물별로 해양수산부장관이 정하여 고시하는 질병으로 하고 있고,[14] 위 수산물의 양식시

14) 예컨대 넙치의 경우, 보상하는 수산질병은 바이러스성 질병(바이러스성 출혈성 패혈증, 바이러스성 신경괴사증, 해산 버나바이러스 감염증, 랍도 바이러스 감염증, 이리도바이러스병), 세균성 질병(에드워드균 감염증, 연쇄구균 감염증), 기생충성 질병(스쿠티카 감염증, 백점충 감염

설(부대시설포함)은 자연재해 및 화재를 범위로 한정하고 있다[15)]

한편 시범사업은 「농어업재해보험법」 제27조에 따라 "재해보험사업자는 신규 보험상품을 도입하려는 경우 등 필요한 경우에는 해양수산부장관과 협의하여 시범사업을 할 수 있다"고 규정하고 있고, 구체적인 사항은 동법 시행령 제22조에서 규정하고 있다. 시범사업의 재해범위는 자연재해 중 태풍, 강풍, 해일, 풍랑, 적조 및 자연재해에 따른 수산질병이다.[16)] 그리고 시범사업 대상은 2014년 7월 현재 김, 돌돔, 감성돔, 농어, 쥐치, 기타볼락, 숭어, 멍게, 미역, 뱀장어, 강도다리, 다시마, 홍합 등 13개 품목에 이르고 있다.[17)]

4. 양식수산물재해보험의 현황

가. 양식수산물재해보험의 가입현황

2010년 말 기준으로 양식수산물재해보험은 육상수조 넙치양식과 해상가두리 전복양식 2개의 상품이 개발돼 판매되고 있는데, 두 품목의 가입 적합 어가수는 모두 1874가구로 넙치가 629가구, 전복이 1245가구이다. 이중 넙치가입 어가수는 133가구로 21.1%의 가입률을 보인 반면, 전복은 48가구로 3.9%에 그쳐 전체 가입률은 9.7%에 불과하다.

2개품목의 보험가입 금액은 모두 817억4000만원으로 가구당 평균보험가입금액은 4억5100만원이다. 품목별로는 넙치가 총 694억8000만원으로 5억2200만원이고, 전복은 122억6000만원에 가구당 평균은 2억5500만원이다[18)]. 이처럼 전복의 보험금액이 낮은 이유는 넙치에 비해 생산 및 규모가 작은데 기인한 것으로 여겨진다.

증). 전복의 경우, 보상하는 수산질병은 패각괴사증, 근육위축증, 복부 팽만증, 요각류 감염증, 스쿠티카 감염증이다. 이외에 조피볼락 등 보상하는 수산질병의 범위에 대한 자세한 내용은 해양수산부고시 제2013-247호 참조(/www.mof.go.kr, 법령바다).

15) 「농어업재해보험법」 시행령 제8조 [별표1] 참조.

16) 오병석, "국가재해 대책 한계…보험 통해 극복 보장확대·상품개선 등 내실화 추진", 월간 수산양식 제23권 통권 259호, 2011.4, 45면.

17) 해양수산부, 전게 "양식수산물 재해보험 개요" 2면.

18) 규정곤, 전게논문, 52면.

한편 2012년 8월 기준 양식수산물재해보험에 가입한 양식 사업장은 전체 5851곳 중 709곳, 7.9%에 불과한 것으로 파악되었으며, 보험대상 품목별로 보면, 넙치의 재해보험 가입률이 39.3%, 전복이 13.9%[19], 돔·볼락 등 어류 7종이 8.9%, 굴이 4%, 김이 0% 등으로 전반적으로 낮은 수치를 보였다.[20]

나. 보험료 납입현황

보험료 납입현황을 보면 총 보험료는 14억4700만원이고 국가보조를 제외한 자부담은 5억2900만원으로 가구당 평균보험료는 약800만원이지만 자부담보험료는 약 300만원이다.

품목별로 보면 넙치의 총 보험료는 11억4400만원에 자부담은 4억1800만원이고 가구당 평균 총 보험료는 860만원이지만, 자부담 보험료는 314만원 정도이다. 전복의 총 보험료는 넙치보다 낮은 3억300만원으로 자부담은 1억1100만원이고 가구당 총 보험료는 631만원에 자부담은 약 230만원 정도이다.[21]

다. 양식수산물재해보험 가입이 저조한 원인

양식재해보험 가입률이 저조한 이유는 첫째, 보험이 적용되는 품목이 제한적이라는 점, 둘째, 보험이 적용되는 재해의 종류가 제한적이라는 점, 셋째, 보험에 대한 어업인의 낮은 인식과 양식어업인이 많은 전남지역에서 최근 몇 년간 자연재해 발생률이 낮아 보험가입의 필요성을 느끼지 못했다는 점 등을 들 수 있다.

---

19) 이처럼 전복 양식수산물재해보험의 가입률이 저조한 이유는 전복양식의 주산지인 전남 완도지역의 자연재해발생률이 낮아 현지 어업인들의 보험가입의 필요성에 대한 인식이 낮은 점과 해상 가두리양식의 특성상 높은 위험요인을 반영한 보험료 수준이 높아 어업인들이 보험료 납입에 부담을 느낀다는 점 등으로 분석된다.

20) http://www.newsis.com/ar_detail/view.html?ar_id=NISX20120822_0011384127&cID=10401&pID= 10400.

21) 류정곤, 전게논문, 52면.

5. 양식수산물재해보험의 문제점 및 개선 방안

가. 양식수산물재해보험의 문제점

(1) 제한된 보험품목 및 재해보상범위의 협소

2014년 현재 시행하고 있는 양식보험의 본사업은 넙치, 전복, 조피볼락, 굴 및 참돔 5가지 뿐이고, 감성돔, 기타볼락, 돌돔, 쥐치, 농어 등은 시범사업으로 행하고 있다. 현재 보험대상 품목은 다소 늘어가고 있으나, 여전히 제한적이며, 그나마 시범사업의 경우에는 보험가입 가능지역이 한정되어 있다.

그러나 2023년 현재는 본사업 17품목(넙치, 전복, 굴, 조피볼락, 참돔, 돌돔, 감성돔, 농어, 쥐치, 볼락, 숭어, 능성어, 강도다리, 홍합, 다시마, 톳, 가리비 및 그 시설물), 시범사업 11품목(멍게, 미역, 김, 뱀장어, 송어, 미더덕, 오만둥이, 터봇, 메기, 향어, 전복종자 및 그 시설물)으로 확대되었다.[22]

양식공제 대상품목이 패류, 어류, 김, 미역 등 40여종[23]에 이르는 일본의 경우와 비교하면 본 사업은 12% 정도, 시범사업을 합하여도 26%에 불과하다. 그리고 보상범위과 관련하여, 양식수산물재해보험 약관에 따르면 태풍(강풍), 해일, 풍랑, 적조, 호우, 홍수, 대설, 동해, 낙뢰, 이상조류 정도를 보상하는 정도로서 보상범위도 협소하다.

(2) 복잡한 가입절차

현행 양식재해보험 가입절차는 보험가입 신청에서부터 현장조사, 현지확인, 보험증권 발급에 이르기까지 총 9단계를 거친다. 농작물재해보험과 가축재해보험이 가입신청부터 보험증권 발급까지 총 4단계에 불과한 것과 달리 복잡하다. 이는 수산업의 특성상 현장에서 전수조사가 어렵기 때문에 수량 확인을 위한 가입서류 구비가 어렵고 현지조사에 어려운 점이 있다고 하더라도 절차의 복잡함 때문에 어업인들이 가입을 꺼리는 이유가 되기도 한다.

---

22) 농업정책보험금융원(www.apfs.kr), 2023년 양식수산물재해보험 사업시행지침 2면.
23) 기획예산처, "양식수산물 재해보험 도입", 2007,9.17, 4면.

한편 가축재해보험과 농작물재해보험이 1회 현장실사로 가입이 가능하지만, 양식재해보험의 현장실사는 2회로 규정되어 있다. 현장실사가 언제까지 이루어져야하는지 기간을 한정한 규정이 없어 어민의 경우 신청을 해도 실사가 이루어 질 때까지 무작정 기다려야 하는 문제점이 있다.

(3) 전문인력의 부족

2012년 12월 기준으로 수협중앙회의 양식재해보험 인력현황을 보면 현장실사를 담당하는 공제보험지부의 양식수산물재해보험 인력이 전국 지부당 1명씩 총 7명에 불과하다. 더구나 이 중에 양식을 전담하는 인력은 4명 밖에 되지 않는다[24]. 양식장의 대부분이 도서 벽지에 위치하고 있다는 점을 고려해 볼 때 사실상 현장실사가 늦어질 수밖에 없어서 실제로 어업인들이 양식재해보험 가입신청을 해도 현장실사가 늦어져 보험에 가입하지 못해 태풍 등 재해로 피해를 고스란히 떠안은 사례[25]가 발생하기도 한다. 문제는 이처럼 보험가입의 현장실사가 늦어져 피해를 입은 어업인들에 대한 구제방법이 없다는 점이다. 어업인들이 보험에 가입하지 않은 상태이기 때문에 보험을 통한 지원을 받을 수가 없는 경우이다.

나. 양식수산물재해보험의 개선 방안

(1) 보험품목 지속적 확대

수협은 지난 2008년 7월 육상수조식 넙치를 대상으로 양식재해보험을 시작한 이후 2010년 해상가두리 전복, 2011년 해상가두리 조피볼락, 김, 수하식 굴 그리고 2012년 해상가두리 어류 중 강섬돔, 참돔, 돌돔, 농어, 쥐치, 기타볼락을 상품화함으로써 총 11개 품목에 대한 양식재해보험 상품을 판매하고 있다.[26] 어업인의 의견수렴 및 조사를 통해 지속적인 품목확대를 추진함으로써

24) http://www.agrinet.co.kr/news/news_view.asp?idx=114065

25) 예컨대 전남 완도군의 전복양식 어업인 4명은 2012년 7월 10일 해당 수협에 재해보험 가입을 신청했으나 이후 현장실사가 이뤄지지 않아 보험가입이 계속 미뤄졌다. 차일피일 미뤄지던 보험가입은 8월 27일 태풍 볼라벤이 전남 지역 양식장을 강타할 때까지 이뤄지지 않아 피해를 떠안게 됐다.

26) 2010년말 현재 수산물 생산통계에 기록된 천해양식산업 품종 수는 육상수조식 넙치를 포함해 40종이고 넙치를 제외한 어류가 모두 15종이다. 따라서 어류를 한 종으로 분류한다면 양식수산

가입대상 어업인의 범위확대 및 보험사업의 활성화를 도모해야 한다. 다행히도 2014년 강도다리·홍합·다시마, 2015년 송어·가리비·톳, 2016년 능성어·미더덕·오만둥이, 2017년 터봇·메기·향어에 이어 2018년 전복종자가 추가되어 2023년 현재는 본사업 품목17개, 시범사업 품목 11개로 총 28개의 보험상품이 판매되고 있지만, 앞으로도 지속적으로 대상품목을 확대해 나가야 한다.

(2) 보상재해 범위 확대 및 시범사업의 본사업으로 전환

양식수산물재해보험 가입률이 높지 않는 것이 현실이지만, 가입률을 제고하는 방안은 어업인들로 하여금 보험에 가입하면 어떤 경우라도 보상을 받을 수 있다는 확신을 제공하여야 하는데, 그렇게 하기 위해서는 보상재해 범위를 확대하는 등 상품의 다양성이 요구된다.

양식수산물재해보험은 「자연재해대책법」 및 「농어업재해대책법」 등에 의한 자연재해 중 태풍, 강풍, 해일, 풍랑, 적조에 대해서만 보상재해의 범위로 한정하였으나, 현재는 호우, 홍수, 대설, 동해, 이상조류도 보상재해 범위로 포함하고 있다[27]. 이러한 재해 이외에도 보험제도에 대한 어업인의 의견수렴을 통해 자연재해의 범위를 확대해 나가야 한다. 또한 주계약 외에 특약을 다양하게 함으로써 피보험자의 선택의 폭을 넓혀 주어야 한다. 그리고 시범사업의 경우 보험가입지역이 제한되어 있으므로 조속한 본사업으로의 전환이 요구된다.

(3) 보험료 부담완화

양식수산물재해보험의 초점은 가입금액이내에서 실제 피해액을 보상함으로써 어업인들이 자연재해 피해로부터 조기에 경영안정을 되찾을 수 있도록 함에 있다. 높은 재해위험을 수반하는 수산업의 특성상 보험료 수준이 높다는 점을 감안하여 정부는 보험료의 72.5%를 지원하고 있고(순보험료의 50%와 사업운영비 100%),[28] 전라남도의 경우에는 이러한 국고보조 이외에도 별도로 지방

물재해보험 상품화 대상 품종은 모두 25개라 할 수 있다. 25개 양식품종 중 생산액으로 상위 10권에 속하는 품종을 보면 넙치, 어류, 전복, 김, 굴, 미역, 바지락, 다시마, 새우, 홍합이고 이들 품종의 생산량 비중은 40%에 불과하지만 생산량 비중은 무려 95%에 이른다고 한다(류정곤, 전게논문, 53면).

27) 「농어업재해보험법」 제6조, 「농어업재해보험법」 시행령 제8조,「농어업재해보험법」 시행령 제8조 [별표1] 참조.

28) 양식수산물재해보험은 순보험료의 50%를 국고에서 보조하고 있으며, 부가보험료(사업운영비)

비 예산을 책정해 넙치, 전복양식 어업인에게 보험료의 일부를 추가 지원함으로써 이 지역 어업인의 보험료 부담을 덜어주고 있다[29][30]. 어업인들의 부담을 덜어주기 위한 방편으로서는 국고 보조 이외에 지방비 지원확대가 필요하다고 본다. 또한 보험가입 제고를 위한 수단으로서 우수보험가입자에게 대한 보험료 할인[31], 인센티브 제공 등도 고려해야 한다. 참고로 일본의 경우 계약한 해에 무사고인 경우에는 보험료를 할인해 주고 있고, 장기공제특약(4년계약)에 가입한 경우에는 보험료의 10%를 할인해 주고 있다[32].

(4) 전문인력의 양성

양식수산물재해보험은 국내 유사사례가 없고, 어종별·지역별 특성화로 규격화된 상품출시가 어려운 실정임을 감안해 상품화 및 보상방안 마련 등을 위해서는 양식 현실을 이해하는 전문가 양성이 시급하다. 수산부분 양식관련 학과에 보험교육이 필요한 이유이다.

(5) 절차의 간소화

현행 보험가입절차는 다음과 같다. 즉 조합에 양식수산물보험 신청 → 중앙회에 통보 → 중앙회에서 현지조사 → 현지조사내용을 조합에 통보 → 조합은 현지조사를 토대로 청약심사 → 청약심사완료 → 청약승인 → 계약성립 → 증권발급으로 종료된다. 대별하면 신청 → 현지조사 → 청약심사 → 청약승인의 절차이다. 물론 농작물의 경우 고정된 장소에 있는 것을 조사하면 되지만, 양식수산물의 경우 현지조사는 크기에 맞는 생물이 있는지를 조사하는 것에 어려움이 있으

의 경우에는 2008년과 2009년에는 70%, 2010년에는 80%, 2011년이후에는 100% 운영비 국고지원을 확대하여 어업인들의 보험료 부담을 완화하고 있다(동 보험제도 시작할 무렵에는 전체 보험료의 60%를 국고에서 지원하였음(순보험료 50%, 사업운영비 70%)).

29) 이준서, "2008년 7월 넙치 시범시작…전복까지 확대 조피볼락 이어 김·굴 등 신상품 출시 예정", 월간 수산양식 제23권 통권 259호, 2011.4, 49면.

30) 전라남도의 경우 지방비 지원율을 보험가입자의 자부담액의 10%에서 30%까지 상향조정했다. 양식어업인들이 재해보험에 가입할 경우 국가보조금과 지방비 지원을 합하면 최대 총 보험료의 79%를 지원받아 21%만 자부담하면 된다.

31) 현재 시행하고 있는 보험료 할인은 다음과 같다. 즉 일시납할인(5%), 계속계약할인(5%), 무사고할인(1년차 10%, 2년차 15%, 3년차 25%, 5년차 50%), 반대로 손해율이 높으면 할증함. 수협은행 홈페이지 참조(http://www.suhyup-bank.com/index.jsp).

32) http://www.gyosai.or.jp/panphlet_pdf/yousyoku.pdf

므로 시간이 많이 소요되는 것을 부인할 수는 없지만, 여러 단계의 가입절차를 대폭 간소화하는 방안이 강구되어야 한다.

6. 소결

양식수산물재해보험은 자연재해로 피해가 발생한 경우에 정부가 직접 지원하는 제도에서 어업인 스스로가 재해를 대비하는 제도로 전환하자는 데에 그 취지가 있다. 재난지원금을 축소하고 양식수산물재해보험으로 대체하는 것은 정부의존적 자세에서 벗어나 어업인 스스로 재난위험에 대비하고 관리하는 자조적 시스템을 정착시키기 위한 정부정책으로서 세계적인 추세이다. 자연재해의 특성상 높은 위험요인으로 보험료부담이 높고 상대적으로 열악한 수산환경을 감안해 볼 때, 양식수산물재해보험의 성패요인은 어업인들의 부담요인을 축소하는 한편, 재해발생시 실질적으로 보호하고 지원할 수 있는 시스템에 초점을 맞춰 나가야 한다.

자연재해로 피해를 입게되면 품목에 따라 평균적으로 피해액의 80%를 보험금으로 받을 수 있고, 나머지는 어업인이 부담해야 하는 몫이다. 그나마 어업인이 추정한 피해액은 보험회사가 손해액을 결정하고 보험금을 산정하는 손해사정과정에서 그대로 반영되기 어렵고 또한손해사정사가 피해를 조사할 때까지 피해입증을 위해 현장을 그대로 보존해야 하는 등의 이유로 매년 수백만원의 보험료를 내고도 손해에 크게 미치지 못하는 보험금을 받는 대신 차라리 보험에 가입하지 않고 재난지원금을 받는게 낫다고 생각하는 어민도 많기 때문에 양식수산물재해보험에 가입하는 비율이 저조하였다. 또한 재해보험에 가입한 어업인이 보험금을 지급받으면 정부가 주는 재난지원금은 중복으로 받을 수 없는 점도 보험가입 기피를 부추긴 측면이 있다.

자연재해로 인한 양식수산물 피해에 대한 양식재해보험제도가 정착된다면 정부 지원금에 의해 지원되는 약 10－15% 수준의 보상이 70－80%의 수준까지 상향되어 실질적인 피해 구제에 이바지하게 될 것이다. 또한 양식수산물재해보험제도는 국가무상지원에 대한 기대 등에 따른 도덕적 해이를 방지하고 양식시설물 등에 대한 책임관리의식을 고취시켜 양식산업의 선진화에도 기여할 것이다. 결론적으로 양식재해보험의 성공을 위해서는 보험가입률을 향상시키는 것이다. 양식수산물재해보험은 순수한 민간보험이 아니라 정책보험이기 때문에 상당부분 정부의 지원에 의해 이루어진다. 그렇기 때문에 양식수산물재해보험은 가입하는 것만큼 어민들로서는 이익이다. 정책보험에 대해서 가장 큰 혜택을 받는 자는 결국 어업인 자신이라는 것을 충분히 인식시키고 인식해야 할 필요가 있다.

V. 결론

이 연구는 자연재해로 인한 어업피해 전보방안에 관하여 주로 정부의 재난지원금 제도와 양식수산물 재해보험제도의 문제점 및 개선방안에 관하여 살펴보았다. 정부의 재난지원제도는 주무관청이 소방방재청이며 지원보상한도가 5000만원으로 제한되어 있고 지원형태는 무상인 반면에, 양식수산물재해보험제도는 주무관청이 해양수산부이며 지원한도는 보험가입금액이고 지원형태는 보험가입자에 한해 보상한다는 점에서 차이가 있다. 양자 모두 자연재해로 인한 어업피해민에게 피해를 전보한다는 측면에서는 동일하지만, 전자는 정부예산이 한정되어 있다는 점에서 피해전보에는 한계가 있고, 후자는 보험제도를 이용하여 피해어민에게 실손에 가까운 피해를 전보하는 측면은 있지만, 무상이 아닌 많은 보험료를 지불해야 한다는 단점이 있다.

최근 들어 지구온난화와 기상이변에 따른 잦은 태풍 등으로 양식산업의 피해가 막대한 상황에서, 정부 재난지원금은 한계가 있으므로 양식수산물재해보험이 그 진가를 발휘할 수 있고 또한 자연재해로부터 어민을 보호하기 위해 반드시 필요한 제도이기도 하다. 다만 현재 시행하고 있는 양식수산물재해보험은 그 적용 대상이 너무 적어서 양식 어민들의 수요를 충족시키기에는 턱없이 부족하다는 점이다. 따라서 일부지역에 국한하고 있는 시범사업을 본사업으로 전환해 전국적으로 시행하고 그 대상도 대폭 확대하는 것이야말로 앞으로의 자연재해에 대한 확실한 대비책이 될 것이다.

그리고 양식수산물재해보험은 타 보험에 비해 가입절차가 복잡하고 까다롭다. 최근에 문제가 된 사례에서 보는 바와 같이 양식어민이 보험가입신청을 했음에도 불구하고 실사가 이루어지지 않아 어민으로 하여금 태풍피해를 고스란히 떠안게 한 것은 귀책사유가 어민에게 있다기 보다는 보험당국의 책임이 크다고 하지 않을 수 없다. 인력부족 탓으로 항변할 것이 아니라 양식수산물재해보험 가입 절차를 간소화하고 각 가입절차별로 기간을 한정(예컨대 가입신청 후 가입완료까지의 기일을 확정하는 방안 내지는 보험료 사전납부제도 도입방안)하여 조속히 가입절차가 마무리 될 수 있는 방안 등의 대책을 강구해야 한다.

피해보상과 관련해서도 농업부분은 자연재해로 피해를 본 농산물이 죽은 상태가 남아 있으므로 피해조사가 손쉬운 반면에 어업부분, 특히 가두리양식의 경우 태풍이 오면 일순간 양식물이 사라져서 그 피해조사가 어렵고, 또한 시설도 노후시설이 많아 피해산정에 어려움이 있다. 정책보험인만큼 인력보충을 통한 문제점 해결에 적극 나서야 한다.

한편 재해보험에 가입한 어업인들의 대부분은 재해가 발생하지 않으면 보험료를 날린다는 생각을 저버리지 못하는 것이 현실이다. 자동차보험의 경우와 마찬가지로 보험은 만약의 사태에 대비한다는 생각으로 당해 재해보험의 보험료는 안심하고 양식을 계속하기 위한 필요경비라는 인식의 전환이 필요하다고 본다.

참고문헌

김현용, "정부, 보상비 최대 5,000만원으로 한정 나머지 보험으로 보완 유도", 현대해양 통권 492호, 2011.4.

류정곤, "자연재해 보상범위 가능한 한 확대 가두리 등 양식방법별 상품도 개발해야", 월간 수산양식 제23권 통권 259호, 2011.4.

오병석, "국가재해 대책 한계…보험 통해 극복 보장확대 · 상품개선 등 내실화 추진", 월간 수산양식 제23권 통권 259호, 2011.4.

이준서, "2008년 7월 넙치 시범시작…전복까지 확대 조피볼락 이어 김 · 굴 등 신상품 출시 예정", 월 간 수산양식 제23권 통권 259호, 2011.4.

차철표 · 박용섭, "수협공제의 보상제도에 관한 법적 연구", 수산해양교육연구(5－2), 1993.

해양수산부, 양식수산물 재해보험 개요, 보도자료, 2014.7.1.

Jeollanamdo Disaster Countermeasures Headquarters(2012), "No.14 · No.15. Report of the Result on the Typhoon Damage".

Ministry of Security and Public Administration(2011), "I would like to know it - Earthquake · Tsunami".

Ministry of Strategy and Finance(2007), "Introduction of the aquaculture Fisheries disaster insurance".

https://www.apfs.kr

http://www.suhyup－bank.com/index.jsp－

http://www.gyosai.or.jp/panphlet_pdf/yousyoku.pdf

http://www.headlinejeju.co.kr/news/articleView.html?idxno＝159341

항만공사의 운영 · 관리상의 문제점에 관한 연구

지 상 규

Ⅰ. 머리말

항만이란 선박의 안전한 입출항 및 화물의 선적과 양하를 위한 시설을 갖춘 물리적 공간을 의미하며, 국제 무역을 위해서는 반드시 필요한 산업시설이다. 또한 항만법 제2조에 의하면 "선박의 출입, 사람의 승선하선, 화물의 하역보관 및 처리, 해양친수활동 등을 위한 시설과 화물의 조립 · 가공 · 포장 · 제조 등 부가가치 창출을 위한 시설이 갖추어진 공간을 말한다"라고 규정하고 있다. 따라서 이러한 항만의 효율적인 관리, 즉 선박의 입출항, 사람의 승선하선, 화물의 하역보관 및 처리, 해양친수활동, 화물의 조립가공포장제조 등 부가가치 창출 등을 위한 각종 항만시설들이 그 본래의 기능들을 원활하고 효과적으로 발휘할 수 있도록 행하는 인적물적 조직의 구성과 운영, 항만개발보존, 항만시설의 유지보수, 선박의 입출항 관리 등을 위해 관리주체인 항만공사의 설립 필요성이 대두 되었고, 2003년 항만공사법이 제정되었다. 이후 국가 주요 무역항인 부산항, 인천항, 여수 · 광양항, 울산항에 항만공사를 차례로 설립하여 현재까지 운영 중에 있다. 항만공사제 도입 이후 우리나라 항만 관리 · 운영의 기본 구조는 항만공사에게 정부의 권한을 이양하여 시장 효율성을 추구하도록 하고, 정부는 해양환경 관리, 안전, 선박 · 선원관리, 항로표지, 항만 기반시설 축조와 같은 국가사무를 수행하는 이원화 체계를 추구하고 있다. 독립채산제를 통한 기업적 운영을 통해 항만공사의 책임성, 전문성, 상업성을 보장하고, 민간 경영기법을 도입하여 항만을 운영함으로써 정부 주도 행정의 경직성을 해소하고 항만의 국제경쟁력을 도모하는 것이 항만공사제도의 목적이다. 그러나 2004년 국내 최초의 항만공사인 부산항만공사가 설립된 후 15여 년이 지난 현재에 이르러서도 항만공사의 항만 관리·운영은 정부로부터의 완전한 자율성을 보장받지 못한 채 항만공사제 도입의 취지를 실현하지 못하고 있다는 비판의 목소리가 높다. 대외적으로는 급변하는 해운시장 여건에 발맞추어 전향적인 항만 관리·운영체제를 도입하는 해외 선진항만들과 비교 열위에 있다는 우려도 확대되고 있다. 현재 항만공사는 항만 질서 유지를 위한 최소한의 공권력적 기능조차 가지지 못하여 항만시설의 물리적 관리자의 수준에 머물러 있다. 또한 항만 관리와 운영 기능을 분리하여 항만운영의 완전한 민영화를 완성한 해외 선진항만의 항만공사들과는 달리 제한적이고 간접적인 항만운영 참여만이 허락되고 있어 해외 항만 네트워크 구축에서 뒤처지고 있다. 또한 항만공사가 100% 정부의 출자로 설립된 만큼 태생적 배경과 공공성이 강하게 요구되는 항만 관리의 특성상 항만공사가 정부의 관리와 통제로부터 자율성을 확보하기가 쉽지 않았던 현실적인 사정이 있었다. 이에 본 연구에서는 항만공사의 제도적 문제점 중에 국가사업에 전속되어야 하는 문제, 전문적인 항만안전 관리기관의 부재, 항만질서 단속업무에 관한 문제 및 항만위원회 제도의 한계에 관한 문제점들과 이에 대한 간략한 개선방안을 제안하고자 한다.

II. 항만의 개념 및 항만관리법체계

1. 항만의 개념

항만의 개념은 관점에 따라 다양하게 설명되고 있으나 공통적으로는 대부분이 항만의 물리적 기능에 주목하여 그 개념을 정립하고 있다는 것이다. 그러나 항만은 선박이 정박하여 여객이나 화물을 싣고 내리는 물리적 시설의 집합체 이상의 의의를 가진다. 항만은 고대로부터 무역과 상업의 촉매재로 발전하여 왔으며[1)] 현대에 이르러서는 국가 경제발전을 주도하는 필수 기반시설로서 기능하고 있다. 효율적인 항만은 수입가격을 낮추고 수출 수익성을 창출하는 반면, 비효율적인 항만 운영과 열악한 항만시설은 과도한 물류비를 발생시켜 생산원가에 전가되어 채산성을 약화시키므로 수출입 산업에 지대한 영향을 미치는 존재이다. 나아가 항만은 본래의 목적인 항만 운영을 통한 경제적 이익 창출 외에도 지역사회에 일자리와 부가가치를 창출하고 배후물류단지의 개발과 항만클러스터 구축을 통한 종합물류서비스 제공기지로서의 역할을 하는 등[2] 사회간접자본 시설로서 다양한 수익과 항만서비스 활동을 발생시킨다.

2. 항만관리 법체계

1) 항만법

항만법상 항만이란 "선박의 출입, 사람의 승선·하선, 화물의 보관 및 처리, 해양친수활동 등을 위한 시설과 화물의 조립·가공·포장·제조 등 부가가치 창출을 위한 시설이 갖추어진 곳"을 말한다(항만법 제2조 제1호)[3].

항만법에서의 항만은 '수송기능과 부가가치 창출기능을 가진 시설의 집합체로서, 물적 시설로서의 항만'이다. 이는 항만법의 입법 목적이 항만의 지정·개발·관리·사용 및 재개발에 관한 사항을 정하기 위한 것으로(제1조) 건설 및 사용·수익의 대상으로서의 항만에 주안점을 두고 있고, 구체적인 내용 역시 항만, 항만배후단지 및 항만재개발지역의 시설 개발 및 사용, 관리에 대한 내용(제2장, 제3장, 제5장 및 제6장) 및 항만의 지정 및 사용에 관한 행정법규적 내용들(제4장, 제7장 내지 제9장)로 구성되어 있어 영조물로서의 항만 건설과 관리를 위한 법임을 고려할 때 당연한 것으로 보인다.

---

1) 지금의 시리아 연안의 고대국가인 페니키아 문명은 기원전 1200년경에서 900년경까지 지중해를 가로질러 퍼져나간 진취적인 해상 무역 문화를 가졌고 당시 항만 주위에서 물건 거래가 이루어지면서 항만은 도시의 시장 역할을 하였다.

2) 김상열 등, 「해운·항만산업의 미래신조류」, 부산대학교 물류혁신네트워킹연구소, 2009.

3) 항만법 제2조 제1호는 "[항만]이란 선박의 출입, 사람의 승선·하선, 화물의 하역·보관 및 처리, 해양친수활동 등을 위한 시설과 화물의 조립·가공·포장·제조 등 부가가치 창출을 위한 시설이 갖추어진 곳을 말한다."고 규정하고 있다.

2) 항만운송사업법

항만운송사업법은 항만운송에 관한 질서를 확립하고, 항만운송사업의 건전한 발전을 도모하여 공공의 복리를 증진함을 목적으로 한다(항만운송사업법 제1조). 항만운송사업법에서의 항만 개념은 항만법상 항만 개념에 기초한다. 항만운송법은 항만을 정의하면서 항만법에 따른 항만 중 해양수산부령으로 지정하는 항만, 항만법에 따른 항만 외의 항만으로서 해양수산부령으로 수역을 정하여 지정하는 항만 및 항만법에 따라 해양수산부장관이 지정·고시한 항만(항만시설 포함)을 말한다고 규정한다(항만운송사업법 제2조 제3항). 즉 항만운송사업법에서의 항만 개념은, 항만법상의 항만 개념을 그대로 적용하되 일부 수역과 항만시설을 추가하여 항만의 범주에 포함시키고 있다.

3) 공유수면 관리 및 매립에 관한 법률

공유수면 관리 및 매립에 관한 법률 역시 항만법상 항만의 개념과 무역항의 개념을 그대로 적용하여 항만법에 따른 무역항의 항만구역 안의 공유수면을 해양수산부장관이 관리한다고 규정하고 있다(공유수면 관리 및 매립에 관한 법률 제4조 제2항 제2호).

공유수면 관리 및 매립에 관한 법률은 공유수면의 관리를 목적으로 하는 법률인바, 공유수면은 자연 공물이자 공공의 영조물에 해당한다.

4) 항만공사법

항만공사법은 항만의 개념에 대한 별도의 정의규정을 두지 않고 있으면서도 항만공사의 기능과 권한의 범위 등을 정하기 위하여'항만'이라는 용어를 사용하고 있다. 구체적 조항들을 살펴보면 항만공사법은 항만공사가 관리·운영할 대상을 '항만'으로 규정하기도 하고(항만공사법 제8조 제1항 제1호), 항만법상의 '항만' 개념을 간접적으로 차용하여 '항만'이라는 용어를 사용하기도 한다. 항만공사가 설립될 항만은 '무역항'인데 이 때 무역항이란 항만법 제2조 제2호에 따른 무역항(국민경제와 공공의 이해에 밀접한 관계가 있고 주로 외항선이 입항·출항하는 항만으로서 별도 지정된 '항만')을 의미한다고 규정하는 항만공사법 제

4조 제2항이나, 항만공사의 관할 구역은 항만법 제2조 제4호에 따른 항만구역(별도 지정된 무역항과 연안항 '항만'의 수상구역과 육상구역)이라고 규정하는 동조 제4항이 항만법상 '항만' 개념을 차용하고 있다.

항만공사법상의 항만은 항만시설의 물리적 집합체로서 공간적인 개념을 지칭하는 항만법상의 항만에 한정되지 않는다. 항만공사법이 항만과 항만시설을 분명히 구분하여 사용하고 있으므로 인공 공공용물인 항만시설을 항만이라고 해석하여서도 안된다. 항만공사의 관리·운영의 대상이 되는 항만공사법의'항만'이란 항만시설의 집합체라는 공간적 개념에 더하여 항만 활동, 항만 서비스와 같이 항만에서 이루어지는 여러 가지의 활동까지를 포함하는 종합적 단일체로서의 영조물로 해석하여야 한다.

Ⅲ. 항만 관리·운영상의 문제점

1. 항만공사법의 제정 및 항만공사제도

1) 항만공사법의 제정

국가는 항만을 주도하여 건설하고 항만 서비스는 모든 이용자에게 공정하게 제공하고 있다. 따라서 항만은 공공성를 기반으로 하고 있으며, 국가가 이를 직접 관리·운영하고 있다. 이러한 국가의 직접적 관리·운영은 1996년 이전까지 국유국영업체제로 유지되어 왔다. 그러나 이러한 국유국영업체의 항만운영은 항만의 생산성을 저하시킬 뿐만 아니라 국제환경의 변화에 신속하게 대응하기에는 한계가 있었다. 이러한 문제점을 개선하기 위해 국유민영체계를 도입하게 되었고, 1997년 컨테이너부두관리공사가 설립되었다. 그러나 항만관리운영은 여전히 국가가 주도하였으므로, 이러한 문제점을 개선하기 위해 2003년 항만공사법[4]을 제정함으로써 항만공사제도의 법률적 근거가 마련되었다. 정리하면 부두운영사간 서비스를 제공하고 있기 때문에 정부 주도 항만

4) 법률 제6918호, 2003. 5. 29., 제정

관리 체제의 취약점을 개선하고 기업적 경영원리에 기초한 항만 관리·운영체제를 도입하고자 제정된 것이 항만공사법제이다. 항만공사의 설립은 대내적으로는 항만 행정의 경직성을 해소하여 효율적인 항만운영 시스템을 구축하고, 대외적으로는 대외 환경의 급속한 변화에 신속하고 유연하게 대응함을 그 목적으로 한다. 항만공사법제의 의의는 기존의 시설 개발과 관리기능에서 나아가 항만 관리와 운영을 경영 마인드로 접근하는 것에서 출발한다. 이용자 편익 위주의 항만서비스를 제공함으로써 항만경쟁력을 제고하고 자금의 외부차입 등 다양한 재원조달 수단을 통하여 적기에 필요한 항만개발을 가능하도록 하는 것이 항만공사의 역할이다.[5] 2003년 항만공사법 제정 시 국회에서 이루어진 논의를 살펴보면 우리나라 항만공사법제가 지니는 의의를 확인할 수 있는데, 당시 국회 농림해양수산원장 발의 법안의 의안 원문은 '항만별로 항만공사를 설립하여 정부주도의 항만행정의 경직성을 해소하고 항만환경의 급속한 변화에 대한 탄력적 대처능력을 제고'하며, 장기적으로는 '항만시설의 적기공급을 도모함으로써 우리나라 항만의 생산성 및 경쟁력을 제고'하는 것이 항만공사법의 제정 목적임을 밝히고 있다.[6] 항만공사법 소관 위원회인 국회 농림해양수산위원회의 입법 당시 회의록 역시 '항만공사의 업무범위는 비공권력사항을 원칙으로 하되 필요한 경우 업무 위탁에 의하여 이들 이외의 업무도 수행할 수 있도록 하며, 항만공사제는 정부가 담당하던 항만시설의 개축이나 유지·보수를 더 효율적으로 하기 위해서 기업적인 경영 측면에서 공사를 만들어서 공사에 항만의 운영과 항만의 개발을 맡기도록 하는 제도이고 항만청이 가지고 있던 조직과 기능 중 안전업무라든지 환경업무 등 규제적인 업무는 정부에서 직접 관장을 하되 항만 운영·개발 이런 업무는 공사로 이관'한다는 입법 취지를 설명하고 있다.[7]

---

5) 전동한, 「항만공사제(PA) 효율성 제고를 위한 관련 법률의 고찰」, 「물류학회지」 제24권 제4호, 2014. 11, 134면.
6) 국회 농림해양수산위원장 발의 항만공사법안 의안 원문 상 제안이유, 2003. 4.
7) 국회사무처, 제238회 국회 농림해양수산위원회회의록, 제6호, 2003. 4, 2~3면.

2) 항만공사제도

국내에서 처음으로 항만공사 도입을 제안한 것은 1966년 세계은행으로 불리는 국제부흥개발은행(IBRD, International Bank for Reconstruction and Development)에 의해서이다. 우리나라는 1960년대 국가경제개발계획에 따라 국책사업으로 철도사업을 추진하기로 하고 이에 필요한 자본을 IBRD에 차관을 요청하였는데, IBRD가 철도사업의 타당성 여부를 판단하기 위하여 교통조사단을 구성하여 조사하고 1966년 5월에 보고서를 발간하였다. IBRD는 이 보고서를 통해 당시 철도사업을 위한 차관(借款)의 조건으로 국내 항만관리방식을 독립채산제와 민간기업 회계원리가 적용되는 항만공사(PA)로 전환할 것을 제안하였다. 그러나 우리 정부는 항만관리운영체제의 전환을 미루어 오다가 10년이 지난 1976년에서야 국가행정기관으로 항만관리운영기능 등 항만행정을 총괄 전담하는 항만청을 설치하였다.17)그러다가 1995년 국가경쟁력제고위원회에서 항만의 경쟁력을 저해하는 주요 원인이 국유국영체제로 인한 항만관리운영의 경직성에 있다는 점을 지적하고 이에 대한 시정을 촉구하였으며, 1999년 3월 국무회의에서 「정부운영 및 기능조정방안」에 따라 부산항과 인천항의 관리운영기능을 공사화 하는 것으로 결정함으로써 항만공사 설립논의가 본격적으로 진행되었다. 2003년 「항만공사법」을 제정함으로써 비로소 항만공사제도의 법률적 근거가 마련되었고, 2004년 부산항만공사(BPA)의 설립을 시작으로 2005년 인천항만공사(IPA), 2007년 울산항만공사(UPA), 2011년 여수광양항만공사(YGPA)가 설립되었다.[8]

2. 항만 관리 · 운영의 문제점

1) 국가 사업의 수행

항만공사법상 항만공사의 핵심적인 기능은 항만시설의 조성·관리·운영에 있으나, 항만공사의 사업활동은 인허가나 승인 등 각종 행정규제들로 정부에 의한 간섭과 통제를 받고 있으며, 항만공사의 역할은 정부를 대신하여 항만시

8) 최진이·최성두, “항만공사(PA)의 독립성과 자율성 강화를 위한 「항만공사법」 개정 연구”, 기업법연구 제35권 제3호, 2021. 9, 297～298면 참조.

설의 임대사업을 대행(代行)하는 수준에서 크게 벗어나지 못하는 실정이다.

항만공사의 핵심 은 농림해양수산위원회가 상정한 위원회안을 채택하여 제정되었으므로 항만공사법의 해석은 위원회안 채택의 배경이 된 항만공사법안 심사보고서 및 검토보고서의 내용과 부합하여야 한다. 검토보고서의 내용 중 항만공사의 법적 성격에 대한 부분을 보면, 선박의 입항 및 출항 등에 관한 법률에 의한 단속업무 등 전형적인 경찰행정까지 항만공사가 담당할 수 있는지에 대한 의문이 있어 공권력적 사업은 필요한 경우 행정업무 위탁에 의하도록 하는 것이 바람직하다는 의견을 제시하고 있다. 그럼에도 불구하고 일각에서는 항만공사가 공권력발동의 주체로서 항만법상 해양수산부장관의 역할을 대체하는 것은 허용되지 않는다고 하면서 항만공사법은 항만공사에 순수한 공사로서의 지위만을 부여하였으므로 항만공사는 항만시설에 대한 개발 및 관리·운영과 같은 수익적·기능적 업무만을 사업범위로 하여야 한다고 주장한다.[9)]

2) 전문적인 항만안전 관리기관의 부재

항만에서의 선박운항의 안전 및 질서유지는 선박의 입항 및 출항 등에 관한 법률로서 관장되고 있는데, 동법은 무역항의 수상구역 등에서 선박의 입항·출항에 대한 지원과 선박운항의 안전 및 질서 유지에 필요한 사항을 규정한다(선박의 입항 및 출항 등에 관한 법률 제1조). 동법에서는 항만질서유지를 위한 선박의 이동명령(제8조), 항로 및 항법 준수(제3장), 선박교통 관제의 운영(제4장), 위험물 관리(제6조) 등을 규정하고 있는데, 예방적 질서유지권은 해양수산부에게, 집행기능은 해양경찰에게 부여되어 있다. 그런데 해양수산부가 해양과 관련한 전반적인 업무를 관장하는 상부기관임을 고려할 때 항만 안전 및 질서유지에 관한 업무를 해양수산부에게 일임하는 현행법은 아쉬운 부분이 있다. 해외 선진항만들의 경우 안전 및 질서유지 업무를 일반적 항만 관리업무와 분리하여 별도의 전문기관이 수행토록 하는데, 왜냐하면 규제 완화와 효율성 제고를 통한 항만 경쟁력 확보와 항만 안전 및 질서유지 업무는 성질상 상충되는 측면이 있기 때문이다. 안전 및 질서유지 업무와 일반적 항만 관리업무를 하

9) 박정천, 앞의 논문, 95면.

나의 기관에서 관장하는 경우 항만의 경제적 수익 증대를 목표로 정책을 수립하는 과정에서 항만 안전 관리제도가 항만의 상업적 기능에 부수하는 수준에 그치는 문제점이 있다.[10] 다수의 해외 선진항만에서는 항만 안전 및 질서유지 업무는 항장(Harbor Master)이라는 전문적인 항만안전 관리기관에 일임하고 있다. 항장은 독립적인 권한과 책임을 가지고 항만의 안전관리 및 항내 질서유지 업무를 하는데 주요 기능으로는 입출항 선박에 대한 항계 내 항법 지시, 정박지의 지정, 예·도선 지원 등 선박 교통관리, 해난 및 오염사고 예방, 사고시 수습지휘·통제권 등이 있다. 미국, 일본, 프랑스의 경우에는 항장은 중앙정부 소속으로 운영되고 있으며, 미국의 연안경비대(U.S. Coast Gard), 일본의 해상보안청(Japan Coast Guard)의 해상보안관이 항장에 해당한다. 네덜란드, 영국, 캐나다는 중앙정부의 기관이 아닌 별도 조직으로 항장제를 도입하고 있는데, 네덜란드 로테르담항의 경우 로테르담항만공사(Rotterdam Port Authority)에서 항장의 역할을 수행하여 해상교통과 해양구조물, 선박의 위험물 감시 등의 역할을 한다. 영국 런던항의 경우에도 런던 항만공사가 항장을 임명하여 항만관제, 선박의 계선 및 이선 등 항만질서 유지 기능을 담당하도록 하고 있으며, 캐나다의 경우에도 항만공사가 설치된 항만에서는 항만공사가 항장을 임명하도록 하고 있다. 세계에서 가장 발전된 항만 관리·운영 체제를 가지고 있다고 평가되는 싱가포르의 경우 역시 항만청에서 항장을 임명하도록 하고 있다.

1981년도에 부산지방해운항만청 고시에 의하여 항장제를 도입하려는 시도가 있었으나, 항만의 개발에 집중하던 시기에 안전과 질서유지 기능을 담당하는 항장의 필요성에 대한 인식이 부족하였고, 도입의 실효성이 없다는 시대적 판단에 의하여 곧바로 폐지되었다. 그 후 지금까지도 항만 안전 및 질서유지 업무는 해양수산부 소관 업무로 유지되고 있다. 그러나 해양수산부가 항만의 효율적 이용을 위한 정책을 수립하는 과정에서 안전이나 질서유지를 최우선 과제로 채택하기에는 어려움이 있다. 이에 따라 국내 항만에서는 끊임없이 크고 작은 안전사고가 발생하고 있다.

10) 조동오, 「항만안전제도에 관한 비교연구 -한국과 일본의 제도를 중심으로-」, 「해양정책연구」 제18권 1호, 2003. 1, 152면.

3) 항만질서 단속업무 권한 부재

선박의 입항·출항에 대한 지원과 선박운항의 안전 및 질서 유지에 필요한 사항을 규정하는 선박의 입항 및 출항 등에 관한 법률은, (i)무역항을 효율적으로 운영하기 위하여 필요하다고 판단되는 경우(동법 제8조 제1호) 및 (ii)전시·사변이나 그에 준하는 국가비상사태 또는 국가 안전보장에 있어서 필요하다고 판단되는 경우(조 제2호)에는 해양수산부장관이 선박의 이동명령을 할 수 있도록 하고 있다.[11] 현실적으로 선박 이동명령의 필요성이 가장 높고 발생 빈도도 가장 높은 것은 태풍임에도 불구하고, 선박 이동명령에 대한 위 조항은 태풍과 같은 자연재난이 발생한 경우에는 적용하기가 어렵다. 현장에서는 태풍과 같은 자연재난이 발생한 경우 사고발생을 방지하기 위하여 태풍이 위 제8조 제1호의 '무역항을 효율적으로 운영하기 위하여 필요한 경우'에 해당하는 것으로 확대 해석하여 이동명령을 발하고 있으나, 이동명령 위반은 형사처벌의 대상이 된다는 점을 고려할 때[12] 이러한 해석은 죄형법정주의의 명확성의 원칙 및 유추해석 금지의 원칙에 위반하는 것으로 위법하다. 선박의 입항 및 출항 등에 관한 법률의 개정을 통하여 해양수산부 장관이 선박 이동명령을 발할 수 있는 요건에 태풍과 같은 자연재난상황을 추가하는 입법적 해결이 필요한 부분이다. 이에 항만공사가 설치된 항만에 대해서는 현재 해양수산부에게 부여된 항만질서유지 권한 중 항만의 안전한 관리·운영을 위한 선박교통관제시스템(VTS)의 설치와 관리·운영 권한, 폐기물 및 장애물 제거 명령 권한 등 일부 기능을 항만공사에 위탁할 수 있도록 법을 개정하여 항만 질서 유지가 가능하도록 입법적 방안을 마련하여야 한다.

---

11) 선박의 입항 및 출항 등에 관한 법률
제8조(선박의 이동명령) 해양수산부장관은 다음 각 호의 경우에는 무역항의 수상구역등에 있는 선박에 대하여 해양수산부장관이 정하는 장소로 이동할 것을 명할 수 있다.
1. 무역항을 효율적으로 운영하기 위하여 필요하다고 판단되는 경우
2. 전시·사변이나 그에 준하는 국가비상사태 또는 국가안전보장에 있어서 필요하다고 판단되는 경우

12) 선박의 입항 및 출항 등에 관한 법률 제56조 제6호는 제8조 제1호의 이동 명령에 따르지 아니한 자는 500만원 이하의 벌금에 처하도록 규정하고 있다.

4) 항만위원회 제도의 한계

공공기관의 운영에 관한 법률에 의하면 공기업은 이사회를 설치하여 공공기관의 운영에 관한 법률 사항을 심의·의결하여야 한다(공공기관의 운영에 관한 법률 제17조). 이사회는 기관장을 포함하여 15인 이내의 이사로 구성하는 것을 원칙으로 한다. 항만공사법은 항만공사의 이사회에 '항만위원회'라는 명칭을 부여하고, 공공기관의 운영에 관한 법률 제17조를 구체화하여 심의·의결하도록 하고 있다. 항만공사법 역시 항만위원의 수를 15인 이내로 정하고 있으며 동법 시행령에서 항만위원은 7명의 비상임위원으로 구성하도록 정한다(항만공사법 시행령 제5조). 항만위원은 해양수산부장관이 임명한다(항만공사법 제11조 제1항). 해당 항만 소재지를 관할하는 지방자체단체의 장은 해당 항만의 이용자단체를 대표하는 자 1명을 포함하여 3명의 이내의 사람을 항만위원으로 추천하며, 지방자체단체의 장이 추천하는 자와 항만의 이용자단체를 대표하는 사람을 포함하여 항만위원회를 구성하여야 한다(항만공사법 제11조 제2항 및 동법 시행령 제5조 제2항). 항만위원회 제도는 항만공사가 독립된 의사결정기구를 운용하여 정부의 간섭으로부터 자유로운 경영을 할 수 있도록 함에 그 목적이 있다. 그럼에도 불구하고 현행법과 같이 해양수산부장관이 항만위원회 위원을 임명하는 한 항만위원의이 해양수산부로부터 완전히 자유로운 의결권을 행사할 수 있을지 의문이 든다.

Ⅳ. 개선방안

1. 사업범위의 확대를 통한 항만운영의 민영화

항만공사가 부대사업의 직접시행이나 출자 또는 출연을 하려는 경우 해양수산부장관의 승인을 받도록 하는 등 항만공사의 재정자립을 위한 사업개발이나 사업의 다각화를 제약하고 있다. 따라서 해양수산부장관의 승인을 요하는 사업(제8조 제2항 제8호 및 제3항)을 항만공사의 내부적인 의사결정(항만위원회 등)으로 대체할 수 있도록 재량을 확대함으로써 필요한 사업이 적기에 신속하게 추진될 수 있도록 할 필요가 있다. 또한 싱가포르 항만은 항만을 관리하고 공적 기능을 담당하는 MPA와 항만 운영을 담당하는 민간기업을 구분하고 민간기업인 PSA사로 하여금 기존 싱가포르 항만공사의 항만운영 기능을 담당하도록 하여 항만운영을 민영화하였다. 이로써 싱가포르항은 철저히 경제적 효율성만을 추구하는 민간의 경영방식을 항만 운영에 적용하여 국제 경쟁력을 확보하였다. 싱가포르 국부펀드 테마섹(Temasek)이 100% 지분을 가지는 주식회사인 PSA사는 컨테이너터미널 운영을 주요 사업으로 하고, 해외 항만의 투자 및 개발, 친수공간 개발, 물류업 및 창고업을 사업 범위로 한다. PSA Internatioal 그룹은 PSA 싱가포르 터미널을 모항으로 하는 글로벌 항만운영사로서, 2019년 기준 서남아시아, 중동, 동북아시아, 유럽·지중해, 미주에 걸쳐 19개국 50여개의 항만, 철도 및 내륙 터미널을 가지고 있는 세계 4위의 운영사이다.[13] 국내에서는 부산 신항과 인천에서 각각 컨테이너터미널을 운영하고 있다.

앞에서 지적한 바와 같이 우리나라 항만공사제는 민간경영체제 도입을 표방하고 있으나, 실제로는 정부에서 전액 출자한 공기업이라는 태생적 한계로 인해 정부의 간섭에서 벗어나기 어려운 탓에 주도적인 항만 정책을 수립하는 것이 불가능한 동시에 시장에의 적극적인 개입도 불가능하여 '공공성'과 '기업성' 중 어느 하나도 제대로 만족시키지 못하고 있다. 국가의 항만이나 공항은 국가보안시설에 해당하는 동시에 국가의 가장 필수적인 사회 기간시설이므로 민간에게 항만 개발을 허용하는 것은 불합리하는 시각이 있다. 이러한 점이 고려되어 항만의 개발계획 수립이나 개발 권한은 항만공사에게 부여하고 민간의 참여를 제한하고 있다. 정부 재원조달의 한계를 극복하고자 이미 국내 항만개발에 민간투자가 이루어지고 있기는 하나 항만개발에 대한 일정한 수준의 규제와 감독이라는 측면에서 항만공사의 권한은 민간에게 전면 공개하기는 쉽지 않다.[14] 그러나 항만의 운영과 경영 및 해외항만 개발은 보안과 안전, 환경 등에 대한 감독과 규제를 전제로 민영화가 가능한 영역이다. 공기업

13) 「Global Container Terminal Operators Annual Review and Forecast」, 2018, Drewry, 11면.
14) 한국법제연구원, 공기업 등 공공기관의 민간시장 참여현황 및 경쟁원리 도입방안에 대한 연구, 공정거래위원회 연구용역보고서, 2016. 1, 68~71면 참조.

으로서의 항만공사에는 현재 항만공사에 부여된 항만개발과 규제적 행정 권한만을 남기고, 항만 운영과 경영 기능은 분리하여 민간의 영역으로 이전시켜야만 진정한 의미의 민간경영기법 도입과 항만운영의 효율성이 이루어질 수 있다. 그러기 위해서는 항만공사를 항만에 대한 규제·감독 기능을 가지는 조직과 운영을 담당하는 조직으로 구분하여, 후자는 민간기업의 형태로 시장에 참여하도록 하는 방안을 적극적으로 검토할 필요가 있다.

2. 사업 다각화

싱가포르의 PSA Internatioal 그룹은 항만 터미널 뿐만 아니라 철도와 내륙터미널을 운영함으로써 항만운영사의 역할에 안주하지 않고 종합 물류 기능을 도모하고 있는 점은 우리가 주목해야 할 부분이다.[15] 이는 PSA Internatioal 그룹이 민간회사로서 각종 규제로부터 자유로운 투자와 사업 다각화를 할 수 있는 제도적 뒷받침이 있어 가능한 것이다. 현재 PSA International 그룹은 수십개의 자회사를 설립하여 다양한 영역의 사업을 수행하고 있다. PSA Marine 사는 해운회사로서 해상운송 뿐만 아니라 선박 예·도선업, 해양연관서비스업을 제공하고, PSA Institute는 항만관련 인재를 육성하는 교육사업을 제공하고 있으며, PSA Portnet은 항만정보사업을 수행하고 있다. 뿐만 아니라 전 세계 주요 선사들과의 합작회사인 자회사들을 설립하여 해외 각국 항만들을 운영하고 있다. 2008년 글로벌 금융위기 이후 초대형 컨테이너선의 투입과 선사들의 해운동맹 결성과 확대 등 해운항만시장의 구조도 급격히 변혁하였는데, 10여 년이 지난 지금 항만 물동량이 어느 정도 확보되고 안정세를 이어가고 전 세계 항만 물동량과 컨테이너터미널 시장이 앞으로도 꾸준한 성장세를 지속할 것으로 전망되면서 시장 주도권을 잡기 위한 경쟁이 심화되고 있다. 선사들이 동맹 결성으로 협상력을 높이자 항만운영사들도 터미널의 운영효율성과 처리능력을 향상시키고 신흥국 항만을 개발·운영하여 경쟁력 있는 서비스를 제공하고자 글로벌 항만 운영사(GTO) 형태로 전환하여 막대한 투자를 하고

15) 데일리로그, 2019. 4. 25.자 기사, "[창간기획]항만公, 권한·책임 없으면 GTO로 성장은 '공염불'

있다. 글로벌 항만운영사는 신흥 해외항만을 개발하여 세력을 확장하고 새로운 시장에서의 물류거점을 구축하고 있다. 그러나 국내에는 외국의 선진항만회사의 운영회사가 있으나, 아직 글로벌 항만운영사로 분류될 정도의 운영사가 존재하지 않고 있다. 과거 한진해운과 현대상선이 해외 터미널을 개발하여 운영한 사례가 있긴 하나 한진해운 도산과 현대상선의 재정난으로 인하여 해외 항만의 터미널 지분을 오히려 매각한 바 있다.[16] 따라서 세계 항만시장에서 살아남기 위해서는 우리나라에도 글로벌 항만 운영사가 존재해야 한다. 공적 자금이 투입된 중국이나 싱가포르의 글로벌 터미널 운영사들과 달리 우리나라 항만운영사들은 민간기업이 대부분을 차지하고 있어 막대한 재정적 부담을 부담하기가 쉽지 않은 현실이다. 또한 항만공사는 공공기관의 운영에 관한 법률상 기획재정부 및 해양수산부와 사전협의 의무에 의하여 운영사 지분의 10%만을 출자하도록 되어 있다. 이는 공적자금 지원과 정책조정자 둘 중 어느 역할도 충분히 이루어지지 못한다는 한계가 있다.

글로벌 항만운영사의 지분 구조는 정부, 공기업, 민간 등이 보유하는 형태로 이루어져 있는데, 어느 한 주체가 100% 소유한 형태보다는 합작법인의 형태가 다수를 이루고 있다. 따라서 항만공사의 사업을 다각화를 위해서는 출자지분의 확대가 필요하며, 사업의 다각화 역시 필요하다 할 것이다.

3. 항만위원회의 구성

항만공사법은 지방자치단체 장의 추천을 받은 자를 항만위원으로 포함시키도록 하고 있는데 7인의 항만위원 중 지방자치단체의 장이 추천하는 위원의 수는 3인에 그쳐 과반수를 형성하지는 못한다. 항만위원회가 항만공사의 자율적인 경영활동을 뒷받침하는 독립적인 의사결정기구로서 기능하도록 하기 위하여는 항만위원회의 구성은 정부나 지방자치단체의 관여로부터 자유로운 제3자인 민간위원의 구성을 늘리는 방향으로 하는 것이 바람직하다. 나아가 항만위원회에게 항만공사의 사업범위 확장에 대한 심의, 의결권과 최종 결정권

16) 강미주, “글로벌터미널운영사 현황”, 「해양한국」 503호, 2015. 7.

을 부여하여 항만공사가 법률상의 제약으로 인하여 사업 범위를 확장시키지 못하는 현행 제도를 개선하고 제한적으로 운영되고 있는 항만공사의 사업범위를 개방적인 체제로 전환시키도록 하여야 한다.[17]

V. 맺음말

국가마다 다르겠지만, 해양과 인접한 국가들은 항만을 국가 발전의 원동력으로 생각하고 있으며, 항만 발전에 투자를 아끼지 않고 있다. 따라서 이러한 항만의 유지 및 발전을 위해 항만공사제도를 이용하고 있으며 이를 통해 항만관리운영체계를 전문화하고 있다. 그러나 항만공사제도를 통해 설립된 항만공사의 운영은 각 국가마다 다른게 운영되고 있다. 싱가포르, 홍콩 등 해외 선진 항만공사는 국내외 터미널과 항만시설을 직접운영하고 있으며, 해외투자등의 독립성이 보장되어 있어 수익 및 운영 효율화의 극대화를 추구하고 있다. 하지만 우니라라의 경우에는 항만공사법에 따라 항만공사의 사업범위가 한정되어있으며, 항만공사의 사업 및 운영이 정부의 간섭 하에 놓여 있는 것이 현실이다. 항만공사의 운영과 관련한 한계로서 지적되는 문제로는 첫째 국가 사업의 수행, 둘째 전문적인 항만안전 관리기관의 부재, 셋째 항만질서 딘속업무 권한 부제, 마지막으로 항만위원회 제도의 한계를 들 수 있다. 이러한 문제점을 해결하기 위해 항만공사의 책임경영을 보장할 장치를 강화할 필요가 있음을 볼 수 있다. 즉, 지역 실정에 맞는 항만개발 및 관리가 용이하게 되도력 노력하기 위해서는 항만공사제도의 독립성을 강화할 필요성이 있다. 이는 항만의 공공성을 중시하는 유럽의 경우도 민영화 추세를 보이며 지방 항만공사, 민간 기업이 주요한 항만관리·운영 주체가 되고 있다. 또한 사업다각화를 통해 외국 선진 항만공사와 같이 항만공사에 대한 지분 구조를 정부, 공기업, 민간 등이 보유하는 형태로의 변화가 필요하다. 이를 통해 독립적인 투자와 운영을 기대할 수 있을 것이다. 마지막으로 항만위원회의 한계를 극복하기 위해

---

17) 강윤호 등, 「부산항 거버넌스 제도의 개편방안」, 「지방정부연구」 제11권 제2호, 2007, 127면.

서는 항만위원회의 구성을 정부나 지방자치단체의 관여로부터 자유로운 민간 위원의 구성을 확대하는 방안이다. 항만공사가 가지고 있는 문제점들을 해결하기 위해서는 근본적으로 항만공사법의 개정이 필요해 보인다. 또한 항만관리에 대한 중앙과 지방의 연계 협력 네트워크를 강화하여 중앙정부 차원에서 종합적인 관점에서의 관심이 필요하다 할 것이다.

참고문헌

강미주, “글로벌터미널운영사 현황”, 해양한국 503호, 2015. 7.

강윤호 등, 「부산항 거버넌스 제도의 개편방안」, 지방정부연구 제11권 제2호, 2007.

김동희, 「공익사업의 특허」, 서울대학교 법학 제34권 제2호, 1993.

김상열 등, 「해운·항만산업의 미래신조류」, 부산대학교 물류혁신네트워킹연구소, 2009.

김재광, 「항만 등 국가중요시설 민간경비체계의 법적 문제와 개선방안」, 공법학연구 제20권 제1호, 2019. 2.

문성혁, 「항만자치공사제도의 도입과 선진항만관리체계의 구축」, 해양한국 1999권 8호, 1999. 8.

민상홍, 「항만물류의 안전과 보안제도의 개선방안에 관한 연구」, 경상대학교대학원 박사학위논문, 2014.

방희석, 권오경, 「항만거버넌스의 구축과 항만공사(PA)의 역할」, 해운물류연구 제51호, 2006. 12.

박정천, 「항만관리법제 개선에 관한 연구」, 한국해양대학교 박사학위논문, 2005. 7.

서수완, 「부산항 경쟁력 강화를 위한 운영체제 개선에 관한 연구」, 한국항만경제학회지 제34집 제4호, 2018. 12.

신영수, 「공기업 참여시장에의 경쟁중립성 원칙 도입을 위한 법적 연구」, 경북대학교 법학연구원 법학논고 제65집, 2019. 4.,

양항진, 최근배, 「지방분권형 항만관리체제로의 변화에 따른 문제점과 개선방안에 관한 연구」, 「해양 비즈니스」 제41호, 2018. 12.

연정흠, 「지역전략산업의 입지특성에 따른 클러스터 평가－ 부산광역시 항만물류산업을 중심으로」, 한국해양대학교대학원 박사학위논문, 2006.

이재균 등, 「해운항만정책의 역사적 변동과 전망」, 서울대학교 출판문화원, 2018. 12.

전동한, 「항만공사제(PA) 효율성 제고를 위한 관련 법률의 고찰」, 물류학회지 제24권 제4호, 2014. 11.

조동오, 「항만안전제도에 관한 비교연구 -한국과 일본의 제도를 중심으로－」, 해양정책연구 제18권 1호, 2003. 1.

조동오, 최재선, 박용욱, 목진용, 「해상재해방지를 위한 국가관리체계 개선방안 연구」, 한국해양수산개발원 연구보고서, 2001. 12.,

최진이 등, 「항만관리 관련 법률의 문제점 및 개선방안에 관한 연구」, 해사법연구 제23권 제1호, 2011.

최진이 · 최성두, "항만공사(PA)의 독립성과 자율성 강화를 위한 「항만공사법」 개정 연구", 기업법연구 제35권 제3호, 2021.

최재수, 「항만의 기초개념」, 해양한국 제389호 2006. 2.

한상용 등, 「해외 항만투자 대상국들의 경쟁력 평가분석에 관한 연구」, 물류학회지 제23권 제3호, 2013. 9.

제 3 장

해양금융의 법적 쟁점

≫ 선박금융상의 선수금환급보증과 수출보증보험제도에 관한 연구_정 대

선박금융상의 선수금환급보증과 수출보증보험제도에 관한 연구*

정 대

Ⅰ. 서론

1. 글로벌 선박금융시장의 동향

글로벌 선박금융시장의 흐름을 보면, 2021년부터 선박투자가 회복되고 있다고 평가할 수 있다(그림 1 참조).

〈그림 1〉 글로벌 선박금융시장 규모의 흐름

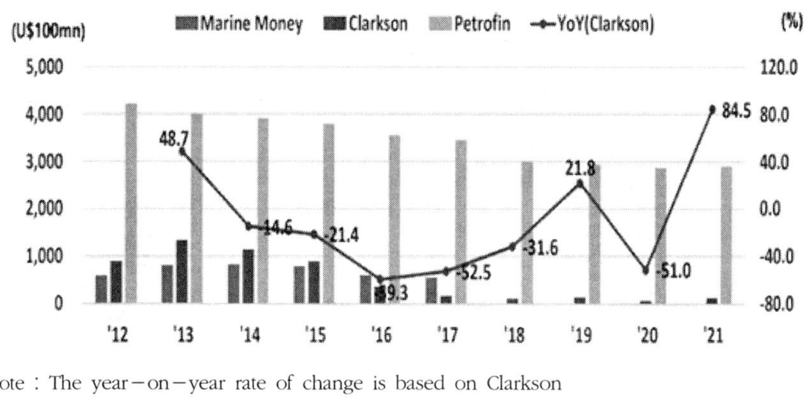

Note : The year－on－year rate of change is based on Clarkson
Source : Marine Money, Clarkson, Petrofin

---

* 본 논문은 2016년 8월 발간된 「경제법연구」 제15권 2호에 게재된 "선박금융상의 선수금환급보증과 수출보증보험제도에 관한 연구－대법원 2014.11.13. 판결 2013다208005를 중심으로－"를 수정 및 보완한 것임.

글로벌 선박금융시장의 특징은 지역적으로 EU지역의 선박투자가 하락하는 추세에 있는 반면에, 아시아지역의 선박투자는 상승 추세에 있다는 점을 들 수 있다(그림 2참조).

〈그림 2〉 지역에 따른 글로벌 선박금융기관의 포트폴리오

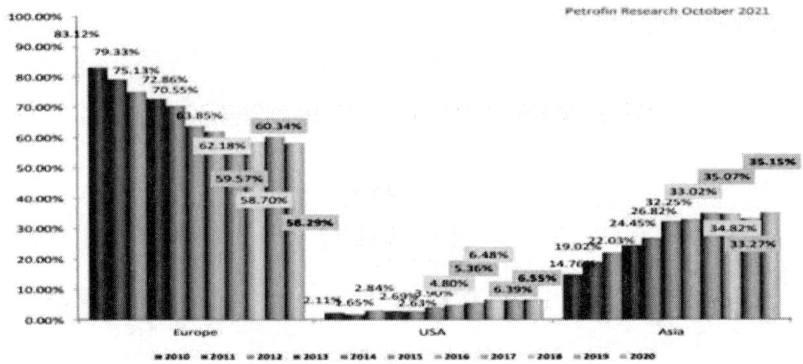

Source : Petrofin Research(2021.10)

특히 글로벌 선박금융시장에서 중국의 은행(예: Bank of China)의 시장점유율이 증가하는 추세에 있다고 평가할 수 있다(그림 3참조).

〈그림 3〉 상위 40개 대형은행의 선박금융 포트폴리오의 변화

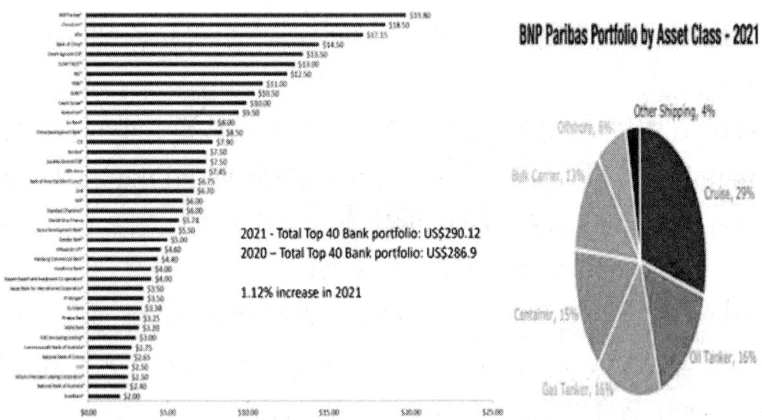

Source : Petrofin Research(2021.10)

우리나라의 경우 한국수출입은행(KOREA EXIMBANK; KEXIM), 한국산업은행(KOREA DEVELOPMENT BANK; KDB) 등이 글로벌 선박금융시장에서 활동하는 중요한 금융기관인데, 부산에 설치된 「해양금융종합센터」가 그 역할을 수행하고 있다(그림 4참조). 이에 더하여 2018년 한국해양진흥공사(Korea Ocean Business Corporation; KOBC)가 부산에 설립됨으로써 부산이 해양금융의 중심지로 발전하고 있다.[1)]

〈그림 4〉 부산국제금융센터(BIFC)의 해양금융종합센터

2. 신조선 선박금융의 거래구조와 선수금환급보증의 기능

선수금환급보증서는 금융기관이 건조자(builder)의 요청에 따라 발주자(buyer)에게 발행하여 교부하는 증서로서 선박건조계약상 발주자가 어떠한 이유로든지 건조자로부터 선수금을 반환받아야 할 사유가 발생한 경우에 금융기관이 선수금의 환급을 약속한 증서라고 할 수 있다.

이러한 선수금환급보증서는 한국수출입은행, 한국산업은행 및 시중은행 등이 발행해 줄 수 있는데, 특히 한국수출입은행과 한국산업은행이 선수금환급보증서 발행의 주된 금융기관이라고 할 수 있다.

1) 부산금융중심지 발전을 위한 법령개선방향, 부산국제금융진흥원, 2023.06, 4-7면,

〈그림 5〉 신조선 선박금융의 거래구조와 선수금환급보증의 기능

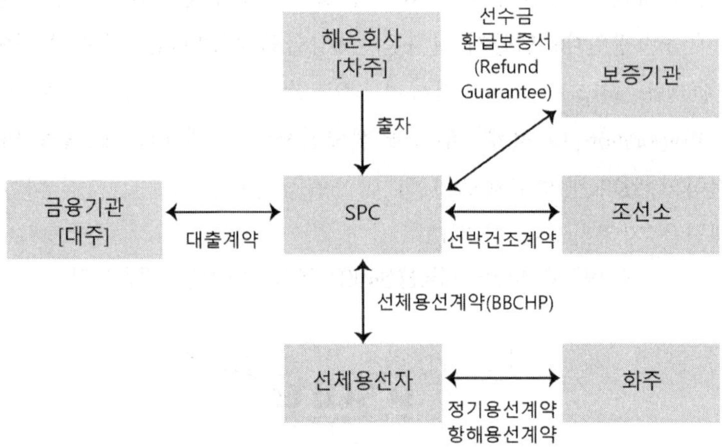

3. 논문의 배경과 체계

2008년 초반, 중소 조선사는 다수의 선박의 수주에도 불구하고 금융기관으로부터 선박건조계약의 실행에 필수적인 선수금환급보증을 받지 못하는 상황에 직면하고 있었다. 중소 조선사의 신용상태가 열악하여 국내 시중은행이 중소 조선사에 대한 선수금환급보증을 꺼려했기 때문이다.

이러한 중소 조선사의 경영상의 어려움을 해소할 목적으로 한국무역보험공사는 수출보증보험제도를 활용하여 중소 조선사의 자금 지원을 용이하게 하는 정책을 시행하게 된다. 즉 중소 조선사에 대한 선수금환급보증을 꺼려하는 금융기관이 안심하고 선수금환급보증서를 발행할 수 있도록 수출보증보험제도의 활용을 적극 권장한 것이다.

이러한 한국무역보험공사의 수출지원정책은 효과가 있어서 다수의 금융기관이 수출보증보험제도를 통해 중소 조선사에 선수금환급보증을 하게 되었다. 그런데 불행하게도 선박을 수주한 중소 조선사가 경영악화로 인해 기업구조조정 절차에 들어가게 되었고, 그로 인해 다수의 선박건조계약이 이행되지 못하는 상황이 되었다. 발주자는 선수금환급보증에 기해 선수금의 환급을 청구하였고, 보증은행은 발주자에게 선수금을 지급하였다.

문제는 수출보증보험계약과 관련하여 보험자인 한국무역보험공사와 보험계약자인 금융기관 사이에 법적 분쟁이 발생하였다는 점이다. 이와 관련한 대표적 사건이 한국무역보험공사와 우리은행 사이의 보험금 청구 사건이었다고 할 수 있다.[2)]

이하 본 논문에서는 첫째, 이 사건의 소송의 경과에 대해 소개하고(II), 둘째 선박금융과 수출보증보험제도에 대한 내용을 검토한 후, 이 사건 대법원 판결의 문제점을 지적하고자 한다(III).

II. 사실관계 및 판결요지

1. 사실관계

SLS조선 주식회사(2011년 5월 31일 '주식회사 신아에스비'로 상호가 변경되었다. 이하 상호 변경 전후를 통틀어 'SLS조선'이라 한다)는 아래 [표1]의 '계약일'란 기재 일시에 사우디아라비아의 내셔널 케미컬 캐리어 엘티디 씨씨(NATIONAL CHEMICAL LTD CC, 이하 'NCC'라 한다) 및 네덜란드의 슈톨트 니렌 트랜스포테이션 그룹 비 브이(STOLT－NIELEN TRANSPORTATION GROUP B.V, 이하 'STOLT'라 하고, NCC와 STOLT를 합하여 '선박발주자들'이라 한다)와 아래 [표1]의 '선박'란 기재 각 선박(이하 '이 사건 각 선박'이라 한다)을 건조하여 인도하기로 하는 선박건조계약(이하 '이 사건 각 선박건조계약'이라 한다)을 체결하였다.[3)]

우리은행(이하 '원고'라 한다)는 아래 [표1]의 '수출보증보험증권 발행일'란 기재 각 일시 무렵 SLS조선과 선수금환급보증계약을 체결하였는데, 선수금환급보증계약은 이 사건 각 선박건조계약과 관련하여 SLS조선이 선박발주자들에게 부담하게 되는 선수금 환급의무를 보증하는 내용의 계약이었다. 원고는 선박발주자들을 수익자로 한 환급보증서(Refund Guarantee, 이하 'RG'라 하고, 이 사건 각 선박건조계약과 관련하여 발급된 RG를 '이 사건 RG'라 한다)를 발급하였다.[4)]

2) 대법원 2014. 11. 13 판결 2013다208005.
3) 서울중앙지방법원 제13민사부 2012. 9. 18 판결 2011가합57031 (보험금).

〈그림 6〉 대상판결 사건의 법률관계

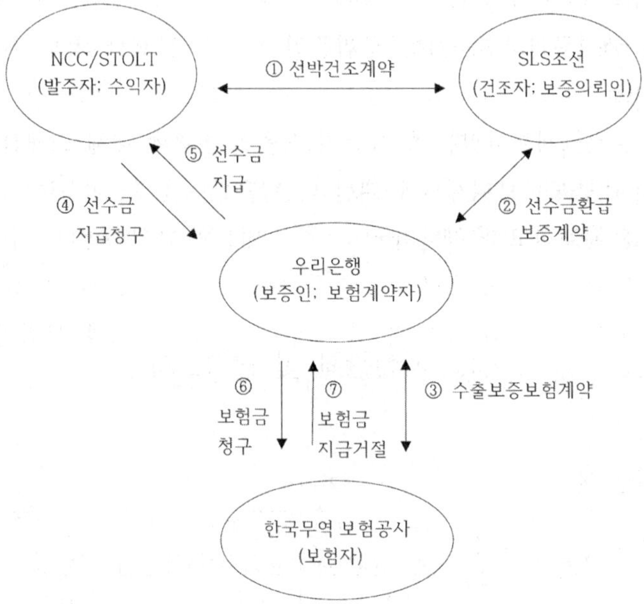

SLS조선 주식회사(2011년 5월 31일 '주식회사 신아에스비'로 상호가 변경되었다. 이하 상호 변경 전후를 통틀어 'SLS조선'이라 한다)는 아래 [표1]의 '계약일'란 기재 일시에 사우디아라비아의 내셔널 케미컬 캐리어 엘티디 씨씨(NATIONAL CHEMICAL LTD CC, 이하 'NCC'라 한다) 및 네덜란드의 슈톨트 니렌 트랜스포테이션 그룹 비 브이(STOLT–NIELEN TRANSPORTATION GROUP B.V, 이하 'STOLT'라 하고, NCC와 STOLT를 합하여 '선박발주자들'이라 한다)와 아래 [표1]의 '선박'란 기재 각 선박(이하 '이 사건 각 선박'이라 한다)을 건조하여 인도하기로 하는 선박건조계약(이하 '이 사건 각 선박건조계약'이라 한다)을 체결하였다.5)

우리은행(이하 '원고'라 한다)는 아래 [표1]의 '수출보증보험증권 발행일'란 기재 각 일시 무렵 SLS조선과 선수금환급보증계약을 체결하였는데, 선수금환급보증계약은 이 사건 각 선박건조계약과 관련하여 SLS조선이 선박발주자들에게 부담하게 되는 선수금 환급의무를 보증하는 내용의 계약이었다. 원고는 선

4) 서울중앙지방법원 제13민사부 2012. 9. 18 판결 2011가합57031 (보험금).
5) 서울중앙지방법원 제13민사부 2012. 9. 18 판결 2011가합57031 (보험금).

박발주자들을 수익자로 한 환급보증서(Refund Guarantee, 이하 'RG'라 하고, 이 사건 각 선박건조계약과 관련하여 발급된 RG를 '이 사건 RG'라 한다)를 발급하였다.[6)]

원고는 아래 [표1]의 '수출보증보험증권 발행일'란 기재 각 일시에 한국무역보험공사(이하 '피고'라 한다)와 수출보증보험계약(이하 '이 사건 각 수출보증보험계약'이라 한다)를 체결하였는데, 이 수출보증보험계약은 원고가 선박발주자들로부터 이 사건 RG에 따른 보증채무의 이행을 청구받아 보증채무를 이행함으로써 입는 손실을 피고가 보상하기로 하는 내용의 계약이었다. 이 사건 각 수출보증보험계약은 보증종류를 선수금환급보증, 보험기간을 각 선수금환급보증서 발행일로부터 당해 선박의 실제 인도일, 보증금액과 보험가액을 아래 [표1]의 '보증금액/보험가액'란 기재와 같이 정하였다.[7)]

〈표 1〉

선박	계약일	발주자	수출보증보험 증권 발행일	보증금액/보험 가액(달러)	보험금액 (달러)	부보율
S492	2006. 6. 12.	NCC	2008. 2. 5.	40,493,750.00	40,493,750.00	100%
S493	2006. 6. 12.	NCC	2008. 2. 5.	40,663,694.44	40,663,694.44	100%
S495	2006. 6. 12.	NCC	2008. 4. 16.	41,033,138.89	28,723,197.19	70%
S500	2006. 9. 25.	NCC	2008. 4. 18.	41,047,916.66	28,733,541.65	70%
S504	2006. 10. 27.	STOLT	2008. 7. 18.	56,513,130.54	56,513,130.54	100%
S505	2006. 10. 27.	STOLT	2008. 7. 18.	56,769,447.22	56,769,447.22	100%
S518	2007. 4. 10.	STOLT	2008. 11. 12.	58,798,621.00	58,798,621.00	100%
S519	2007. 4. 10.	STOLT	2008. 11. 12.	59,398,336.00	59,398,336.00	100%

이 사건 각 수출보증보험계약에 적용되는 일반약관('일반약관'이라 한다)과 특별약정(이하 '특별약정'이라 한다)의 주요 내용은 다음과 같다.[8)]

6) 서울중앙지방법원 제13민사부 2012. 9. 18 판결 2011가합57031 (보험금).
7) 서울중앙지방법원 제13민사부 2012. 9. 18 판결 2011가합57031 (보험금).
8) 서울중앙지방법원 제13민사부 2012. 9. 18 판결 2011가합57031 (보험금).

[일반약관]

제3조(보상하는 손실) 공사(이 사건의 피고이다)는 보험계약자(이 사건의 원고이다)가 수출보증상대방으로부터 보증채무의 이행을 청구받아 그 보증조건에 따라 보증채무를 이행함으로써 입은 손실을 이 약관이 정하는 바에 따라 보상해 드립니다.

제7조(면책) 공사는 보험계약자, 보험금수취인 또는 이들의 대리인이나 피사용인의 고의 또는 중대한 과실로 인해 발생한 손실에 대해서는 보상할 책임을 지지 않습니다.

제8조(보험금의 지급거절 등) ① 공사는 다음 각 호의 경우에는 당해 보험금의 전부 또는 일부를 지급하지 않거나, 이미 지급한 당해 보험금의 전부 또는 일부를 반환시키거나, 당해 보험계약을 해지할 수 있습니다.

1. 보험계약자, 보험금수취인 또는 이들의 대리인이나 피사용인의 과실로 손실이 발생한 경우
3. 보험계약자가 제10조, 제11조, 제15조, 제16조 제1항 및 제24조의 의무이행을 태만히 함으로 인하여 발생한 손실

제10조(손실방지 · 경감의무) ① 보험계약자는 보험관계가 성립된 수출보증에 대해 이 보험에 들지 않은 다른 수출보증에 기울이는 것과 같은 주의를 가지고 보증에 관한 권리의 보전에 노력해야 하며, 손실을 방지 또는 경감하기 위해 모든 합리적인 조치를 취해야 합니다.

제15조(지시에 따를 의무) 공사는 손실의 방지 · 경감이나 채권회수 등을 위해 필요한 지시를 보험계약자에게 할 수 있으며, 보험계약자는 정당한 이유가 있는 경우를 제외하고는 공사의 이러한 지시에 따라야 합니다.

제28조(정당한 보증채무이행청구시의 보험금지급) 보험계약자의 보증채무의 이행이 제27조 각호에 해당되지 않고 제26조의 규정에 따라 보험금 지급청구를 받은 경우 공사는 다음 각호의 1에 따라 보험금을 지급하며, 보험계약자는 보험금을 지급받은 후에도 구상되지 않는 부분에 대해 구상권을 행사해야 합니다.

1. 보험계약자는 보험금을 지급받기 전에 수출자등, 연대채무자 및 연대보증인에게 구상권을 행사해야 합니다. 다만 보증채무를 이행한 때로부터 4월 이내에 전액 구상되지 않는 경우 보험계약자는 증빙서류와 함께 그

사실을 공사에 통지하고 공사는 통지를 받은 날로부터 1월 이내에 보험금을 지급해 드립니다.

[특별약정]

2. 을(이 사건의 원고이다)는 병(이 사건의 SLS조선이다)의 대주주인 SLS중공업(주)와 SLS그룹의 경영지배사인 이국철을 본건 부보대상 선수금 환급보증서의 연대보증인으로 입보시킨다.
3. 을은 선수금 환급보증서 발급대상 선박과 관련하여 선수금에 대하여 에스크로 계좌(Escrow Account)를 설정하고, 호선별 원가투입계획에 의거 관련 증빙 수령 후 SLS조선에 지급한다.

선박발주자들은 아래 [표2]의 '입금일'란 기재 각 일시 무렵 원고가 이 사건 각 선박에 관한 선수금의 지급을 위하여 설정한 에스크로 계좌[9](이하 '이 사건 에스크로 계좌'라 한다)에 아래 [표2]의 '입금액'란 기재 각 금원을 선수금으로 입금하였다.[10]

원고는 SLS조선으로부터 이 사건 각 선박에 관한 원가투입계획서만을 제출받은 상태에서 SLS조선의 선수금 인출 요청을 받고, ① S504호에 관하여 2008년 7월 23일 입금된 17,700,000원 및 S505호에 관하여 같은 날 입금된 25,750,000원에 대해서는 각 그 입금일 다음 날인 2008년 7월 24일., ② 나머지 각 입금액에 대해서는 각 그 입금 당일, 이 사건 에스크로 계좌에 입금된 각 선수금 전액을 인출하여 이를 SLS조선에 지급하였다. 한편 피고는 2008년 3월 21일 원고에게 다음과 같은 내용의 공문(이하 '이 사건 공문'이라 한다)을 발송하였다.

9) 일반적으로 에스크로란 특정물을 제3자에게 기탁하고 일정한 조건이 충족된 경우에 상대방에게 교부할 것을 약속하는 조건부 양도를 의미한다. 서울중앙지방법원 제13민사부 2012. 9. 18 판결 2011가합57031 판결 (보험금).

10) 서울중앙지방법원 제13민사부 2012. 9. 18 판결 2011가합57031 (보험금).

> SLS조선 관련 발급하여 드린 수출보증보험증권 특별약정의 "호선별 원가투입계획에 의한 관련 증빙 수령"에서, 관련 증빙이란 **원가투입계획서**, 세금계산서, 거래명세서, 계약서, 입금표 등 선수금이 당해 선박건조를 위해서 사용되었다는 것을 증빙할 수 있는 자료를 의미합니다.
>
> 원가투입계획서에 의거 선수금을 SLS조선에 지급하신 경우에는 사후적으로 세금계산서 등과 같은 구체적 증빙을 징구하여야 합니다. 끝.

이후 SLS조선이 2009년 12월 9일 기업개선작업절차에 들어가고 2010년 4월 30일 채권금융기관협의회와 경영정상화계획 이행약정을 체결하면서 위 약정에 따라 이 사건 각 선박의 건조를 포기함에 따라, 선박발주자들은 원고에게 선수금 환급의무의 이행을 청구하였다. 이에 원고는 2010년 9월 15일 STOLT에 이 사건 각 선박 중 S504, S505, S518, S519호에 관한 선수금 및 이에 대한 지연손해금을, 2010년 9월 17일 NCC에 이 사건 각 선박 중 S492, S493, S495, S500호에 관한 선수금 및 이에 대한 지연손해금을 각 지급하였다.[11)]

원고는 2010년 11월 17일 피고에게 아래 [표2]의 '손실액'란 기재 각 금액에 대한 보험금 지급을 청구하였다. 이에 피고는 ① 이 사건 각 선박 중 S492, S493, S495, S500, S505, S518, S519호 선박의 경우에는 원고가 특별약정 제3조를 위반하여 관련 증빙의 수령 없이 선수금을 인출·지급해 준 금액 상당 손실은 보험계약자인 원고의 과실에 따라 발생한 것이라는 이유로 일반약관 제8조 제1항 제1호에 따라, ② S504호의 경우에는 원고가 특별약정 제2조에 따른 연대보증인을 입보시키면서 그 보증채무의 범위에서 기타 은행과 협약을 체결하여 보증서를 발급하는 기관을 제외시킴으로써 피고의 SLS중공업 주식회사(이하 'SLS중공업'이라 한다)와 이국철에 대한 보험자대위권을 행사할 수 없게 하였다는 이유로 일반약관 제8조 제1항 제3호에 따라, 각 아래 [표2]의 '지급거절금액'란 기재 금원에 대한 보험금 지급을 거절하고, 원고에게 같은 표의 '지급금액'란 기재 금원만을 지급하였다.[12)]

11) 서울중앙지방법원 제13민사부 2012. 9. 18 판결 2011가합57031 (보험금).
12) 서울중앙지방법원 제13민사부 2012. 9. 18 판결 2011가합57031 (보험금).

〈표 2〉

<table>
<tr><th>선박</th><th>입금일</th><th>입금액
(달러)</th><th>손실액
(원)</th><th>지급거절금액
(원)</th><th>지급금액
(원)</th></tr>
<tr><td>S492</td><td>2008. 2. 13.</td><td>19,000,000</td><td>25,247,257,391</td><td>3,486,359,897</td><td>21,760,897,494</td></tr>
<tr><td>S493</td><td>2008. 2. 13.</td><td>19,000,000</td><td>25,247,257,391</td><td>14,905,029,912</td><td>10,342,227,479</td></tr>
<tr><td>S495</td><td>2008. 4. 23.</td><td>19,000,000</td><td>17,521,248,950</td><td>10,986,561,096</td><td>6,534,687,854</td></tr>
<tr><td>S500</td><td>2008. 4. 23.</td><td>19,000,000</td><td>17,521,248,950</td><td>4,115,672,263</td><td>13,405,576,687</td></tr>
<tr><td rowspan="3">S504</td><td>2008. 1. 28.</td><td>16,100,000</td><td rowspan="3">56,591,610,215</td><td rowspan="3">13,145,365,903</td><td rowspan="3">43,446,244,312</td></tr>
<tr><td>2008. 7. 23.</td><td>17,700,000</td></tr>
<tr><td>2009. 10. 27.</td><td>8,450,000</td></tr>
<tr><td rowspan="2">S505</td><td>2008. 1. 28.</td><td>8,050,000</td><td rowspan="2">45,780,373,252</td><td rowspan="2">21,521,021,203</td><td rowspan="2">24,259,352,049</td></tr>
<tr><td>2008. 7. 23.</td><td>25,750,000</td></tr>
<tr><td rowspan="2">S518</td><td>2008. 11. 18.</td><td>16,900,000</td><td rowspan="2">44,562,770,710</td><td rowspan="2">39,503,861,353</td><td rowspan="2">5,058,909,357</td></tr>
<tr><td>2008. 11. 19.</td><td>16,900,000</td></tr>
<tr><td rowspan="2">S519</td><td>2008. 11. 18.</td><td>16,900,000</td><td rowspan="2">44,562,770,710</td><td rowspan="2">39,503,861,353</td><td rowspan="2">5,058,909,357</td></tr>
<tr><td>2008. 11. 19.</td><td>16,900,000</td></tr>
<tr><td>합계</td><td></td><td></td><td>277,034,537,569</td><td>147,167,732,980</td><td>129,866,804,589</td></tr>
</table>

원고는 2012년 3월 26일 이국철과 SLS중공업에 "원고가 이 사건 각 선박에 관한 선수금을 대지급하였으므로 이국철, SLS중공업이 선수금 대지급금을 상환할 의무가 있다."라는 내용이 기재된 보증채무이행 독촉장을 발송하였고, 위 문서가 첨부된 원고의 2012년 4월 13일자 준비서면은 2012년 4월 17일 피고에게 송달되었다.[13]

13) 원고의 청구취지는 "피고는 원고에게 147,167,732,980원 및 이에 대한 2010. 11. 18.부터 이 사건 소장부본 송달일까지는 연 6%, 그 다음 날부터 다 갚는 날까지는 연 20%의 각 비율에 의한 금원을 지급하라."는 것이었다. 서울중앙지방법원 제13민사부 2012. 9. 18 판결 2011가합57031 (보험금).

2. 소송의 경과

(1) 제1심 판결의 요지[14]

첫째, 서울중앙지방법원 제13민사부는 수출보증보험약관 특별약정 제3조 위반 여부에 대해 다음과 같은 취지로 판시하였다. 즉 "특별약정 제3조는 원고로 하여금 선수금에 관한 자금집행을 '호선별' 원가투입계획에 의한 '관련 증빙'의 제출이라는 요건으로 통제하도록 함으로써 해당 선박의 공정율을 확보하여 선박의 완성 및 인도를 도모하고, 궁극적으로는 선박 인도 불능 시 보증채무 이행에 따른 원고의 손실과 보험금 지급에 따른 피고의 손실 발생 위험을 방지 또는 감소시키기 위한 것"이라고 전제한 후, "원고가 특별약정 제3조에 따라 원가투입계획서만을 제출받고서도 선수금을 인출·지급하는 것이 허용되는지를 구체적으로 확인한 다음 선수금을 인출·지급하였다면, 이 사건 에스크로 계좌에 피고가 보험금 지급을 거절한 금원 상당의 선수금이 남아 있었을 것이어서, SLS조선이 선박건조에 이르지 못하였다고 하더라도 원고로서는 이 사건 에스크로 계좌의 잔존 선수금으로 선주들에 대한 선수금 환급채무를 이행할 수 있었다 할 것이므로, 원고의 과실로 특별약정 제3조를 위반하여 피고가 지급을 거절한 보험금 상당의 손실이 발생하였다고 할 것이다"라고 판시하였다.[15]

둘째, 서울중앙지방법원 제13민사부는 수출보증보험약관 특별약정 제2조 위반 여부에 대해 다음과 같은 취지로 판시하였다. 즉 "① 원고는 통상 여신금액의 130% 내외를 근보증한도액으로 정하고 있고, 이국철 등은 S504, S505호의 각 보험금액의 130%를 합한 금액에 해당하는 금액을 '근보증한도액'란에 자필로 기재한 점, ② 이국철 등도 자신이 이 사건 각 선박의 선수금환급보증서의 보험금액 전부에 대하여 연대보증인이 된다는 뜻으로 근보증서를 작성

14) 서울중앙지방법원 제13민사부는 "피고는 원고에게 13,145,365,903원 및 이에 대한 2012. 5. 17.부터 2012. 9. 18.까지는 연 6%, 그 다음 날부터 다 갚는 날까지는 연 20%의 각 비율에 의한 금원을 지급하라"고 판시하면서 원고의 나머지 청구를 기각하였다.

15) S492, S493, S495, S500, S505, S518, S519호 선박에 관한 보험금 지급청구 부분에 대한 판단이었다. 서울중앙지방법원 제13민사부 2012. 9. 18 판결 2011가합57031 (보험금).

한 것이라고 밝히고 있는 점, ③ 만일 피보증채무의 범위에서 피고 보증 부분을 제외할 경우, 부보율이 100%인 S504, S505호에 대해서는 이국철과 SLS조선의 피보증채무가 존재하지 않게 되는바, 원고와 이국철, SLS조선이 피보증채무의 범위에서 피고의 보증 부분을 제외하고자 하였다면 이 사건 근보증서를 작성할 이유가 전혀 없는 점, ④ S504, S505호에 관한 수출보증보험증권에도 이국철과 SLS조선이 연대보증인으로 기재되어 있는 점" 등을 근거로 "원고가 특별약정 제2조를 위반하였다고 볼 수는 없어, 피고는 원고가 특별약정 제2조를 위반하였다는 이유로 S504호 선박에 관한 보험금 지급을 거절할 수 없다고 할 것이다."고 판시하였다.[16)]

(2) 항소심 판결의 요지

첫째, 서울고등법원 제16민사부는 수출보증보험약관 특별약정 제3조 위반 여부에 관하여 제1심 판결을 인용하면서 추가적으로 "원가투입계획서만으로 선수금을 인출·지급한 원고의 과실은 피고에 의해 유발되었다기보다는 대형 금융기관으로서 지켜야 할 주의의무를 현저히 위반한 결과로서 일반약관 제7조의 면책사유인 중대한 과실에 해당하거나 피고가 일반약관 제8조 제1항 제1호에 의하여 보험금 전부의 지급을 거절할 수 있는 정도에 해당한다고 봄이 상당하다"고 판시하였다.[17)]

둘째, 서울고등법원 제16민사부는 수출보증보험약관 특별약정 제2조 위반 여부에 관한 제1심 판결의 내용 중 "S504호 선박에 관한 보험금 지급"을 "S504호 선박 중 1,000,000,000원 부분 보험금 지급"으로 수정한 후, "제1심 판결 중 피고에 대하여 원고에게 1,000,000,000원 및 이에 대한 2012. 5. 17.부터 2012. 9. 18.까지는 연 6%, 그 다음날부터 다 갚는 날까지는 연 20%의 각 비율로 계산한 돈을 초과하여 지급을 명한 피고 패소 부분을 취소하고, 그 취소 부분에 해당하는 원고의 청구를 기각한다."고 판시하였다.[18)]

16) S504호 선박에 관한 보험금 지급청구 부분에 대한 판단이었다. 서울중앙지방법원 제13민사부는 "피고는 원고에게 13,145,365,903원 및 이에 대한 2012. 5. 17.부터 2012. 9. 18.까지는 연 6%, 그 다음 날부터 다 갚는 날까지는 연 20%의 각 비율에 의한 금원을 지급하라"고 판시하였다. 서울중앙지방법원 제13민사부 2012. 9. 18 판결 2011가합57031 (보험금).

17) 서울고등법원 제16민사부 2013. 6. 13 판결 2012나81106 (보험금).

3. 대법원 판결의 요지

첫째, 대법원은 특별약정 제3조 및 이 사건 공문의 해석에 관한 상고이유에 대하여 "원심은 위 사실관계를 토대로 하여, 피고가 원가투입계획서만으로 선수금을 지급하는 것을 허용하는 내용으로 특별약정 제3조를 변경하고 이를 전화통화나 이 사건 공문을 통하여 원고에게 알린 것이라는 원고의 주장에 대하여, 특별약정 제3조는 원고의 선수금집행을 원가투입계획에 의한 '관련 증빙'의 제출이라는 요건으로 통제하도록 함으로써 선박의 완성 및 인도를 도모하여 원고의 선수금환급보증채무 이행에 따른 보험사고의 발생위험을 최소화하기 위해 이 사건 수출보증보험계약에 포함시킨 것인데, 원고가 주장하는 사정만으로는 피고가 원고로 하여금 다른 증빙자료 없이 원가투입계획서만을 제출받고 선수금을 인출·지급하는 것을 허용하게 하는 방침을 정하였다거나, 이러한 피고의 방침을 원고에게 알린 것이라고 볼 수 없다고 판단하여 이를 배척하였다."고 하면서 "이러한 원심의 판단은 정당한 것으로 수긍할 수 있고, 거기에 상고이유의 주장과 같이 이 사건 수출보증보험계약의 해석에 관한 법리를 오해하여 판결에 영향을 미친 위법이 없다."고 판시하였다.[19)]

둘째, 대법원은 보험금 지급 거절범위에 관한 상고이유에 대하여 "원심은, 원고가 원가투입계획서만 제출받고 선수금을 지급한 것이 특별약정 제3조 위반에 해당된다 하더라도 이러한 원고의 과실을 보험금 전부의 지급을 거절할 수 있는 중과실로 평가할 수 없으므로, 피고는 원고의 과실 정도에 따라 보험금 일부의 지급을 거절할 수 있을 뿐이라는 원고의 주장에 대하여, 원고가 특별약정 제3조에 위반하여 원가투입계획서만으로 선수금을 지급한 것은 대형금융기관으로서 지켜야 할 주의의무를 현저히 위반한 결과로서 이 사건 수출보증보험계약 일반약관 제7조에서 피고의 면책사유로 규정한 중대한 과실에 해당하거나, 일반약관 제8조 제1항 제1호에 따라 보험금전부의 지급을 거절할 수 있는 정도의 과실에 해당한다고 판단하여 이를 배척하였다."고 하면서 "이

18) 결론적으로 서울고등법원 제16민사부는 원고의 항소 및 원고의 예비적 청구를 모두 기각하였다. 서울고등법원 제16민사부 2013. 6. 13 판결 2012나81106 (보험금).
19) 대법원 2014. 11. 13 판결 2013다208005.

러한 원심의 판단은 정당한 것으로 수긍할 수 있고, 거기에 상고이유의 주장과 같이 이 사건 수출보증보험계약의 해석에 관한 법리를 오해하여 판결에 영향을 미친 위법이 없다."고 판시하였다.[20)]

셋째, 대법원은 피고의 불법행위책임 또는 사용자책임에 관한 상고이유에 대하여 "원심은, 피고가 민법 제750조의 불법행위책임 또는 민법 제756조의 사용자책임을 부담한다는 원고의 주장에 대하여, 다음과 같은 사정, 즉 ① 피고가 SLS조선에 대하여 수출보증보험 인수한도를 부여한 것은, 특별약정 제3조에 따라 구체적인 관련증빙이 제출된 후에 선수금지급을 허용함으로써 SLS조선의 선수금집행을 통제하는 것을 전제로 한 것이므로, 선수금환급 보증기관인 원고에게 손해를 가하는 위법행위라고 할 수 없는 점, ② 이 사건 공문은 원가투입계획서가 '관련 증빙'에 해당할 수 없음을 밝히면서 원가투입계획서만으로 선수금을 지급한 경우 사후에라도 반드시 구체적인 증빙자료를 징구하여야 한다는 내용이므로 원가투입계획서만으로 선수금의 지급을 허용하는 취지라고 오인할 여지는 없는 것으로 보이는 점, ③ 원고가 원가투입계획서만 제출받고 선수금을 지급함으로써 손실을 입은 이유는, 원가투입계획서만으로 선수금을 지급하는 경우 보험금을 지급받지 못할 수도 있음을 고지하여야 할 피고의 신의칙상 보호의무 위반 때문이 아니라, 구체적인 증빙자료 징구 등의 조치를 제대로 하지 못한 원고의 잘못에서 비롯된 것인 점, ④ 이 사건 선수금의 환급에 따라 원고가 SLS조선에 대하여 가지는 구상채권은 이 사건 수출보증보험계약에 의해 보증된 채권으로서, 피고가 SLS조선에 대한 채권금융기관협의회에서 위 구상채권을 피고의 채권액으로 신고한 것은 관계 법령에 따른 것이므로, 피고가 채권금융기관협의회에서 신고된 채권액에 비례하여 취득한 의결권에 기해 이 사건 선박의 건조를 포기하는 방향으로 의결권을 행사한 후 원고의 보험금청구를 거절하였다고 하여 이를 위법하다고 볼 수는 없는 점 등에 비추어, 피고 또는 그 피용자의 행위에 원고가 주장하는 바와 같은 과실 및 위법성이 있거나 그것과 원고의 손해 사이에 인과관계가 인정된다고 볼 수 없다고 판단하여 이를 배척하였다."고 하면서 "이러한 원심의 판단은 정당한 것

20) 대법원 2014. 11. 13 판결 2013다208005.

으로 수긍할 수 있고, 거기에 상고이유의 주장과 같이 민법상 불법행위책임이나 사용자책임의 성립요건에 관한 법리를 오해하여 판결에 영향을 미친 위법이 없다."고 판시하였다.[21]

III. 선박금융상의 선수금환급보증과 수출보증보험제도

1. 선박금융과 선수금환급보증

(1) 신조선 선박금융의 거래 구조

선박금융이란 선박건조계약, 선체용선계약 등과 같은 선박거래와 관련하여 선박의 자산가치 및 선박으로부터 발생하는 미래수익을 담보로 이루어지는 자금의 융통이라고 할 수 있다.[22] 예를 들면, 신조선에 관한 선박금융의 거래 구조(그림 2)는 다음과 같이 설명할 수 있다.[23] 첫째, 해운시장에서의 선박의 수요와 해운회사의 장래의 영업전망 등을 고려하여 선박의 건조에 관한 경영판단을 한 해운회사는 조선소와 선박건조계약(shipbuilding contract)[24]의 협상을 진행한다.[25] 둘째, 선박건조계약에 관한 제조건에 대한 합의를 한 후[26], 해운회사는 조선소와 선박건조계약을 체결한다. 그리고 조선소는 보증기관(즉 금융

21) 원고의 예비적 주장에 대한 항소심의 판단에 관한 것이다. 결론적으로 대법원은 상고를 기각하였다. 대법원 2014. 11. 13 판결 2013다208005.

22) 정대, "선박금융의 법적 구조에 관한 연구", 「법과 정책」, 제18집 제2호 (제주대 법과정책연구소, 2012), 551면.

23) 다양한 선박금융의 기법에 대해서는 森田 果, "造船とファイナンス", 江頭憲治朗·落合誠一 編「海法大系」(商事法務, 2003), 138-141面; 이기환·오학균·신주선·이재민, 「선박금융원론」 개정판 (두남, 2016), 219-408면; 정우영·현용석·이승철, 「해양금융실무」 (한국금융연수원, 2011), 173-200면.

24) 선박건조계약의 법적 성질에 관한 상세한 논의는 김인유, "건조중인 선박에 관한 법률관계", 「한국해법학회지」, 제32권 제1호 (한국해법학회, 2010.4), 13-26면.

25) 선박건조계약(shipbuilding contract)의 주요 내용은 선박의 건조, 선박건조가격 및 선박건조대금의 지급방법, 건조기간, 선박건조에 대한 감독방법, 불가항력 사유, 계약해지사유, 분쟁해결방법 등이다. 정우영, "선박금융의 실무 소개", 「BFL」, 제19호 (서울대 금융법센터, 2006.9), 94면.

26) 선박건조계약의 구체적인 세부조항의 내용에 대해서는 김연신 지음·박수만 감수, 「영문 선박건조계약서 작성실무」 (박영사, 2008), 3-204면.

기관)으로부터 선수금환급보증서(Refund Guarantee; RG)를 발급받아 해운회사에 제공한다. 셋째, 해운회사는 대주단과의 협상을 통해 주요 금융조건에 대하여 합의를 하게 되는데, 이 때 해운회사는 편의치적국에 특수목적법인(Special Purpose Company; SPC)을 설립하고,[27] 선박건조계약 및 선수금환급보증서상의 발주자의 지위를 특수목적법인으로 이전한다. 통상 발주자는 선박건조의 진행단계에 따라 선박건조대금을 5회[28]에 걸쳐 나누어 선수금(advance payment)으로 지급한다. 넷째, 특수목적법인(SPC)은 대주단과 대출계약을 체결하고, 선체용선자와 선체용선계약을 체결한다. 특수목적법인(SPC)은 선체용선료의 수입을 재원으로 하여 대출원리금을 상환한다.[29]

(2) 선수금환급보증의 법률관계

1) 선수금환급보증의 의의

국제거래에 있어서 독립적 은행보증(first demand bank guarantee, independent bank guarantee)[30]은 수익자가 보증의 요건이나 서류에 관한 조건에 따라 서면에 의해서 지급을 요구하거나 보증에서 요구되는 서류를 제시하여 지급을 요구하는 경우에 은행이나 그 밖의 금융기관 또는 보증인이 수익자에게 일정한

27) 편의치적선에 대한 깊이 있는 연구로는 우보연, "편의치적선에 대한 법적 규제와 대응에 관한 고찰", 「외법논집」, 제34권 제1호 (한국외국어대 법학연구소, 2010.2); Jan Hoffmann, Ricardo J. Sanchez & Wayne K. Talley, "Determinants of Vessel Flag", Kevin Cullinane ed., Shipping Economics, Elsevier, 2005.

28) 예를 들면, 계약체결(Contract) 직후 20%, 강재절단(Steel Cutting)시 20%, 용골거치(Keel Laying)시 20%, 진수(Launching)시 20%, 인도(Delivery)시 20% 등 5회에 걸쳐 지급하는 형식을 취하게 된다. 정우영, 전게논문, 94면.

29) 김도경, "선박금융과 국내선사의 도산", 「선진상사법률연구」, 제55호 (법무부, 2011.7), 84−85면.

30) 독립적 은행보증은 은행보증(bank guarantee), 독립적 보증(independent guarantee), 요구불 보증(demand guarantee) 등으로 불리기도 하는데, 주로 은행이 보증업무를 한다는 점에서 독립적 은행보증이라고 한다. 독립적 은행보증이 국제거래에 있어서 본격적으로 등장한 것은 1960년대이지만, 널리 이용되기 시작한 것은 1970년대부터이다. 즉 1970년대 중동의 산유국들이 대규모의 석유판매대금을 바탕으로 도로, 항만, 병원 등의 건설과 같은 각종의 프로젝트를 발주하였는데, 이때부터 독립적 은행보증이 널리 활용되기 시작하였다. 최준선, 「국제거래법」 제8판 (삼영사, 2013), 354면; 독립적 은행보증의 유형으로는 입찰보증(tender guarantee, bid bond), 이행보증(performance guarantee, performance bond), 선수금환급보증(advance payment guarantee, repayment bond), 유보금보증(retention guarantee), 하자담보보증(maintenance or warranty guarantee) 등이 있다. 이기수 · 신창섭, 「국제거래법」 제6판 (세창출판사, 2015), 456면; 서헌제, 「국제거래법」 제4판 (법문사, 2006), 360면.

금액을 일정한 기간 내에 지급하도록 하는 독립적인 확약이라고 할 수 있다.[31] 이와 관련하여 대법원은 독립적 은행보증이란 주채무자(보증의뢰인)와 채권자(수익자) 사이의 원인관계와는 독립되어 그 원인관계에 기한 사유로서는 수익자에게 대항하지 못하고 수익자의 청구가 있기만 하면 보증인의 무조건적인 지급의무가 발생하는 것이라고 판시하고 있다.[32]

이러한 독립적 은행보증의 일종으로서 선수금환급보증은 선박건조계약에 있어서 건조자(보증의뢰인, 매도인)의 요청으로 금융기관(보증인)이 발주자(수익자, 매수인)에 대해 선수금의 지급약속을 보증한 것이라고 할 수 있다. 따라서 보증인으로서 금융기관은 발주자에게 선수금환급보증서를 발행하게 된다. 즉 선수금환급보증서는 금융기관이 건조자의 요청에 따라 발주자에게 발행하여 교부하는 증서로서 선박건조계약상 발주자가 어떠한 이유로든지 건조자로부터 선수금[33]을 반환받아야 할 사유가 발생한 경우에 금융기관이 선수금의 환급을 약속한 증서라고 할 수 있다.[34]

일반적으로 금융기관이 발행하는 선수금환급보증서는 발주자가 선박건조대금으로서 분할하여 지급할 금액 중 인도대금을 제외한 나머지 금액 전액과 이에 대한 일정한 이자의 지급을 약속하며, 건조자가 취득하여야 할 선수금환급보증서의 초안을 선박건조계약에 첨부하는 것이 실무라고 할 수 있다. 금융기관이 선수금환급보증서를 발행하는 경우에는 신용장 양식(advance payment standby letter of credit)으로 발행하기도 한다.[35]

2) 선수금환급보증의 법률관계

① 보증의뢰인과 보증은행의 관계

보증의뢰인인 건조자와 보증인인 은행의 관계는 민법상의 위임계약에 해당한다고 할 수 있다. 선수금환급보증의 사안은 아니지만, 독립적 은행보증에

31) 이기수·신창섭, 상게서, 449면.
32) 대법원 1994.12.9 판결 93다43873.
33) 선박건조계약상 선박의 인도 전에 발주자가 조선소에 지급하는 선박건조대금을 선지급금이라고 하는데, 이를 조선소의 입장에서 보면 선수금이 된다. 서영화, "선박건조계약과 관련한 몇 가지 법률문제들", 「한국해법학회지」, 제32권 제1호 (한국해법학회, 2010.4), 49면.
34) 서영화, 상게논문, 49면.
35) 서영화, 상게논문, 49면.

관한 사건에서 대법원은 보증의뢰인과 보증인 사이의 은행보증서의 발행을 위한 보증의뢰계약은 그 보증에 따른 사무처리를 내용으로 하는 민법상의 위임계약에 해당한다고 판시하였다.[36] 따라서 보증인은 그 수임인으로서 상대방인 보증의뢰인의 당해 보증서에 관한 이익을 보호하여야 할 의무를 부담한다. 특히 보증인은 수익자의 보증금 지급청구가 권리남용임이 객관적으로 명백할 때에는 보증의뢰인에 대한 관계에 있어서 그 지급을 거절하여야 할 보증의뢰계약상의 의무를 부담하게 되는데, 이러한 경우 보증의뢰인은 보증인에 대한 수익자의 청구가 권리남용임이 명백하다는 것을 입증하여 그 보증금의 지급거절을 청구할 수 있는 권리를 갖는다.[37]

② 보증의뢰인과 수익자의 관계

보증의뢰인인 건조자와 수익자인 발주자는 기본계약인 선박건조계약의 당사자 관계에 있다고 할 수 있다. 선박건조계약상 건조자는 발주자에게 선수금환급보증을 제공할 의무를 부담하고 있기는 하지만, 선수금환급보증에 있어서 건조자와 발주자는 직접적인 법률관계를 갖지는 않는다고 할 수 있다.[38]

③ 보증은행과 수익자의 관계

선수금환급보증에 있어서 보증은행은 건조자의 발주자에 대한 선수금환급채무를 보증하는 것이 아니라 주채무자로서 선박건조계약상 발주자인 수익자에게 지급하여야 할 선수금을 환급할 의무를 부담하게 된다. 다시 말하면 비록 선수금환급보증서의 명칭에 보증이라는 용어를 쓰고 있지만, 그 내용상 보증은행의 의무는 보증책임이 아니라 선수금환급보증서에 의하여 창설된 주채무자로서 부담하는 채무라고 할 수 있다. 이러한 측면에서 선수금환급보증서는 신용장과 일치하는 성격을 갖는다고 할 수 있다.[39]

따라서 보증은행이 선수금환급보증을 제공하면, 수익자는 선수금환급보증상의 권리를 행사할 수 있게 된다. 즉 수익자는 선수금환급보증서가 요구하고

36) 대법원 1994.12.9 판결 93다43873.
37) 대법원 1994.12.9 판결 93다43873.
38) 김상만, "선박수출거래에서 환급보증의 특성과 문제점에 대한 연구", 「서울대학교 법학」, 제52권 제3호 (서울대 법학연구소, 2011.9), 460－461면.
39) 서영화, 전게논문, 50－51면.

있는 서류를 갖추어 선수금의 지급을 청구할 수 있다.[40)]

선수금환급보증의 수익자는 발주자가 되는 것이 일반적이지만, 원활한 선박금융을 위해 금융을 제공하는 대주(lender)를 수익자로 정하거나 선수금환급보증서를 그 대주에게 양도하기도 한다. 이러한 경우 대주도 선수금환급보증상의 권리를 행사할 수 있게 되며, 선수금환급보증의 양도를 위해 선수금환급보증서에 양도가능(assignable)이라고 명시한다.[41)]

3) 선수금환급보증과 독립추상성의 원칙

① 독립추상성의 원칙의 의의

독립적 은행보증은 원인관계와 관련된 수익자의 이익을 보호하기 위한 것이지만 추상적인 지급약속이라는 점에서 원인관계로부터 독립되어 있다.[42)] 따라서 독립적 은행보증의 일종인 선수금환급보증은 기본계약(underlying contract)인 선박건조계약과 독립적이며, 일반 보증과는 달리 원칙적으로 부종성이나 보충성이 없다. 따라서 수익자의 선수금환급청구가 있으면 보증은행은 선수금환급보증서상의 지급조건의 충족 여부만을 기준으로 선수금의 지급 여부를 결정하게 된다.[43)]

이와 관련하여 대법원은 "주채무자(보증의뢰인)와 채권자(수익자) 사이의 원인관계와는 독립되어 그 원인관계에 기한 사유로서는 수익자에게 대항하지 못하고 수익자의 청구가 있기만 하면 보증인의 무조건적인 지급의무가 발생하게 되는 이른바 독립적 은행보증(first demand bank guarantee)이라고 할 것이고, 따라서 이러한 은행보증의 보증인으로서는 수익자의 청구가 있기만 하면 보증의뢰인이 수익자에 대한 관계에 있어서 채무불이행책임을 부담하게 되는지의 여부를 불문하고 그 보증서에 기재된 금액을 지급할 의무가 있다고 할 것이며, 이 점에서 이 은행보증은 수익자와 보증의뢰인과의 원인관계와는 단

40) 김상만, 전게논문, 461면.

41) 김상만, 상게논문, 461면.

42) 서헌제, 전게서, 354면; 독립성이란 독립적 은행보증서가 원인거래에 기초하여 발행되지만 독립적 은행보증을 중심으로 한 당사자 간의 법률관계는 그러한 원인거래에 영향을 받지 않는 별개의 거래라는 것을 말한다. 김선국, "독립적 은행보증의 법리", 「재산법연구」, 제25권 제1호(한국재산법학회, 2008.6), 310면.

43) 김상만, 전게논문, 457면.

절된 추상성 내지 무인성을 가진다"고 판시하고 있다.[44]

한편, 선수금환급보증에 있어서 보증은행이 수익자로부터 선수금의 지급청구를 받게 되는 경우 보증은행은 서류심사에 의해서만 선수금의 지급 여부를 판단하게 되는데, 이러한 원칙을 추상성의 원칙이라고 한다.[45] 선수금환급보증의 내용에 따라 선수금의 지급청구의 조건으로 일정한 증빙서류의 제출을 요구하는 경우도 있고, 수익자의 절대적 판단에 따라 선수금의 지급청구을 하면 무조건적으로 지급해야 하는 경우도 있다. 보증은행의 서류심사는 제시된 서류가 문면상 선수금환급보증의 조건과 일치하는지의 여부만을 판단하며, 서류가 실질적으로 진정한 것인지 또는 선박건조계약에 따른 의무를 이행하지 않았는지의 여부 등을 조사할 의무는 없다.[46]

② 독립추상성의 원칙의 예외

독립적 은행보증의 독립추상성의 원칙에도 불구하고 수익자의 부당한 지급청구에 대해서는 보증은행이 보증금의 지급을 거절할 수가 있다.[47] 대부분의 국가에서는 독립적 은행보증의 독립추상성을 존중하면서도 수익자의 "명백히 불공정한(manifestly unfair)" 지급청구에 한해서 보증은행의 지급거절을 인정하고 있다. 지급거절의 사유로는 첫째 보증조건의 불이행을 들 수 있다. 예를 들면, 지급개시일 이전의 지급청구 또는 유효 기일 이후의 지급청구 등을 들 수 있다. 둘째, 명백한 사기(manifest fraud)를 들 수 있다. 예를 들면, 수익자의 명백한 사기가 있고 보증은행이 이러한 사실을 알았을 경우에는 보증금의 지급을 거절할 수 있다.[48] 이와 관련하여 대법원[49]은 수익자의 보증금 지급청구가

44) 한국외환은행이 수급인인 건설회사의 보증의뢰에 따라 도급인인 사우디아라비아 왕국 보건성을 수익자로 하여 발행한 지급보증서를 둘러싼 법적 분쟁을 다룬 사건이었다. 대법원 1994.12.9 판결 93다43873.

45) 추상성(abstraction)이란 독립적 은행보증거래가 서류에 의한 거래이므로 거래의 당사자들은 서류에 의해서만 당사자들의 권리 및 의무 요건의 충족여부를 판단하여야 한다는 것을 의미한다. 김선국, 전게논문, 309면.

46) 김상만, 전게논문, 457－458면.

47) 독립추성성의 예외 사유에 관한 미국, 영국 및 독일의 판례의 입장에 대한 상세한 설명은 김선국, 전게논문, 312－319면.

48) 서헌제, 전게서, 367면.

49) 한국외환은행이 수급인인 건설회사의 보증의뢰에 따라 도급인인 사우디아라비아 왕국 보건성을 수익자로 하여 발행한 지급보증서를 둘러싼 법적 분쟁을 다룬 사건이었다. 대법원 1994.12.9 판결 93다43873.

권리남용임이 객관적으로 명백할 때 보증은행은 보증금의 지급을 거절할 수 있다고 판시하고 있다.[50)]

2. 수출보증보험제도

(1) 수출보증보험제도의 의의

수출보증보험이란 수출거래에 수반되는 여러 가지 위험에 대비하는 보험제도로써 수출업자, 생산자 또는 수출자금을 대출해 준 금융기관이 입게 되는 불의의 손실을 보상함으로써 수출의 진행을 원활하게 하기 위한 비영리 정책보험이라고 할 수 있다.[51)] 즉 수출보증보험은 무역보험법에 의해 한국무역보험공사가 운용하는 정책보험이라고 할 수 있다.[52)]

주로 거액의 수출계약, 해외건설공사계약시에는 수입업자나 발주자들이 공신력이 있는 은행의 보증서를 요구하는 경우가 많다. 은행이 보증서를 발급한 경우, 수출업자나 해외건설업자들이 계약에서 정한 채무를 이행하지 않으면 보증서를 발급한 은행이 수입업자나 발주자들에게 보증금을 지급해야 한다. 따라서 은행은 확실한 담보가 없으면 보증서를 발급하지 않게 된다.[53)] 이러한 의미에서 수출보증보험은 금융기관으로 하여금 수출업자나 해외건설업체 등을 위하여 보증서를 쉽게 발급할 수 있도록 은행의 보증채무 부담에 따른 위험을 담보하는 기능을 한다고 할 수 있다.[54)]

다시 말하면 금융기관이 수출거래와 관련하여 수출보증서를 발행한 후, 수입자로부터 보증채무의 이행청구를 받아 이를 이행함으로써 입게 되는 손실

50) 윤진수, "독립적 은행보증의 경제적 합리성과 권리남용의 법리", 「법조」, 제692권 (법조협회, 2014), 59면; 김인현, "독립적 보증으로서의 선수금 환급보증과 권리남용", 「국제거래법연구」, 제24집 제2호 (국제거래법학회, 2015), 161면; 정대, "선수금환급보증과 권리남용의 판단기준", 「국제거래와 법(Dong－A Journal of International Business Transactions Law)」, 제15권 (동아대 법학연구소, 2016), 137면.

51) 오원석·박광서, 「무역보험」 (삼영사, 2015), 392면.

52) 김상만, "수출거래에서 수출보증보험(금융기관용)의 법적 성격 및 보험금청구에 대한 고찰", 「이화여자대학교 법학논집」, 제17권 제4호(이화여대 법학연구소, 2013.6), 145－146면.

53) 구종순, 「무역실무」 개정판 (박영사, 2004), 448면.

54) 구종순, 상게서, 448면.

을 보상받기 위해 수출보증보험제도를 이용하게 된다.[55] 결국 수출보증보험제도는 수출보증서를 발행한 금융기관이 보증수익자(수입자)로부터 보증채무의 이행청구(bond calling)를 받아 대지급하는 경우에 입게 되는 손실을 보상함으로써 수출자가 금융기관으로부터 수출보증서를 용이하게 발급받을 수 있게 하는 수출지원제도이라고 할 수 있다.[56]

(2) 수출보증보험계약과 보험약관의 설명의무 및 해석원칙

1) 수출보증보험계약의 의의

상법상 보증보험계약이란 채무의 이행을 담보하기 위하여, 채무자인 보험계약자가 채권자를 피보험자로 하여 계약상의 채무불이행, 또는 법령상의 의무불이행으로 채권자에게 손해를 입힐 경우, 보험자가 그 손해를 보상할 것을 목적으로 하는 보험이다.[57] 상법은 "보증보험계약의 보험자는 보험계약자가 피보험자에게 계약상의 채무불이행 또는 법령상의 의무불이행으로 입힌 손해를 보상할 책임이 있다"(상법 제726조의5)고 규정하고 있다.

이러한 보증보험은 채무자(보험계약자)의 채무불이행으로 인한 채권자(피보험자)의 손해의 배상을 보증한다는 보증의 성격과 이러한 보증이 보험이라는 제도에 의하여 이루어진다는 보험의 성격을 동시에 가지고 있다.[58] 따라서 보증보험계약에는 그 성질에 반하지 아니하는 범위에서 보증채무에 관한 민법의 규정을 준용하게 된다(상법 제726조의7).

수출보증보험계약은 두 가지 유형이 있다. 첫째, 수출자용 수출보증보험계약이 있다. 수출자용 수출보증보험계약은 한국무역보험공사(보험자)가 보험계약자(수출업자)의 요청에 따라 수출보증을 실시한 피보험자(금융기관)가 입게 되는 손실을 보상하는 보험계약이라고 할 수 있다.[59] 수출자용 수출보증보험은 타인을 위한 보험이라고 할 수 있다.[60]

55) 오원석 · 박광서, 전게서, 392면.
56) 오원석 · 박광서, 상게서, 392면.
57) 최준선, 「보험 · 해상 · 항공운송법」 제9판 (삼영사, 2015), 326면.
58) 최준선, 상게서, 327면.
59) 한국무역보험공사 홈페이지상의 수출자용 수출보증보험약관 제1조
60) 김상만, 전게 각주 51, 149면 각주 27.

둘째, 금융기관용 수출보증보험계약이 있다. 금융기관용 수출보증보험계약은 한국무역보험공사(보험자)가 보험계약자(금융기관)의 수출보증에서 발생하는 손실을 보상하는 보험계약이라고 할 수 있다.[61] 금융기관용 수출보증보험계약은 자기를 위한 보험이라고 할 수 있다.[62] 그런데 상법상의 보증보험계약은 타인을 위한 보험의 성격을 갖고 있기 때문에 보험계약의 당사자는 보험자, 피보험자 및 보험계약자 등 세 당사자로 구성된다. 따라서 보증보험계약의 쌍무계약적 특징상 보험계약자와 피보험자는 동일인이 될 수 없고,[63] 보험계약자는 보험금청구권을 취득할 수 없다.[64] 이러한 의미에서 보험계약자와 피보험자가 동일인이 되는 금융기관용 수출보증보험계약은 상법상의 보증보험계약과는 구별이 된다고 할 수 있다.

한국무역보험공사가 운용하는 수출보증보험약관에 대해서는 약관의 규제에 관한 법률(이하 "약관규제법"이라고 한다)상의 특칙이 적용된다. 약관규제법에 의하면 국제적으로 통용되는 약관이나 그 밖에 특별한 사정이 있는 약관으로서 대통령령으로 정하는 경우에는 약관규제법 제7조부터 제14조까지의 규정[65]을 적용하는 것을 조항별·업종별로 제한할 수가 있는데(약관규제법 제15조), 무역보험법상의 무역보험(약관규제법 시행령 제3조)이 이에 해당한다.

2) 보험약관의 설명의무 및 해석원칙

① 설명의무

상법 보험편에 의하면, 보험자는 보험계약을 체결할 때에 보험계약자에게 보험약관을 교부하고 그 약관의 중요한 내용을 설명하여야 한다. 따라서 보험자가 보험약관의 교부 및 설명의무를 위반하여 계약을 체결한 경우 보험계약자는 보험계약이 성립한 날부터 3개월 이내에 그 계약을 취소할 수 있다(상법 제638조의3).

61) 한국무역보험공사 홈페이지상의 금융기관용 수출보증보험약관 제1조.
62) 김상만, 전게 각주 51, 147면.
63) 최준선, 전게 각주 56, 331면.
64) 장덕조, 「보험법」, 제2판 (법문사, 2015), 421면.
65) 약관규제법 제7조(면책조항의 금지), 제8조(손해배상액의 예정), 제9조(계약의 해제·해지), 제10조(채무의 이행), 제11조(고객의 권익 보호), 제12조(의사표시의 의제), 제13조(대리인의 책임 가중), 제14조(소송 제기의 금지 등).

이와 함께 약관규제법 제3조에 의하면, 사업자는 고객이 약관의 내용을 쉽게 알 수 있도록 한글로 작성하고, 표준화·체계화된 용어를 사용하며, 약관의 중요한 내용을 부호, 색채, 굵고 큰 문자 등으로 명확하게 표시하여 알아보기 쉽게 약관을 작성하여야 한다. 그리고 사업자는 계약을 체결할 때 고객에게 약관의 내용을 계약의 종류에 따라 일반적으로 예상되는 방법으로 분명하게 밝히고, 고객이 요구할 경우 그 약관의 사본을 고객에게 내주어 고객이 약관의 내용을 알 수 있게 하여야 한다. 나아가 사업자는 약관에 정하여져 있는 중요한 내용을 고객이 이해할 수 있도록 설명하여야 한다. 따라서 사업자가 약관의 교부 및 설명의무를 위반하여 계약을 체결한 경우에는 해당 약관을 계약의 내용으로 주장할 수 없게 된다.

보험약관의 설명의무위반의 효과와 관련하여서는 상법의 규정이 우선하고 약관규제법의 적용은 배제되어야 한다는 상법단독적용설이 있기는 하지만, 다수설과 대법원의 입장은 보험계약자의 보호를 위해 상법과 약관규제법이 중첩적으로 적용된다고 본다(중첩적용설).[66] 즉 중첩적용설에 의하면, 보험자가 보험약관의 설명의무를 위반한 경우 보험계약자는 보험계약이 성립한 날부터 3개월 이내에 그 계약을 취소하지 않았다고 하더라고 보험자는 해당 약관을 보험계약의 내용으로 주장할 수 없게 된다.

② 약관의 해석원칙

한국무역보험공사의 수출보증보험약관도 약관이므로 원칙적으로 약관규제법의 적용 대상이 되므로 약관규제법상의 해석원칙이 적용된다고 할 수 있다. 첫째, 작성자 불이익의 원칙이 있다. 즉 보험약관의 내용이 명확하지 않은 경우 보험자에게 불리하게, 보험계약자에게 유리하게 해석하여야 한다는 원칙을 말한다. 이 원칙을 불명확조항해석의 원칙이라고도 부른다.[67] 약관규제법은 "약관의 뜻이 명백하지 아니한 경우에는 고객에게 유리하게 해석되어야 한다."(약관규제법 제5조 제2항)고 규정하고 있다.

둘째, 객관적 해석의 원칙이 있다. 보험약관은 객관적으로 해석되어야 하고

66) 장덕조, 전게서, 69면; 최준선, 전게 각주 56, 70면.
67) 장덕조, 상게서, 77면.

보험계약자에 따라 다르게 해석되어서는 안 된다고 하는 원칙을 말한다(약관규제법 제5조 제1항 후단).

셋째, 개별약정우선의 원칙이 있다. 보험약관에서 정하고 있는 사항에 관하여 사업자와 고객이 약관의 내용과 다르게 합의한 사항이 있을 때에는 그 합의 사항은 약관보다 우선한다는 원칙을 말한다(약관규제법 제4조).

넷째, 신의성실의 원칙이 있다. 보험약관은 신의성실의 원칙에 따라 공정하게 해석되어야 한다는 원칙을 말한다(약관규제법 제5조 제1항 전단).

3. 대법원 판결의 비판적 검토

(1) 문제의 소재

이 사건 판결의 핵심 쟁점은 금융기관용 수출보증보험약관의 특별약정 제3조의 위반여부라고 할 수 있다. 특별약정 제3조는 "을은 선수금 환급보증서 발급대상 선박과 관련하여 선수금에 대하여 에스크로 계좌(Escrow Account)를 설정하고, 호선별 원가투입계획에 의거 관련 증빙 수령 후 SLS조선에 지급한다."고 규정하고 있다. 이에 의하면, 원고는 선수금 환급보증서 발급대상 선박과 관련하여 선수금에 대하여 에스크로 계좌(Escrow Account)를 설정하고, 호선별 원가투입계획에 의거 관련 증빙 수령 후 SLS조선에 지급하여야 한다. 그런데 문제는 원고가 SLS조선으로부터 원가투입계획서만을 제출받은 후, 선수금을 SLS조선에 지급하였다는 점이다.

(2) 특별약정 제3조의 도입 취지와 기대효과

국내 조선업계는 2008년도 초반기까지 호황을 누리고 있었는데, SLS조선을 비롯한 중소 조선사들은 여러 건의 선박건조계약을 체결하였음에도 불구하고 열악한 신용상태로 말미암아 선수금 수령을 위하여 필요한 선수금환급보증서(RG)를 금융기관으로부터 발급받지 못하여 선박건조와 수출에 어려움을 겪고 있었다. 한국무역보험공사의 경영위원회는 2008년 1월경 중소 조선사들의 선박 수출을 지원하기 위한 목적으로 SLS조선을 비롯한 중소 조선사에 대해 수출보증보험 인수한도를 미화 6억 달러로 책정한 후, 금융기관과 수출보증보험 계약을 체결하고 금융기관이 선수금환급보증서(RG)를 발급해 주도록 함으로써, 중소 조선사들의 선박 건조·수출을 지원하는 정책을 시행할 것을 결정하였다.[68]

그런데 신용상태가 불량한 중소 조선사에 선박건조능력을 초과하는 인수한도를 책정하고 수출보증보험계약을 체결하는 것은 그 자체로 보험사고의 발생 가능성을 내포하고 있었다. 그래서 한국무역보험공사는 중소 조선사들에 대한 지원정책을 시행하기 위한 전제로서, 선수금에 관한 에스크로 계좌를 설정하여 구체적인 관련 증빙이 제출된 후에 선수금의 인출·지급을 허용함으로써 자금 집행을 통제하고 보험사고의 발생 위험을 최소화하는 방안을 도입하기로 하였다. 이것이 바로 이 사건 각 수출보증보험계약에 포함된 특별약정 제3조이다.[69] 이러한 의미에서 볼 때, 특별규정 제3조는 이 사건 각 수출보증보험계약의 중요 부분에 해당한다고 평가할 수 있다.

이러한 특별약정 제3조의 도입 취지와 특별약정 제3조의 문언 및 이 사건 각 수출보증보험계약의 내용과 목적, 일반적인 '에스크로'의 의미(특정물을 제3자에게 기탁하고 일정한 조건이 충족된 경우에 상대방에게 교부할 것을 약속하는 조건부양도) 등에 비추어 볼 때, 특별약정 제3조는 보험계약자인 보증은행으로 하여금 선수금에 관한 자금집행을 '호선별' 원가투입계획에 의한 '관련 증빙'의 제출이라는 요건으로 통제하도록 함으로써 해당 선박의 공정율을 확보하여 선박의 완성 및 인도를 안전하게 확보하고자 의도한 것이라고 할 수 있다. 나아가 궁극적으로는 선박 인도 불능 시 보증채무 이행에 따른 보증은행의 손실과 보험금 지급에 따른 한국무역보험공사의 손실 발생 위험을 방지 또는 감소시키기 위한 것이었다고 볼 수 있다.[70]

68) 서울중앙지방법원 제13민사부 2012. 9. 18 판결 2011가합57031 (보험금).
69) 서울중앙지방법원 제13민사부 2012. 9. 18 판결 2011가합57031 (보험금).
70) 서울중앙지방법원 제13민사부 2012. 9. 18 판결 2011가합57031 (보험금).

(3) 원가투입계획서와 관련 증빙의 의미에 대한 해석

이 사건 판결에 의하면, 원가투입계획서는 선박건조 일정상 필요한 재료비, 노무비, 외주비, 제조경비, 일반관리비 등의 생산 공정별 원가를 어떻게 투입할 것인지에 관한 계획서에 불과하여 이 원가투입계획서만으로는 해당 비용이 선박건조를 위해 실제로 지출되었는지를 확인할 수 없기 때문에 원가투입계획에 따른 선수금의 실제 사용처를 입증할 수 있는 구체적인 증빙자료가 제출되어야만 한다고 판시하고 있다.[71]

나아가 관련 증빙에 대해서는 이 사건 공문상의 세금계산서, 거래명세서, 입금표 등과 같이 선수금이 당해 선박건조를 위해서 사용되었다는 것을 증빙할 수 있는 자료를 의미한다고 보고 있다.[72]

(4) 비판적 검토

이 사건 판결과 관련하여 다음과 같은 점에서 비판을 할 수 있다고 생각한다. 첫째, 이 사건 발생의 근본적 원인에 관한 것이다. 왜 원고는 신용상태가 열악하여 정상적으로는 선수금환급보증을 받을 수 없는 SLS조선에 선수금환급보증서를 발행하였는가 하는 점이다. 그것은 다름 아닌 피고의 중소 조선사 지원정책 때문이었다고 할 수 있다. 사실 원고의 입장에서는 경영이 악화되어 재무상태가 좋지 않은 중소 조선사에 대해 무리하게 선수금환급보증을 해야 할 아무런 유인이 없었다고 할 수 있다. 특히 원고가 선수금환급보증을 했을 경우 선수금환급보증의 독립추상성의 원칙으로 인해 상당한 법적 부담을 안을 수밖에 없게 된다. 이러한 사실은 피고도 충분히 잘 알고 있었을 것이라고 생각된다. 다시 말하면 피고의 중소 조선사에 대한 정책적 결정이 없었다고 하면, 원고는 중소 조선사에 대한 선수금환급보증을 하지 않았을 것이다. 더 나아가 중소 조선사의 신용상태와 경영상황을 고려했을 때, 피고의 중소 조선사의 지원정책이 과연 적절하고 합리적인 것이었는지도 의문이다. 이러한 전후 사정에 대한 대법원의 고려가 필요했다고 본다.

71) 서울중앙지방법원 제13민사부 2012. 9. 18 판결 2011가합57031 (보험금).
72) 서울중앙지방법원 제13민사부 2012. 9. 18 판결 2011가합57031 (보험금).

둘째, 금융기관용 수출보증보험약관의 특별약정 제3조는 중요한 조항이라고 하지 않을 수 없다. 보험자로서 피고는 보험약관의 설명의무를 부담한다고 할 수 있다. 피고는 이 특별약정 제3조에 대해 보험계약자인 원고에게 충분하게 설명을 했어야 한다고 생각된다. 다시 말하면 원고가 특별약정 제3조를 이행하지 않으면 보험금을 지급받을 수 없다는 내용을 상세하게 설명할 필요가 있었다. 이에 더하여 "관련 증빙"의 의미에 대해서도 보다 구체적으로 설명이 되었어야 한다. 예를 들면, "원가투입계획서와 함께 세금계산서, 거래명세서, 입금표 등을 수령하여야만 한다"고 표현할 수도 있었을 것이다. 결과적으로 피고가 원고에 통지한 "이 사건 공문"은 혼란만을 가중시켰다고 할 수 있다. 중소 조선사의 다급한 자금사정을 고려함과 아울러 피고의 중소 조선사 지원 정책을 생각하면, 특별약정 제3조와 이 사건 공문에도 불구하고 원고는 순수한 의도로 또는 과실로 원가투입계획서만을 수령하고 선수금을 지급하여도 무방하다고 판단했을 수 있다. 더 나아가 원고로서는 SLS조선의 기업구조조정과 선박건조의 포기를 예상할 수 있는 위치에 있었다고 보기도 어렵다고 생각된다.

셋째, 보험약관의 해석원칙과 관련하여 보험약관의 작성자 불이익의 원칙의 적용 여부에 대한 검토가 필요하다고 본다. 보험약관의 내용이 명확하지 않은 경우에는 보험자에게 불리하게, 보험계약자에게 유리하게 해석하여야 한다는 원칙에 비추어 보면, 특별약정 제3조는 보험자인 피고에게는 불리하게 해석되고, 보험계약자인 원고에게 유리하게 해석되어야 한다고 볼 수 있다. 처음부터 피고가 특별약정 제3조의 관련 증빙의 의미를 보다 구체적으로 기재하고, 만약 특별약정 제3조를 위반할 경우 보험금의 지급이 되지 않는다는 취지로 특별약정 제3조를 규정했다면 이처럼 법적 분쟁이 발생하고 소송으로 비화되지는 않았을 것이기 때문이다.

IV. 결론

한국무역보험공사의 수출보증보험제도는 국내 기업의 수출진흥을 지원하기 위한 목적으로 운용되고 있는 비영리 정책보험이라고 할 수 있다. 따라서 수출보증보험제도는 대단히 중요한 수출지원정책의 하나라고 하지 않을 수 없다. 그럼에도 불구하고 대법원은 이 사건 판결과 관련하여 한국무역보험공사의 수출보증보험제도가 근본적으로 수출지원정책의 일환으로 운용되는 것이라는 점을 충분히 고려하지 않은 측면이 있다고 생각된다. 나아가 금융기관용 수출보증보험약관상의 특별약정을 작성한 한국무역보험공사의 책임을 너무 쉽게 간과한 것은 아닌가 하는 생각을 하게 된다. 이러한 점을 종합적으로 고려하면 대법원의 판결은 지나치게 한국무역보험공사의 입장에 경도된 것처럼 보인다. 적어도 한국무역보험공사의 과실을 어느 정도 인정하는 것이 합리적인 판단이지 않았을까 하는 생각을 한다.

이 사건에 대한 대법원 판결은 향후 중소 조선사의 선박수주와 이와 관련한 선박금융의 활성화에도 악영향을 줄 우려가 있다고 생각된다. 시중은행의 경우 한국무역보험공사의 수출보증보험제도에도 불구하고 중소 조선사에 대한 선수금환급보증을 꺼리게 될 가능성이 높기 때문이다. 이러한 현상은 국내 선박금융의 활성화에도 부정적 영향을 미칠 수 있다고 생각된다.[73]

이 사건에 대한 대법원 판결과 관련하여 덧붙여 말하면, 선수금환급보증서를 발행하는 보증은행의 경우 선수금환급보증계약을 둘러싼 법적 리스크(legal risk)를 효과적으로 관리할 수 있는 시스템을 구축할 필요가 있다고 생각된다.

73) 이러한 취지의 언론의 입장을 반영한 기사로는 "은행, 무역보험소송 줄패소…수출금융 움츠러드나", 서울경제 2016. 3. 10 (http://economy.hankooki.com/).

참고문헌

I. 국내문헌

1. 단행본

구종순, 「무역실무」 개정판 (박영사, 2004).
김연신 지음·박수만 감수, 「영문 선박건조계약서 작성실무」 (박영사, 2008).
서헌제, 「국제거래법」 제4판 (법문사, 2006).
오원석·박광서, 「무역보험」 (삼영사, 2015).
이기수·신창섭, 「국제거래법」 제6판 (세창출판사, 2015).
이기환·오학균·신주선·이재민, 「선박금융원론」 개정판 (두남, 2016).
장덕조, 「보험법」 제2판 (법문사, 2015).
정우영·현용석·이승철, 「해양금융실무」 (한국금융연수원, 2011).
최준선, 「보험·해상·항공운송법」 제9판 (삼영사, 2015).
———, 「국제거래법」 제8판 (삼영사, 2013).
부산금융중심지 발전을 위한 법령개선방향, 부산국제금융진흥원, 2023.06.

2. 논문

김도경, "선박금융과 국내선사의 도산", 「선진상사법률연구」, 제55호 (법무부, 2011.7).
김상만, "수출거래에서 수출보증보험(금융기관용)의 법적 성격 및 보험금청구에 대한 고찰", 「이화여자대학교 법학논집」, 제17권 제4호 (이화여대 법학연구소, 2013.6).
———, "선박수출거래에서 환급보증의 특성과 문제점에 대한 연구", 「서울대학교 법학」, 제52권 제3호 (서울대 법학연구소, 2011.9).
김선국, "독립적 은행보증의 법리", 「재산법연구」, 제25권 제1호 (한국재산법학회, 2008.6).
김인유, "건조중인 선박에 관한 법률관계", 「한국해법학회지」, 제32권 제1호 (한국해법학회, 2010.4).
김인현, "독립적 보증으로서의 선수금 환급보증과 권리남용", 「국제거래법연구」, 제24집 제2호 (국제거래법학회, 2015).

서영화, “선박건조계약과 관련한 몇 가지 법률문제들”, 「한국해법학회지」, 제32권 제1호 (한국해법학회, 2010.4).

우보연, “편의치적선에 대한 법적 규제와 대응에 관한 고찰”, 「외법논집」, 제34권 제1호(한국외대 법학연구소, 2010.2).

윤진수, “독립적 은행보증의 경제적 합리성과 권리남용의 법리”, 「법조」, 제692권 (법조협회, 2014).

정 대, “선수금환급보증과 권리남용의 판단기준”, 「국제거래와 법(Dong-A Journal of International Business Transactions Law)」, 제15권 (동아대 법학연구소, 2016).

———, “선박금융의 법적 구조에 관한 연구”, 「법과 정책」, 제18집 제2호 (제주대 법과정책연구소, 2012).

정우영, “선박금융의 실무 소개”, 「BFL」, 제19호 (서울대 금융법센터, 2006.9).

II. 외국문헌

森田 果, “造船とファイナンス”, 江頭憲治朗·落合誠一 編 「海法大系」(商事法務, 2003).

Jan Hoffmann, Ricardo J. Sanchez & Wayne K. Talley, “Determinants of Vessel Flag”, Kevin Cullinane ed., Shipping Economics, Elsevier, 2005.

찾아보기

[국 문]

ㄱ

간조노출지 6
강재절단 197
개별약정우선의 원칙 206
객관적 해석의 원칙 205
거버넌스 68
건조자 183
건조중인 선박 86
경계획정 15
공시방법 79
공신력 97
공유수면 관리 및 매립에 관한 법률 164
공유수면점용 및 사용허가 46
공정 9
공해 7
구역전기사업자 53
국가재보험제도 147
국가지원 142
국제법위원회 7
국제사법재판소 19
국제수로기구 15
국제항행용 해협 7
군도국가 16
군도기선 15
굴양식보험 149
권리남용방지의무 10
글랜드-웨일즈 전력풀 51
금융기관용 수출보증보험계약 204
기본계약 200
기선 6, 82
기후변화에 관한 정부간협의체 9
김양식보험 150

ㄴ

넙치양식보험 148
농어업재해대책 심의위원회 145
농어업재해대책법 138, 143
농어업재해대책법에서 어업재해 138
농어업재해보험법 138
농어업재해보험법에서 농어업재해 138

ㄷ

담보물권 85
담보물권설 88
답책성 69
대륙붕 6
대항요건주의 83
독립적 은행보증 197
독립추상성 200
동산담보법 87

동산양도담보 90
동시다발성 139

ㅁ

물건 79
미국 선급협회 116
미쓰이 OSK 라인 114
민영화 51

ㅂ

발주자 183
배타적 경제수역 6
범선 82
법적 안정성 9
법적 확신 13
벵갈만 해양경계획정사건 18
보상재해 범위 확대 155
보상절차 150
보증보험계약 203
보증은행 184, 199
보증의뢰인 198
보험료 납입현황 152
보험료 부담완화 155
보험품목 지속적 확대 154
복잡한 가입절차 153
부선 82
불가항력성 139
비고정성 17

ㅅ

사회 113
상공비행의 자유 7
상법 87
상법단독적용설 205
선박 81
선박건조계약 185, 196
선박공시방법 93
선박금융 196
선박금융시장 181
선박담보물권법 123
선박등기법 87
선박법 81, 82
선박소유권 83
선박임대차 90
선박저당권 105
선박투자 181
선수금 197
선수금환급보증 184
선수금환급보증서 183, 197
선체용선계약 90, 196
설명의무 204
섬 6
세계국제법학회 7
소도서 개발도상국 8
소도서국연합 10
소유권변동 83
소형선박 82
수익자 199
수중지형물 6
수출보증보험 202
수출보증보험계약 185
수출보증보험제도 184
수출보증보험증권 185
수출자용 수출보증보험계약 203
스마트 팩토리 114
신·재생에너지 공급의무화 조치 65
신의성실의 원칙 206
신의칙 의무 10

신자유주의 51
신탁적 양도설 88
심해저 7

ㅇ

안보 9
암석 6
야라 버클랜드 호 114
약정담보물권 90
양도담보 88
양식수산물재해보험 146
양식수산물재해보험 담보범위 150
양식수산물재해보험의 가입현황 151
양식수산물재해보험의 개선 방안 154
양식수산물재해보험의 문제점 153
어선 100
어선법 85, 100
어업재해 139, 145
어업피해 전보방안 142
어업피해의 현황 140
에스크로 계좌 189, 206
영해 6
예측 가능성 9
외국선박 83
요하네스버그 정치선언문 66
용골거치 197
우크라이나 전쟁 49
원가투입계획서 194, 208
유럽 해상기술 연구단 116
유럽연합 집행기관 116
유엔책임투자원칙 113
유엔해양법협약 5
육지가 바다를 지배한다 19
2020년 쟁점보고서 7
이원주의 93
이중수혜 배제 145
인공섬 6
일반약관 187
임대차 90
입법론 12

ㅈ

자연의 권리론 63
자연재해 137
자연재해대책법 138, 143
자율운항선박 115
작성자 불이익의 원칙 205
재난 및 안전관리기본법 137
재생에너지 37
재해보상범위의 협소 153
재해지원제도의 취지 143
저당권 85
적조·폭염피해현황 141
전기사업허가 45
전기수급기본계획 41
전기위원회 54
전문인력의 부족 154
전문인력의 양성 156
전복양식보험 149
절차의 간소화 156
점유개정 90
접속수역 6
정기용선계약 90, 91
정의 9
정책보험성 146
정책에 기반한 접근법 13
제한된 보험품목 153
조력발전소 39

조류발전 39
조약법에 관한 비엔나협약 26
준부동산 79
중대재해처벌등에 관한 법률 113
중소 조선사 184
중첩적용설 205
지구 온난화 5
지배구조 113
지속가능성 64, 66
지원내용 144
직선기선 15
진수 197
질권 85

ㅊ

참여민주주의 70
책임성 69
최소형선박 82

ㅋ

캘리포니아 전력난 사태 52
키리바시 8

ㅌ

탄소중립 65
태안기름유출사고 62
태평양도서국포럼 9
태풍 피해현황 140
테우라웨라법 63
통상기선 15
투명성 69
특별약정 187
특수목적법인 197
특정동산저당법 86, 87

ㅍ

파차마마 64
편의치적국 197
포지티브 규제 114
프랑스 선급 116

ㅎ

한국산업은행 183
한국선박 83
한국수출입은행 183
한국해양진흥공사 183
항만 161
항만공사 161
항만공사법 164
항만공사제 161
항만공사제도 167
항만법 163
항만운송사업법 164
항만위원회 제도의 한계 171
항해용선계약 91
항해의 자유 7
해상가두리어류양식보험 149
해상기업위험관리법 123
해상기업조직법 123
해상기업활동법 123
해상풍력발전 42
해수면 상승 5
해양 신·재생에너지 38
해양경계획정조약 26
해양공간계획법 55
해양공간계획법상 60
해양공간관리계획 56
해양공간적합성협의 57
해양금융종합센터 183

해양에너지 37
해양지형물 6
해역이용영향평가 47, 58
해역이용협의 47, 59
해운시장 196
해운회사 196
해저전선 및 관선 부설의 자유 7
허베이스피리트호 특별법 63
현상유지의 원칙 14
현행법 12
형평 9
확실성 9
환경 113
환경영향평가 47, 58
황가누이법 63
효력발생요건주의 84

[영 문]

A

ABS 116
accoutablity 69
advance payment 197
Alliancd of Small Island States 10
ambulatory 17
American Bureau of Shipping 116
Automated ship 116

B

baseline 6
builder 183
BUREAU VERITAS 116
buyer 183
BV 116

C

certainty 9
Chat-GPT 113

D

Digital ship 116

E

environment 113
equity 9
Escrow Account 189, 206
ESG 113
ESG 경영 66, 113
ESG 공시의무제도 113
European Commission 116
Expert System 117

F

fairness 9
first demand bank guarantee 197

G

governance 113

I

ICJ 19
ICT 인프라 116
IMO 114
IMO 해사안전위원회 115
independent bank guarantee 197
Intergovernment Panel on Climate Change 9
International Hydrographic Organization 15
International Law Association 7
International Law Commission 7
islands 6

J

justice 9

K

KDB 183
Keel Laying 197
KEXIM 183
KOBC 183
KOREA DEVELOPMENT BANK 183
KOREA EXIMBANK 183
Korea Ocean Business Corporation 183

L

Launching 197
legal stability 9
lex ferenda 12
lex lata 12
low-tide elevation 6

M

Maritime Autonomous Surface Ship 115
maritime features 21
MASS 115
MSC 115

O

OpenAI 113
opinio juris 13

P

Pacific Island Forum 9
policy-oriented approach 13
predictability 9

R

RE100 49
Refund Guarantee 185, 197
Remote ship 116
RG 197
Rock 6
RPS 65

S

security 9
shipbuilding contract 196
Small Island Developing States 8
smart factory 114
Smart ship 116
social 113
Special Purpose Company 197
Steel Cutting 197

T

The land dominate the sea 19

U

underlying contract 200

United Nations Convention on the Law of the Sea 6

Unmanned ship 116

UNPRI 113

W

Waterborne Technology Platform 116

WPT 116

X

YARA Birkeland 114

[공저자 약력]

고 형 석

한국해양대학교 대학원 졸업(법학박사)
소비자정책위원회 전문위원회 전문위원
공정거래위원회 공정거래정책자문단 자문위원
전자문서·전자거래분쟁조정위원회 조정위원
한국소비자법학회 회장
현) 국립 한국해양대학교 해사법학부 교수

김 인 유

한국해양대학교 대학원 졸업(법학박사)
해운대교육청 공유재산심의회 위원
한국국제사법학회·한국해사법학회·민사법의 이론과 실무학회 이사
해양인문사회과학대학 학장
현) 국립 한국해양대학교 해사법학부 교수

김 현 귀

연세대학교 대학원 법학과 졸업(법학박사)
부산광역시지방토지수용위원회 위원
통일부 통일법제추진위원회 위원
한국공법학회, 한국헌법학회, 한국언론법학회 이사
현) 국립 한국해양대학교 해사법학부 교수

이 용 희

경희대학교 대학원 법학과 졸업(법학박사)
Richardson School of Law, Univ. of Hawaii(Visiting Scholar)
Korean Expert, Special Arbitration of UNCLOS
국제해양법학회 회장
해양수산부 해양수산과학기술위원회 공동위원장
해양수산부 해양수산정책자문위원회 위원
해군 발전자문위원회 해양법분과장, 해양경찰청 국제해양법위원회 부위원장
현) 국립 한국해양대학교 해사법학부 교수

정　대

건국대학교 대학원 법학과 졸업(법학박사)
Southern Methodist University Law School(LL. M.)
School of Law, Univ. of California, Berkeley(Visiting Scholar)
(사)은행법학회 회장
한국기업법학회 · 한중법학회 · 한국법학회 · 한국금융소비자학회 부회장
현) 국립 한국해양대학교 해사법학부 교수

정 영 석

한국해양대학교 대학원 졸업(법학박사)
법제처 입법자문관
부산지방법원 동부지원 국선변호감독위원
한국해운조합 자문교수
금융감독원 금융분쟁조정위원회 전문위원
국민권익위원회 자문위원 · 대한상사중재원 중재인
아시아태평양해사중재센터 중재인 · 한국의료분쟁조정중재원 조정위원
Faculty of Law, University of British Columbia(Visiting Scholar)
2018, Albert Nelson Marquis Lifetime Achievement Award 수상
2018, 2019, 2020, 2021 Marquis Who's Who 등재
한국해법학회 부회장
현) 국립 한국해양대학교 해사법학부 교수

지 상 규

한국해양대학교 대학원 졸업(법학박사)
공무원시험 · 계리사시험 · 손해사정인시험 출제위원
공공기관 법률자문위원
한국법학회 · 한국해사법학회 · 한국법학교수회 · 한국전자상거래학회 이사
현) 국립 한국해양대학교 해사법학부 교수

바다를 둘러싼 법적 쟁점과 과제 VII

초판발행 2023년 12월 31일

지은이 고형석 · 김인유 · 김현귀 · 이용희
정 대 · 정영석 · 지상규

펴낸이 박노일
총괄기획 최준규
편 집 이상민

펴낸곳 pnc publishing and culture 피앤씨미디어
경기도 고양시 일산동구 강송로 153 310-1501
등록 제396-2012-000203호
전 화 070)7550-3758 팩 스 02)6280-3758
홈페이지 www.pncmedia.co.kr 이메일 pnc@pncmedia.co.kr
ISBN 979-11-5730-906-1 94360
979-11-5730-595-7 (세트)

정 가 35,000원